臺灣歷史與文化 研究輯刊

十 編

第 17 冊

臺灣客語的語言變體：
四海與小稱

賴 文 英 著

花木蘭文化出版社

國家圖書館出版品預行編目資料

臺灣客語的語言變體：四海與小稱／賴文英 著 — 初版 — 新
北市：花木蘭文化出版社，2016〔民105〕
目 4+230 面；19×26 公分
（臺灣歷史與文化研究輯刊 十編；第 17 冊）
ISBN 978-986-404-798-7（精裝）
1. 客語 2. 語言分析
733.08   105014946

ISBN-978-986-404-798-7

臺灣歷史與文化研究輯刊
十　編　第十七冊   ISBN：978-986-404-798-7

臺灣客語的語言變體：
四海與小稱

作　　　者　賴文英
總 編 輯　杜潔祥
副總編輯　楊嘉樂
編　　　輯　許郁翎、王筑　美術編輯　陳逸婷
出　　　版　花木蘭文化出版社
社　　　長　高小娟
聯絡地址　235 新北市中和區中安街七二號十三樓
　　　　　　　電話：02-2923-1455／傳眞：02-2923-1452
網　　　址　http://www.huamulan.tw 信箱 hml810518@gmail.com
印　　　刷　普羅文化出版廣告事業
初　　　版　2016 年 9 月
全書字數　188337 字
定　　　價　十編 18 冊（精裝）台幣 36,000 元

臺灣客語的語言變體：
四海與小稱

賴文英　著

作者簡介

賴文英，新竹教育大學台灣語言與語文教育研究所博士，桃園市新屋區人。2003 年起，自學報發表期刊論文，至今論文共計逾 60 篇，其中文章亦發表於 AHCI、SSCI、TSSCI、THCI Core 等收錄之期刊當中。現為靜宜大學、中央大學、世新大學等校之兼任助理教授。專著有《語言變體與區域方言：以臺灣新屋客語為例》【學術專書】、《夜呱愛去哪？》【客、英、華語對照繪本】、《初級客語講義》【語文教材】、《臺灣客語語法導論》等。

提　要

　　本文從區域方言的語言變體研究來透視語言變遷的層次、變體、語音演變與語法結構鏈動之下的規律與方向，並以臺灣桃園新屋客語小稱詞為例，以檢視區域方言形成的地域特色。

　　架構上先從新屋海陸、四縣音系的描述與比較入手，包含兩方言接觸變化的探討，認為新屋海陸、四縣的趨同變化有兩股主要的力量：一可以以對應原則來解釋的趨同變化，顯現在新屋海陸、四縣的音系、詞彙、語法，以及少部分的小稱詞之中；二為區域內語言演變自然趨勢形成的趨同變化，顯現在新屋海陸腔小稱詞疊韻型與變調型的語音變化之中。

　　第三、四章探討小稱詞及其歷史流變。從共時平面的分析當中，將新屋海陸腔小稱詞的語音類型劃分成疊韻型、變調型、單音節後綴型等三大類型，各類之下又有不同的次類型變體，顯示小稱語音多層次變體的並存，這一部分並搭配 PRAAT 語音分析軟體來輔證。小稱音變牽涉到的是音節結構成分之間的變動，因而從構詞與小稱音變的關連，來分析小稱音變的合音機制與過程，認為小稱音變時，先複製詞根韻基的兩個音拍，之後再逐次削減一個音拍，進而音拍節縮至詞根，形成詞根音節與語意均重新分析成帶有小稱的韻末高調形式。

　　第四章結合時間層的變化從歷時層面探索新屋海陸腔的小稱詞。眾多的變體形式，呈現小稱語音、構式與構式中語意的相互牽連，而形成語法化輪迴的現象。本章指出小稱的演變至少具有原生後綴型、原生疊韻型、變調型、外來後綴型等四種層次類型，並與所屬的詞群有關。小稱語音與構式的互動變化與詞根音韻條件有關，也與語流、語體有關，甚至會因語詞語意屬性的「親密原則」而對小稱構式及小稱音產生影響。小稱音與詞根音節節縮後，進而形成某些詞根的調位產生中立化，因而容易在歷時方面造成音變的混淆。對於新屋海陸腔小稱詞的來源，認為若以小稱的「音」源來看，新屋海陸腔小稱詞來自於同一「音」源（與新竹海陸腔小稱詞同源）——即帶有高調徵性的小稱，但走的是雙線音變發展的格局，不見得具有「字」源的關係。造成新屋海陸腔小稱音變力量的生成，應是各混合方言在當地優勢海陸腔的主導之下，不同的語言層次加上內部的音變層次，彼此相競互協，從而造成新屋海陸腔的小稱變體也具有不同的類型層次，層次之間形成語法化輪迴關係，並成為語法化輪迴下的相競變體，進而形成區域方言中的整體特色。

　　第五章，客語人稱領格來源的小稱思維。此章以客語人稱領格的小稱行為作為探討的主軸，比較相關的漢語方言與非漢語方言人稱領格的發展，認為漢語與藏緬語族的人稱代詞系統具有同源關係，同時對本文第一章提及的人稱問題做一可能的解釋。本章主張客語人稱領格屈折形式的表現與小稱音變的形成具有共同的機制，分屬於不同的語法化輪迴層階段。

　　最後從本文的研究中歸結研究成果，同時對新屋海陸腔小稱詞與新屋客語的性質、來源做一定位，並總結「層」於本文研究中的意義，包含層次分析法的原則與層次理論的擴展，以及語法化輪迴層的意義，文末並論及未來發展的可能性。

客家委員會補助出版

誌　謝

感謝本文語料的提供者，沒有他們，也無法完成此書：呂均郎、呂武郎、呂雙妹、沈金蓮、林四、姜仁歲、范姜春光、范清坑、徐代光、徐玉珍、徐富美、徐福、張玉英、彭俊綬、彭盛恩、黃水銀、黃金蓮、黃春榮、黃細妹、葉阿合、廖永昌、謝永寶、賴允烽、賴添財、羅守彬、羅新欽……（按姓氏排），以及更多未知名的新屋鄉鄉親父老。

當然，更感謝我的父母與家人，因為有他們的支持與鼓勵，我才得以安心繼續從事學術之路。

第一章　緒　論

　　本文從區域方言的語言變體研究來透視語言變遷的層次、變體、語音演變與語法結構鏈動之下的規律與方向，並以臺灣桃園新屋客語小稱詞為例，來檢視區域方言形成的地域特色。

　　本章共分四節，架構如下：1.1 緣起；1.2 文獻回顧；1.3 理論架構；1.4 研究方法與研究議題。

1.1 緣起

　　語言學家在研究語言時，由於切入的角度與關注的焦點不同，便會有不同的詮釋方法與原則。以往，學者較致力於構想出單一純淨沒有受污染的語言，關注語言內部關係的同質性（homogeneous）與語法形式的研究，較少注重語意及社會層面的功能，這一派學者像是著重在共時研究的 Saussure（索緒爾）、Bloomfield（布龍菲爾德）、Chomsky（喬姆斯基）等。（參見 Saussure 1956，Bloomfield 1933，Robins 1997，許國璋 1997）但到了社會語言學家，如 Traugill（1986），Labov（1984、1994、2001）等，他們認為語言非單一不變的，語言在各種環境之下有語言的異質性（heterogeneous），其中包含太多無法掌握的層面以及不穩固的社會因素在內，這些都有可能導致語言發生變異，並產生豐富的方言變體。這種著重於語言外部變化的關係，一反以往語言學的研究方法，於是乎，語言研究的趨勢從同質導向了異質。然而，同質與異質之間非絕然劃

分的，例如，從音位角度來處理某些語音現象時，較屬語音方面同質性的研究，若從語音角度來處理某些語音現象時，則又傾向於語音方面異質性的研究。本文研究的問題將著重在：區域中為什麼會存在豐富的方言變體並形成區域的語言特色？又，這些方言變體間的關連為何？多源還是單源？從層次變體當中是否可以指出音變的起源或殘留現象？在時空交錯的流變之下，本文從新屋海陸、四縣音韻系統入手，試詮釋臺灣桃園新屋地區展現於小稱詞豐富的「變體」（variants）與「層次」（stratum，layering）之間的關連，並對區域方言的層次問題做一延伸思維的探索。

本文標音採國際音標（IPA），調值符號為趙元任所創的五度制聲調符號，調號分別以1、2、3、4、5、7、8代表陰平、上聲、陰去、陰入、陽平、陽去、陽入；若有引用之語料，原則上採原資料之標示法，或另做說明。

以下分三小節來敘述：1.1.1 區域背景與研究動機，其中包括桃園新屋客語的地理背景及語言現象，並對呈現出的語言問題做初步假設；1.1.2 研究目的與取徑範圍；1.1.3 語料呈現，呈現相關語料的現象。

1.1.1 區域背景與研究動機

桃園縣沿海四鄉中的新屋鄉位於縣南部。新屋鄉南鄰新竹之新豐、湖口二鄉；東南為楊梅鎮；東北為中壢市；北鄰觀音鄉。本鄉面積約八五‧○二方公里，南北最長約十公里；東西長達約十七公里。新屋鄉的區域劃分歷經不同行政區的管轄，主要與今之臺北、新竹、桃園等地有關，如下所示：（新屋戶政網2007年）

〔表一〕新屋鄉年代隸屬

年　代	隸　屬
民國前 18 年	臺北縣
民國前 2 年	桃園廳竹北二堡
民國 9 年 9 月	新竹州中壢郡新屋庄
民國 34 年	新竹縣新屋鄉
民國 39 年 10 月	桃園縣新屋鄉

目前全鄉有23村，共14276戶49933人，近十二年來總人口的增加數並不多，各村人口統計及比例如表所示：（新屋戶政網2007年7月資料）

〔表二〕新屋鄉各村戶數、人口數統計表

區域別	戶　數	男	女	合　計
笨港村	419	747	583	1330
蚵間村	335	626	517	1143
新生村	1238	2367	2319	4686
新屋村	951	1797	1706	3503
頭洲村	1106	2038	1829	3867
槺榔村	462	776	618	1394
後湖村	488	954	836	1790
後庄村	396	786	596	1382
埔頂村	835	1704	1479	3183
望間村	533	1088	792	1880
清華村	1292	2457	2180	4637
深圳村	265	448	339	787
永興村	464	709	585	1294
石牌村	327	576	477	1053
石磊村	666	1312	1121	2433
赤欄村	433	775	691	1466
東明村	491	884	846	1730
社子村	500	963	792	1755
九斗村	815	1438	1333	2771
下田村	650	1192	1032	2224
下埔村	295	494	400	894
大坡村	497	956	755	1711
永安村	818	1615	1405	3020

　　桃園新屋客語的語言劃分向來歸屬於「海陸腔」，事實上，此區方言種類繁多，不少居民具有雙方言以上的能力，含華語、閩語與客語不同次方言的能力。海陸客語雖為大宗，但散布在各村落的四縣客語（或曰四海話），為數亦不少，閩南語則以沿海村落居多。新屋除了海陸、四縣之外，亦有其他客語次方言，如：槺榔村的長樂話（洪惟仁 1992：165-169，張屏生 2003）、犁頭洲的饒平話（徐貴榮 2002），呂屋的豐順話（賴文英 2004a），以及零散

的永定話（徐建芳提供）等等；也有閩語次方言，如：大牛欄（大牛椆）的偏漳腔（張屏生 2001）與蚵殼港特殊的泉州腔（洪惟仁 1992：73-80）；另有位於水流羅姓的軍話（楊名龍 2005）。鄰近地區的語言如：觀音鄉藍埔金湖高姓的豐順話（溫秀雯 2003）、中壢三庄屋秀篆邱姓的詔安話（吳中杰 1999），楊梅鎮、平鎮市的四海話（鄧盛有 2000），湖口鄉（屬新竹縣）的四縣話與海陸話，新豐鄉（屬新竹縣）的海陸客語與閩語（蕭素英 2007）。可見新屋地區及其四周語言環境具有一定的複雜性。（相關地圖參見 7-9 頁【圖 01】、【圖 02】、【圖 03】）

　　一般認為新屋海陸客語的來源以廣東海豐、陸豐二縣為主，海陸腔為區域方言的代表，因而容易忽略其他方言對海陸話可能造成的影響。此外，不少當地人也不認為新屋海陸話是「正」海陸，其中原因大概就是因為此區語言的複雜性而使得語言產生不同程度的變化。區域中的優勢語言在時間的推移之下，勢必會不斷影響周遭其他較弱勢的語言，在生態發展的競爭法則來看，這是正常的。不過，我們也不能忽略即使是優勢語言，在無形之中也有可能受到弱勢語言的影響而產生某種程度的變遷。

　　即使海陸客語為桃園新屋地區的優勢語言，但相較於臺灣通行腔之一的新竹海陸腔來說（臺灣客語的通行腔有兩種，一為苗栗四縣，一為新竹海陸），新屋海陸具有少見的語言現象。有三大明顯的特點：

　　（一）從中古流攝尤韻開口三等字群的韻母走向來看——新屋海陸唸-u 或-iu 自由變體，且變體傾向於與四縣的-u 趨同，與新竹海陸較同質性的-iu 不同。此點之所以具有特色，是因為就其他類型的變體來看，通常是四縣向海陸趨同，但中古流攝尤韻開口三等字群的韻母走向對新屋海陸來說，也是呈現「逆流」的現象。如下所示：（此問題擬於第二章分析說明）

（1）中古流攝尤韻開口三等字群的韻母走向

苗栗四縣	新竹海陸	新屋四縣	新屋海陸	古音來歷	演變因素	字　例
-u	-iu	-u	-u~iu	流攝	尤韻開三知章組	晝、洲、臭、收、手、守、壽

　　（二）小稱詞（仔綴詞）的語音特點——小稱詞的語音隨前一音節的韻母形式而改變，主要以疊韻方式構成綴詞，甚至傾向於音節節縮（contraction），

但也有發現與新竹海陸單音節詞綴的 [ə⁵⁵] 相同。又，類似的小稱音韻特色，也出現在贛南、粵北等地方言或粵語之中，其間的關連性究竟爲何？其性質與來源則是本文第三、四章聚焦解疑之所在。

（三）第一人稱的走向——臺灣客語海陸腔第一人稱的走向一般唸成新竹海陸的陽平調 [ŋai⁵⁵]，但新屋海陸客語卻唸成上聲調 [ŋai²⁴]，甚至有少數特定族群唸成陰平調 [ŋoi⁵³]，同時也與新竹、新屋的第二、三人稱唸陽平調不同。李榮（1985：100-102)）從不同的方言考證「代詞讀音互相感染」的現象，認爲方言中三身代詞調類的來源本應非均相同，但在代詞讀音互相感染的情形之下趨於一致。若如此，苗栗四縣與新竹海陸「偓」、「你」與「佢」的聲調趨同，但新屋海陸卻呈現「逆流」而非「順流」的現象。（相關問題擬於第五章分析並解釋）

桃園新屋海陸客語的來源以惠州府屬的陸豐、海豐爲多，與新竹海陸客語的來源大致相同。但對於上述的語言現象卻又似乎顯現來源的矛盾性。對其來源，本文初步有三點假設：

（一）桃園新屋海陸客語與新竹海陸客語同源，但其語言特色則是因區域方言演變而自成一區域特色的語言系統，因而與新竹海陸客語逐漸趨異。

（二）桃園新屋海陸客語的語言特色另有來源，與新竹海陸客語來源不同，此或牽涉到更早的移民史。

（三）桃園新屋海陸客語或與新竹海陸客語同源，其語言特色是由不同時空層次的變化或競爭，以形成共時的語言變體。

本文先從新屋海陸與四縣的音系格局入手，探討之間的對應接觸變化，之後再看小稱語音變體的發展性，進而分析「變體」與「層」的關連性，包括語法化輪迴層的生成，其中牽涉到三個主要的問題點：

（一）新屋海陸腔在最早之時，存不存在小稱詞？

（二)現存的變體當中，後綴式小稱 [ə⁵⁵] 與疊韻型小稱之間的關連爲何？時間層的關連又爲何？之後又如何形成變調型小稱？

（三）各漢語方言不同的小稱類型，爲什麼看似可以集合成新屋地區海陸腔小稱詞總的特色？

這三個問題點，依本文三、四章的分析結果，主張如下：

（一）新屋海陸腔在最早之時，存在小稱詞。

（二）現存的變體當中，後綴式小稱 [ə⁵⁵] 早於疊韻型小稱，但兩者之間並非語音演變的關連，也非地理空間的關連，而是雙線音變的關連，均由早期帶有高調徵性的小稱發展而來。

（三）各漢語方言的小稱類型之所以看似集合成新屋地區海陸腔小稱詞的特色，大多是因語言普遍演變趨勢所致，而新屋地區正處在演變的過渡區，同時受內、外因素的影響而呈現繽紛的變體現象。

對於前述桃園新屋海陸客語來源的三種假設，由本文小稱的研究當中，顯示無法完全支持其中之一的假設。桃園新屋海陸客語或與新竹海陸客語同源，含括小稱應也為同源關係。其中，造成小稱音變力量的生成，應是各混合方言在當地優勢海陸腔的主導之下，不同時、空之下的語言層次加上內部的音變層次，彼此相競互協，從而造成新屋海陸腔的小稱變體也具有不同的類型層次，層次之間形成語法化輪迴關係，並成為語法化輪迴下的相競變體，進而形成區域方言中共時的語言變體。從歷史源流來看，我們有理由認為從原鄉移民至新屋的海陸腔，在最早之時，應存在小稱詞，形式上與新竹後綴式小稱詞具有同源關係，小稱聲調同具有 [+高] 的徵性，非一開始就是疊韻型小稱。疊韻型小稱形成的一個原因，和新屋海陸地區原本就存在高調徵性的小稱詞有關（本文暫不推演原鄉的小稱音形式），但那個小稱詞並不穩定，因而促使疊韻型小稱的生成，中間並產生不同的變體，進一步形成變調型小稱。但無論如何，新竹與新屋的小稱現象始終都維持原來的高調特徵，由此也較好解釋臺灣海陸腔各地的小稱變體為何至始至終都同具有高調性質的小稱音。

【圖 01】新屋鄉位置圖

取自——新屋鄉公所全球資訊網：http://60.248.215.35/shinwu/map/map.htm

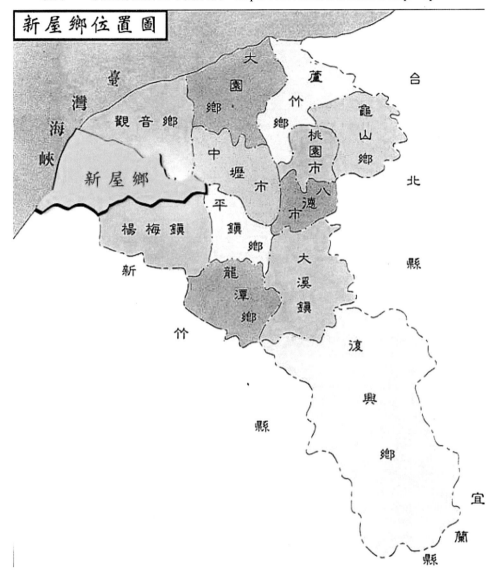

【圖02】新屋鄉各村位置圖

取自──新屋鄉公所全球資訊網：http://60.248.215.35/shinwu/map/map.htm

【圖03】新屋鄉及其鄰近地區語言分布圖（繪製者：賴文英）

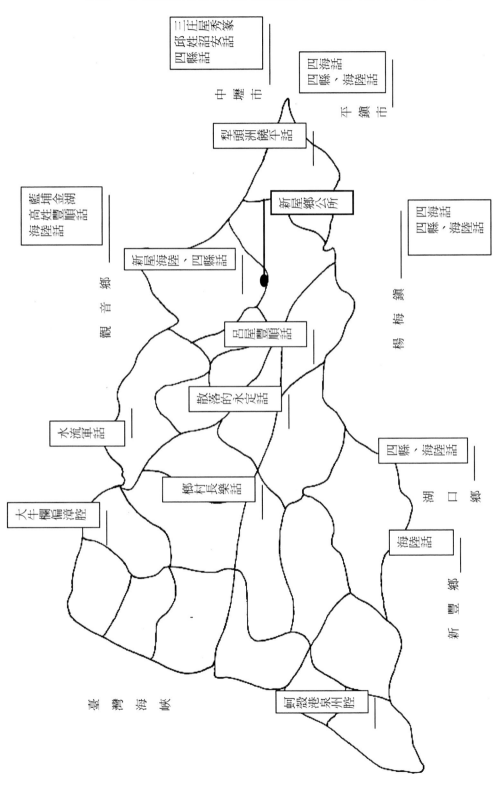

1.1.2 研究目的與取徑範圍

　　本文目的在於為新屋客語的語言變遷與語言特色在定位上重新審視，並從不同的觀點來尋求合理的解釋，同時以「小稱詞」與「層」的理論架構為核心，試著將「層」的理論與層次分析法的原則更形具體化。

　　以往的研究多見一種理論貫通全文，此較具有討論問題的焦點性。有鑑於層的理論研究，各家在觀點上尚未有一致的看法（參見後文 1.3 節），且就語言接觸（含括「方言接觸」，以下除特別指定，以「語言接觸」論）的觀點來看，理論性也較薄弱，本文雖以「層」的理論架構做為主軸，但必要時將結合其他理論、方法，以做為輔助或支持本文「層」的理論架構，並以此做為區域方言研究中，語言接觸面與層次研究的擴展。

　　本文取徑以小稱的語音變化為主，但小稱的語音變化卻常與小稱的語意發展有關，同時也和構詞層面有關，故而牽涉到的將是介面的問題。連金發（1999）指出音韻的演變並非絕對自立的，其語言系統中的各個部門（如音韻、句法、詞法、語意）彼此分立卻又相互作用。[註1] 本文研究的小稱音，其語音一方面與小稱語意的變化有關，另一方面也與詞根音韻條件、語流語體，以及小稱構式中的親密性等有關，甚而影響小稱構式的變動，故而這是一種音韻與構詞層面的相互作用，除了內部與社會層面的語流語體之外，同時也不可忽略外來作用力的接觸影響。關連如下：

（2）本文取徑範圍架構圖

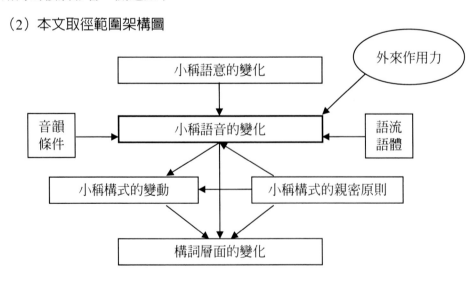

〔註 1〕相關的理論主張亦可見於 Jackendoff（2002）。

　　本文從非線性層面的觀點來探索新屋客語的小稱變遷，以尋求區域方言變遷研究的深度與廣度。非線性介面的探索除了音韻、語意與構詞之間的互動外，亦可從縱橫關係來看，一方面若只探索語言共時結構的規律，則往往無法深入瞭解共時與歷時演變規律之間的關係，另一方面，若只研究歷時演變規律，則往往也容易忽略接觸層面的干擾，此也說明爲什麼本文欲將研究的點著重在層的模糊地帶（fuzzy area），一方面看似爲接觸層，但另一方面卻又與音變層有關，如何在這之間取得一平衡點，甚或將層的演變界定清楚，則是本文有待開發的議題。

　　對於研究方言的選取，由於新屋的方言種類繁多，加之新屋四周地區的海陸或四海話也有類同的小稱變體特色（如，觀音、楊梅、湖口、新豐等地的小稱詞）。但整體來說，海陸腔仍是新屋地區多數人的方言，包括母語的使用者與非母語的使用者，且語言在此區域中傾向於潮流性的變化。至於鄰近地區的類同現象是區域傳遞散播的結果？還是語言演變的自然趨勢？此則有待擴大調查的區域範圍與擴大漢語方言小稱詞的研究而定，因本文受限於時間與論文的主體性，原則上將著重在新屋地區具有較大勢力範圍的海陸爲主、四縣爲輔的客語研究。

1.1.3 語料呈現

　　本文將新屋海陸客語的小稱變體分成三大類型——疊韻型、小稱變調型、單音節後綴型。這三種類型之間並未絕對性的反映發音人在語體方面的不同，因爲在類似的情境之下，變體均可能產生。語料樣本列舉如下：

（一）疊韻型

　　疊韻型，以疊韻的方式構成詞幹的後加成分，成爲小稱的語音形式。疊韻的範圍主要是由最末詞根之主要元音加韻尾（相當於韻基）。例如（以下分別以韻基爲單元音、雙元音、陽聲韻、入聲韻等舉例）：

杯仔	pui^{53} i^{55}	（杯子）
倈仔	lai^{33} ai^{55}	（兒子）
凳仔	ten^{11} en^{55}	（椅子）
藥仔	ʒiok^{2} ok^{5}	（藥）

　　疊韻型當中，若小稱詞略去則意義不同，如「杯」、「俆」、「凳」、「藥」等字，純爲單音字，不具完整的意義。

　　小稱類型中，疊韻與小稱變調又是較爲複雜的構詞方式，因爲疊韻時，會牽涉到與詞根基本韻母的對應關係。新屋海陸有 62 個基本韻母（不含小稱韻），除合唇的陽聲韻與入聲韻不易在語流中產生等同的疊韻外，轄字太少的也不易產生小稱韻，如「ue、ioi、ion、iun、uen、uan、uaŋ、iuŋ、ot、iot、uet、uat、iut、iuk、m̩、n̩、ŋ̍」，其他韻大致可以衍生出一至數個不等的小稱疊韻變體。如下所示：（左邊是本韻，右邊是小稱韻）

i→i̯ 獅仔	i→i 鋸仔	e→e 艾仔	a→a 車仔
o→o 梳仔	u→u 豬仔	ui→i 杯仔	ia→a 竹袪仔
io→o 靴仔	iu→u 柚仔	ai→ai 雞仔	ua→a 瓜仔
eu→əu 豆仔		uai→ai 蛙仔	au→au~əu 包仔
oi→oi~i 妹仔		iau→au~əu 腰仔	im→m̩ 金仔
in→ŋ̍~ən 印仔		aŋ→ŋ̍~əŋ~aŋ 盎仔	em→m̩ 蔘仔
en→ŋ̍~ən~en 凳仔		iaŋ→ŋ̍~əŋ~aŋ 令仔	am→m̩ 柑仔
ien→ŋ̍~ən~en 毛辮仔		oŋ→ŋ̍~əŋ~oŋ 戇仔	iam→m̩ 漸漸仔
an→n̩~an~ən 蜆仔		ioŋ→ŋ̍~əŋ~oŋ 秧仔	uŋ→ŋ̍~əŋ~uŋ 蜂仔
on→n̩~ən~on 罐仔		un→n̩~ən~un 孫仔	it→l̩~it~ət 日仔
ak→ak~ək 蕒仔		et→l̩~et~ət 蝨仔	iak→ak~ək 蝶仔
iet→l̩~et~ət 鐵仔		ok→ok~ək 壁角仔	iok→ok~ək 藥仔
at→l̩~at~ət 芭仔		uk→uk~ək 矮屋仔	ut→l̩~ut~ət 水窟仔

（二）變調型

　　變調型，主要是透過詞根與後綴小稱兩個音節節縮成一個音節，或具有緊密關係的兩個音節（如中塞式小稱）形成小稱變調，有升調、本調高調、促化式--中塞式、舒化式--特高升調、元音延展等五次類。其中本調高調帶有小稱音的主張，於三、四章分析。分別舉例如下：

		單字調	小稱變調
升　調	陰平	梳 so⁵³	梳仔 so⁵³⁵（梳子）
	陰去	凳 ten¹¹	凳仔 ten¹⁵（椅子）
	陽去	帽 mo³³	帽仔 mo³⁵（帽子）
	陰入	鐵 tʰiet⁵	鐵仔 tʰiet²⁵（鐵）

	陽入	藥 ʒiok²	藥仔ʒiok²⁵（藥）
本調高調	陽平	鵝 ŋo⁵⁵	鵝(仔)ŋo⁵⁵（鵝）
	上聲	狗 keu²⁴	狗(仔)keu²⁴（狗）
促化式	陽入	藥 ʒiok²	藥仔ʒio²²ʔok⁵（藥
（中塞式）	陰去	妹 moi¹¹	妹仔moi¹¹ʔoi⁵（女兒）
舒化式	陰去	凳 ten¹¹	凳仔ten↗（椅子）
（特高升調）	陽去	帽 mo³³	帽仔mo↗（帽子）
元音延展	陰平	梳 so⁵³	梳仔so-o⁵³⁵（梳子）
	陰去	妹 moi¹¹	妹仔mo-oi¹¹⁵（女兒）

可以看到同一詞（同一語意）具有不同的小稱變體形式，這些次類型變體形式或爲不同語流之下所產生的共時層變化，但這些次類卻分屬於不同漢語方言的小稱類型的歷時層變化，這著實令人驚奇。

有關小稱變調形成的機制與動因，有不同的可能性：（一）小稱構詞調；（二）連調變化；（三）丟失；（四）節縮；（五）中立化；（六）語言接觸。這六種都是歷史上難解的議題，其中「語言接觸」將牽涉到地緣的關連性，以及語法化輪迴的觀念，而「中立化」的小稱變調更容易爲人所忽視，筆者認爲這在歷時的構詞音變考察中，將會是棘手的問題。茲將因小稱變調而呈現的調位中立化舉例如下：（以下尚不含音變的起源點，這一部分擬於本文三、章做進一步的分析）

基　　　底	表	層
陰去　妹 moi¹¹	妹仔moi¹¹⁵→	妹仔moi²⁵~²²⁵ / moi↗（女兒）
陰去　凳 ten¹¹	凳仔ten¹¹⁵→	凳仔ten²⁵~²²⁵ / ten↗（椅子）
陽去　帽 mo³³	帽仔mo³³⁵→	帽仔mo²⁵~²²⁵ / mo↗（帽子）
陽去　樹 ʃu³³	樹仔ʃu³³⁵→	樹仔ʃu²⁵~²²⁵ / ʃu↗（樹）

（右側合併為）→□²⁴（上聲）

單字調的基底形式，如果要形成小稱音或小稱形式時，原則上會歷經中間階段的不同變體，進而演變到表層與另一單字調同模，並形成調位的中立化。然而，以目前的發展來看，小稱的演變尚未全面到達某一階段性的「終點」，故而從新屋海陸腔小稱詞的研究當中，我們便容易觀察到音變的「過程」。

（三）單音節後綴型

單音節後綴型，主要含括兩類：「ɔ⁵⁵」與「e⁵⁵」。舉例如下：

單字調	小稱變調
柑 kam^{53}	柑仔 kam^{53} ə^{55}（橘子）
鴨 ap^5	鴨仔 ap$^{5>2}$ ə^{55}（鴨子）
塞 ts^{h}et^5	塞仔 ts^{h}et$^{5>2}$ ə^{55}（塞子）
鵝 ŋo^{55}	鵝仔 ŋo^{55} e^{55}（鵝）
店 tiam^{11}	店仔 tiam^{11} me^{55}（店）

對於上述各類型的小稱變體，看似繁雜，卻仍可理出演變的規律性。例如，疊韻型小稱基本上以詞根韻基的重複來構成小稱；變調型小稱則以詞根韻末高調來構成小稱；單音節後綴型小稱則牽涉到外來成分的疊加（如「e」）或內部音變的發展（如「ə」）。關於小稱變體在共時層面呈現的多樣貌，我們將於第三章以實驗語音方法來分析、驗證小稱的語音性質，並從構詞與音韻互動的介面來推演小稱音變的合理性。至於是什麼原因造成區域方言當中具有豐富的變體形式？其源流為何？而變體與變體之間的關係是屬內部層次的語音演化或是外部層次的疊加競爭？又，內、外兩者之間是否具有關連性？關連性為何？這些問題則為本文三、四章所關心。

1.2 文獻回顧

本節分三部分來回顧文獻，分別為：1.2.1 新屋方言的相關研究；1.2.2 小稱詞的相關研究；1.2.3 語言接觸與方言變體的研究。

1.2.1 新屋方言的相關研究

桃園新屋地區存在許多方言，方言之間混雜的情形相當普遍，因而做為區域方言中以方言接觸為主題來研究的論文也不少，以下從音系與語言接觸的角度來回顧主要的幾篇文獻。

洪惟仁（1992、2003b）根據社會方言學來調查資料，指出偏漳腔的大牛欄閩南話在複雜的語言接觸之下，使它吸收了很多潮州腔閩南語和海豐客家話的語言成分，並認為此方言亦受到臺灣閩南語優勢腔的影響而正在進行變化。另，張屏生（2001）、陳淑娟（2002）在探討新屋大牛欄（大牛椆，永興村）的語言特色時，分別從雙方言現象、社會語言學的訪談問卷量化的角度來分析，陳亦指出大牛欄目前因方言接觸而產生的音變行為，主要是來自於臺灣閩南語優勢腔的影響，部分族群的語言則逐漸轉移成以客語為主要語言。

賴文英（2003b、2004a, b、2005a、2007a, b）一系列有關新屋海陸、四縣、豐順等客語次方言相互接觸影響而形成四海話的研究，指出此區的方言在時間與地理空間的推移之下，方言間傾向於趨同但又各自保有特色，研究中也說明海陸雖是當地的優勢腔，但也不可忽略當地四縣話的影響力量，以及豐順腔小型區域方言或其他方言可能帶來的隱形影響力量。

徐貴榮（2006）在探討新屋犁頭洲的陳姓饒平客話時，指出「超陰入」特殊的語音現象，部分陰入字的走向超出了原來聲調的格局，如「屋」讀 $[vu^{24}]$、「索」讀 $[so^{24}]$，作者認為此特色存在已久，並和在原鄉陳姓的住居地屬詔安話和饒平話之間的接觸過渡區有關。今年輕一輩多保留完整的入聲，主要受新屋海陸腔入聲的影響而產生。這種特殊成分的語音現象不禁使筆者懷疑，原鄉的饒平客話的超陰入，是否有可能為小稱變調進一步的發展——入聲消失？以新屋海陸腔來說，入聲字的小稱變調較有可能先歷經連讀變調，而後成為單音節的升調模式，若「升調」為漢語方言小稱變調普遍發展的趨勢之一，那麼，新屋饒平客話的「超陰入」就很有可能為進一步的語音演變，不過，若這樣的特色存在已久，則新屋海陸腔小稱音在目前的發展來看，較之饒平話，為較晚起步的，但在未來卻又不見得會「往前」繼續發展，各方言可因自身選取的規律不同而呈現不同的小稱特色。當然，這只是初步的推敲，對於徐貴榮（2006）所提出的語音現象，實值得進一步解釋其來源，本文非探討饒平客話，但我們卻可以從新屋海陸腔小稱的音韻變遷來考察漢語方言小稱詞各種可能的變化。〔註2〕

另外，楊名龍（2005）亦從雙方言現象來探討新屋水流軍話與海陸客話的接觸影響，指出水流軍話的聲、韻、調、詞彙等，趨同於當地強勢的海陸腔，語言已逐漸走向消亡的階段，此更加豐富新屋地區的多方言特色與語言接觸的情形。

以上，我們發現一種現象，新屋大宗的海陸客語與四縣客語尚未有較全面而系統性的研究，故而其他次方言的研究在進行比較時，往往只是局部比較，海陸腔扮演的角色為影響的來源語而非受影響的接觸語。對於新屋地區的客方

〔註 2〕事實上，饒平客話超陰入的語言現象與音韻條件有關，只出現在舌根入聲韻的部分詞中，此和漢語方言入聲消失的趨勢有關？亦或和小稱變調的發展有關？原因仍有待考察。但從本文的研究發現，小稱變調的形成，一部分也會和音韻條件有關。

言特色在哪？是否受到區域中其他方言的接觸影響而產生變化？其語言特色的
形成與演變的機制、過程則是本文要探究的。

1.2.2 小稱詞的相關研究

　　小稱詞的相關研究，以下從兩方面來談，一為與新屋海陸客語小稱詞有關
的文獻回顧，二則從理論角度來探討相關的小稱詞文獻。

　　新屋海陸客語小稱詞的語音現象，不同於新竹海陸客語較同質性的 /ə⁵⁵/，
其語音現象較複雜，在以往的研究中常被忽略。較早注意到新屋海陸客語小稱詞
語音變化的文獻有三文：張屏生（2003）〈臺灣客家話部分次方言的語音差異〉、
賴文英（2003b）〈新屋地區的多方言現象〉、賴文英（2004a）《新屋鄉呂屋豐順
腔客話研究》。三文大致把這種現象歸於隨前字韻而變化，並無多做說明或解釋。

　　之後，賴文英（2005a）於〈海陸客語仔綴詞語音演變的規律與方向〉，又
再專文討論這種特殊的語音現象。此文從發音省力原則中的同化作用
（assimilation）與次音節化作用（minor syllable）（亦或「合音」），以及聲調的
制約因素等三個方向面來探討海陸客語小稱詞的語音變化，同時運用了韻律構
詞理論，以及詞彙擴散理論的內部語音系統與外部條件，來分析並解釋海陸客
語小稱詞語音演變的規律與方向。只是作者在這篇文章中，語音上並未處理的
很好，如「葉仔」（葉子）的語音形式有 [ʒaʔ ap]與 [ʒaa-p]，未能以較的好調
值標出實際音值，因而也看不出兩者的關連性；另作者只討論小稱的同化階段
與合音階段，並無法得出小稱音變的整體格局，是故探討仍不夠周全。

　　新屋海陸客語小稱詞的語音現象在某些程度上，相似於東勢客語小稱詞，
具有特殊的 35/55 調（董忠司 1996，羅肇錦 1997、2000，江敏華 1998，張屏
生 1998，江俊龍 2003，曹逢甫、李一芬 2005），也相似於粵語的 35/55 調（Jurafsky
1988、1996）。除此之外，新屋海陸客語小稱詞的語音形式還具有其他樣貌，這
些樣貌可分別見於贛南于都禾丰、葛坳一帶的小稱疊韻類型（劉綸鑫 2001：
290-291）、粵北土話（庄初升 2004：240-265）等地方言的小稱中塞式、特高升
調類型，以及東南地域方言的鼻音自成音節或鼻音韻尾型（王洪君 1999：
201-228，曹逢甫 2006）。王洪君（1999：211）同時也指出小稱的語音現象從
雙音節到合音階段的動力：「南方"儿"的口語單字音一般是自成音節的鼻音
ṇ或ŋ，由於鼻音做韻尾是漢語最普遍的音節模式，所以南方儿化合音也就更容

易與單字音同模。」姑且不論小稱詞的本字爲何？各漢語方言的小稱詞是否同出一源？且語音是否相同？不可否認的是漢語方言小稱詞的演變過程與模式卻可以是異中有同的。以粵北土話的特高升調爲比較，新屋海陸客語「凳仔」（椅子）的「凳」單字調值爲 [ten^{11}]，小稱變調爲特高升調時，調值近於 [ten^{25}]，實際上，[25] 與基本調上聲調 [24] 具有調位常模化的可能。因爲 [24] 與 [25] 之間實難以「聽感」辨識清楚，但兩者之間又「似乎」仍具辨義作用（因爲大部分或已由自然語境決定語意，且「土人感」亦覺有差），如「等」音爲 [ten^{24}]。對此相關的小稱語音問題，本文擬以 PRAAT 聲學分析軟體來分析並界定小稱的語音性質，並以此做爲定出本文小稱音位與調位方面的參考。

上述提及的一些方言點各具有不同的小稱手段與小稱語音形式，這些不同類型的小稱音變卻集合成新屋海陸腔小稱詞總的特色。整理如下：

（3）與新屋海陸小稱音變類同的方言點

方言點	小稱手段	小稱語音形式舉例
贛南于都	疊韻--構成詞幹的後加成分	桃□tʰɔ^{44} ɔ（桃子） 雞□tɕi^{31} i（雞） 蚊□mẽ^{44} ẽ（蚊子）
粵北土話	促化式--中塞式	春 tsʰu²ʔn^{23} 雞～（雞蛋） 鵝 ŋɔ^{4}ʔɔ^{45} 白～
	舒化式--特高升調	橙 tsʰan↗ 暴芽 pau^{13} ŋa↗（發芽）
粵語	小稱變調--升調或高平調	nui^{35}（女兒） tʰoi^{21}（台）->tʰoi^{35}（圓桌） tʰo^{35}（桃）
大埔（東勢）	小稱變調--升調	ten^{33}（釘）->ten^{35}（釘子） son^{33}（酸）->son^{35}（芒果） kam^{33}（橘）->kam^{35}（橘子）
新竹海陸	單音節後綴式--央元音[ə^{55}]	kam^{53} ə^{55}（橘子） mun^{53} ə^{55}（蚊子）
	小稱變調--升調或高平調	keu^{24}（狗） ŋo^{55}（鵝）
東南地域方言	鼻音尾化	義烏話: oŋ->oːn（橘兒） 湯溪話: sia^{52-33} tə-ən^{24}（細刀）
	單音節後綴式--自成音節鼻音	平陽話: tœ^{44} ŋ^{23}（小刀）

　　上表中的新竹海陸腔，高平與升調的單字調中是否帶有小稱詞？或有不同的見解，本文主張部分語詞的表層之中帶有小稱，文中將一併探討此種語言現象。從某一方面來說，上表似乎已預示著，在不同區域、不同來源（在更早或爲同來源，但有關小稱詞的來源仍有爭議）的方言小稱詞中，除了語意方面的演變在世界各地的語言具有類同的走向之外（Jurafsky 1996），小稱語音變化的路徑似乎也朝著類同的方向而變，只是這種類同性通常會隨著方言自身規律的不同而可能採取上述的某一種或其他種小稱形式，本文將進一步驗證此論點。

　　至於小稱詞在理論與方法運用的研究方面，以下擇幾篇來回顧。曹逢甫（2006），曹逢甫、劉秀雪（2008）透過語意演變、語音演變，闡述漢語小稱詞語法化的輪迴現象，對於漢語歷史音韻，以及各方言的歸屬問題，提供了一個很好的觀察視角。Cheng（2006）以優選理論來分析粵北土話小稱詞的形成，說明喉塞音出現位置上的差異，乃導因於相同制約的不同排列。鍾榮富、鍾麗美（2006）採 PRAAT 聲學分析程式，探討過去文獻沒有討論過的小稱聲學上的語音形式，並以社會語言學量的研究方法，分析屏東內埔各年齡層對於小稱詞前的語音展延現象，且指出此爲日後客家話小稱的可能發展。後兩文我們可以見到，影響小稱變異主要在於制約等級排列的不同，或音韻規律的不同。對於新屋海陸客語小稱詞呈現的多層次變異，一方面似乎具有語法化的輪迴現象，〔註3〕另一方面也似乎具有內部的音韻演變痕跡。〔註4〕而這種多層次的變異性，也似乎較難以優選理論的「最佳」輸出項或聲學分析軟體來解釋清楚。即使如此，我們仍能經由相關理論與方法來進一步解釋或引伸出相關的問題，如何詮釋，便是本文要突破的一個方向。

　　小稱詞的研究之所以重要，主要牽涉到音變的格局，傳統的音韻研究局限在漢字的框架之內，以至於對於一些特殊的音變行爲無法得到較好的說明。徐通鏘（1985）在研究寧波方言「鴨」[ε] 類詞時，即不受限於漢字的框架，因而能較好證明此類詞原來爲「儿化」的殘迹，此即從語法構詞指出小稱音變。漢語類似的雙音節小稱詞在演化過程中，音節容易逐漸合併或節縮成單字詞調，若不深加解析，則無法瞭解箇中緣故。

〔註3〕因小稱變體呈現著複雜的樣貌，此部分擬於後文抽絲撥繭後再舉出實際的輪迴現象。
〔註4〕此部分將透過3..2節小稱構詞的音韻變遷來探討相關的問題。

1.2.3 語言接觸與方言變體的研究

　　語言接觸的研究，近年來漸受重視，尤其在接觸的範圍與程度上，逐漸對發生學上的譜系理論產生了挑戰。如，阿錯（2001、2002）指出倒話是一種藏漢混合語，其詞彙主要來自漢語，構詞方式多與藏語相同，語音系統的結構對應於藏語，語法結構也主要來自藏語；另，陳保亞（1996、2005）指出語言接觸具有同盟關係，主要是通過基本語素和核心語素中主體對應語素的有階分布，來斷定是民族語言干擾漢語還是漢語干擾民族語言，並依其對應比例來建立親屬的遠近關係，對所謂的「混合語」則採取比較保守的發生學關係而非類型學關係。顯示這個領域還有很多探討的空間。以下，本小節另選與語言接觸、方言變體有關的文獻來回顧。

　　上節中，我們談到了 Cheng（2006）以優選論來分析不同階段層次的小稱詞，其中，排除了語言接觸的外來成分。相對的，劉秀雪（2004）以優選論來詮釋克里奧式的語言接觸與區域地理特徵的傳遞散播，認爲克里奧式的語言接觸是兩種層次制約位階的相互競爭，最後勝出的部分可能是標記性制約（markedness），也可能是忠實性制約（faithfulness），如，閩語的文白異讀；區域地理特徵的傳遞散播則是以音韻制約爲主導，主動的擷取周遭語言環境中較爲和諧的音韻制約位階，並納入自身的方言體系之中，如，莆仙方言。不論是從語音內部的演變或外來的語言接觸來看，優選論都可以解釋並篩選出一個最優的輸出形式。這個理論雖試圖以多個等級排列的自由度來篩選多個最佳候選項，使成爲「一個最優」輸出項，但它是否也有可能同時容許「多個可能」輸出項的產生？此時，位階的排列勢必將更加繁複。我們或許無法從優選制約得出實際的小稱音，但小稱音的高調徵性在小稱變體的形成過程中卻扮演重要的制約角色。（參見 3.2.2 節）

　　語言都會流變，流變的模式也不盡相同，其因素或爲內部力量，或爲外加力量，但或多或少均有方言變體的產生。而變體的定義也隨著研究對象的不同而有所不同，連金發（1999）著重在次方言間的變異性，其對變體的解釋爲：一個方言群中某些音韻特徵有其一致性，有別於另一個方言群，這個方言群通常也有內部的差異性，這就形成了次方言的變體；另依黃金文（2001）所言，方言變體含括規律與異讀，異讀則專指那些因方言接觸所造成的語言累增現象，主要爲文白異讀。本文對變體的解釋則著重在語音性「自由變體」（free variant）的「混讀」現象，混讀變體的形成或來自於不同的層次變體。事實上，我們可以從不同性質的方言變體研究當中，指出音韻演變的一些苗頭或殘跡，亦或從中看出一種語言總的特徵。（趙元任 1934）

此外，洪惟仁（2003a）從社會語言學以及方言地理學的角度，調查了各地閩南語的特色，指出方言變體產生的可能社會性因素，含括年齡層、教育層……等，且變體的分布呈互補性，傾向於「一人一字一音」的形式。本文不從社會語言學發音人數的「量」方面來分析方言變體，社會因素中的年齡、性別、教育等或容易導致變體的產生，但觀察之後，這些因素似乎不是新屋客語方言變體產生的主因，且男性或女性在社會中的互動性也無太大的差異。變體的產生反而可能和雙（多）方言能力的背景再加上社會活動的分布區域有關，然而這種分布區域的界線仍舊是模糊的，由於交通便利，人與人之間往來密切，居民常跨村流動，導致語言也跟著流動。故而變體的產生較有可能和區域方言中語言演變的「潮流」（trend）有關，對此，我們可以從不同類型的變體當中，推測語言在區域中的發展變化，確會形成一股潮流。雖然，年齡層非造成變體產生的主因，但具有多方言能力的發音人往往為中、長年層，故而本文的年齡層將著重在中、長年層。〔註5〕

本文「變體」的來源含括一人一字多音與數人一字多音的形式，再從多字當中呈現「量」的變化趨勢，大體來說，方言各類變體具有三種基本的形式：未變、變化中、已變，但各類變體演變的方向性與演變速度卻不等。

1.2.4 小結

從新屋方言、小稱詞，或語言接觸與方言變體的相關文獻探討中，本文將從四方面來突顯研究方法上的特色，以及有關語法化輪迴層理論的研究。

第一，調查法的運用。既然我們得知新屋客語有不同形式的變體存在，那麼就儘量透過不同的「語體」來發掘這些變體，而不以一種語體形式來定位語言，尤其在自然語體中，我們更可得知語言的真實性，只是我們仍需釐清各式變體在語體方面的出現環境，是否有其分布上的限制。

第二，變體時間層與空間層的關係。因不穩定的變體一般較難觀察得到，尤其在文獻當中，變體呈現的往往已為變化後的語音現象或以音位化處理，故

〔註 5〕年齡層的界定範圍見本章後文。

而從過程性的變化當中，我們可窺知變體的意義。

　　第三，PRAAT 語音軟體分析法的運用。不穩定的變體在記音方面，往往會因調查者見解不同而可能產生不同的記音方式，故而本文透過 PRAAT 的聲學分析來為小稱語音的複雜現象做初始的分析，藉此所得的結果以利於後文的分析研究，同時也可輔證本文相關的論證。

　　第四，小稱語法化輪迴層的擴展。有關小稱語法化輪迴的研究，在前人研究的基礎上，分析新屋海陸客語小稱語意與小稱語音的語法化輪迴現象，同時探討導致小稱語音、語意產生語法化輪迴的因素，包括內部的音韻、語意因素，如，音韻條件、小稱構式中語意顯現的親密性；以及社會因素，如，語體、外來的作用力等。此外，本文也突破以往的研究，試著從漢語方言與非漢語方言的角度，並以海陸、四縣客語的人稱領格表現，來分析人稱領格屈折形式的來源與小稱音變的關連性。不過，從漢語方言與非漢語方言的角度來探討，格局則顯太廣，因而以第五章做為延伸思維，探討有關人稱領格顯現在小稱語法化輪迴階段的現象，希望能以此拋磚引玉，或做為未來研究的期許。

1.3　理論架構

　　本文以共時層與歷時層為主軸，並貫穿相關的理論與方法，架構如下：

（4）理論與方法架構圖

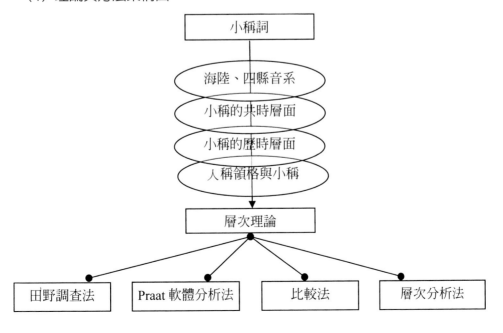

　　首先 1.3.1 先要釐清何謂「層」，含前人的看法與本文的界定範圍；1.3.2 說明層次分析法的概念與層次分析法的原則；另，「層」也牽涉到區域方言的問題，故 1.3.3 說明區域方言、語言區域與區域特徵三者之關連；1.3.4 為語法化與語法化輪迴層的觀念，「層」的概念除了可從語音演變歷史分層的角度來審視之外，「層」也可以從語法化輪迴層的角度來審視，含括時間層與空間層的演變關係。

1.3.1 層的定義與範圍界定

　　何謂「層」（stratum）？其原本的意義為「遺物」或「遺存」。（何大安 2000）但隨著漢語方言研究的興盛，語音演變的分層可以有不同的層次，故而各家對於層的理解也多所不同，原則上可分為狹義的與廣義的兩種看法（劉澤民 2005：26-29），前者將層次視為語言接觸的產物，如，黃金文（2001）使用「層次」一詞來表示因語言變體（含方言）間的接觸而造成的移借現象；後者則將層次視為地理層面與時間層面的集合，如，鄭張尚芳（2002）將語言依語言演變的來源大致分成四種層次，分別為：本語語音層、非本語語音層、構詞構形變音層、文字借讀層。本文的層次含蓋構詞構形變音層與非本語語音層中的表層語言，前者依鄭張先生的分類，語音的演變和構詞有關，此正符合本文小稱詞的探討，後者依鄭張先生的定義主要為書面語，亦即文讀層，但事實上，屬於外來成分影響的語音變化亦可歸於此層。然而，層與層之間並非截然劃分，構詞構形變音層與外來層的表層之間也存在某些互動，就像是內部音變與外部音變也可以是相輔相成的，故而本文研究的「層」範圍將著重在層次的模糊地帶（fuzzy area），層的模糊地帶含括語言接觸面，但也不排除內部音變力量而產生的互協變化。如下斜線部分：

（5）層的模糊地帶

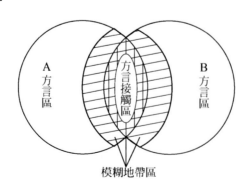

模糊地帶區

　　是故，本文將語言學方面的「層」（stratum/layering）擴充並定義在：當語言因外來接觸或內部音變發生新的變化時，新舊之間變化所產生的不同語言變體會對新的變化發揮不同的作用力，這些不同的作用力，在結構上所表現出來的痕跡，稱之為「語言層」（linguistic stratum）。

　　假設新屋海陸、四縣客語存在十種音類具有差異性的對應關係（實際上或更多），其中八種，四縣的音類均向海陸趨同，但剩餘的兩種音類，四縣卻似乎無法向海陸趨同，反而看似為海陸向四縣趨同，為什麼會有不同方向性的變化？甚至在小稱詞的變化當中，大部分的小稱變化無法歸於前述兩種方向的對應變化，這又是為什麼？小稱詞中，海陸只部分向四縣趨同，四縣更只部分中的部分向海陸趨同，看似為雙向感染，但這兩種感染的範圍都不廣。事實上，在新屋海陸腔的內部系統中存在眾多的小稱變體，變體間有自行趨同的趨勢；相對的，四縣小稱音的穩定性較大，不容易受外來成分的影響，也不容易影響海陸腔，即使有影響，影響的層面較為局部。從四周的語言環境與原鄉的來源來看，似乎無法為小稱音變自行趨同的部分找到接觸的成分，但在區域方言中卻又自成一格，這或許和「區域性」自身所形成的區域特徵有很大的關係，只是我們在後文仍需詮釋這種演變力量的生成是如何透過區域性來完成。以上的變化，某些看似為接觸的成分，其實又帶有內部的音變力量，而看似內部音變的情形，實則又帶有接觸的力量，本文暫且將其歸為模糊地帶區，不過，仍需理解的一個課題是，在演變的過程中，誰扮演主因、誰扮演輔因。

　　「層」的研究一般有兩個方向，一為解釋語言區域的形成，二為解釋語言的變化，以後者來說，除了內部的語音演變，以及文白異讀之外，其他另有許多異常的音韻變化，往往可以從語言接觸及語言融合的角度得到更圓滿的解釋。（何大安 1988、2000）當然，對於解釋語言的變化往往也與語言區域脫離不了關係，因此，層次的研究通常無法脫離空間層，包括語言所處的區域與周遭地緣性的接觸關係。語言接觸（language contact）簡單的定義為：在相同的空間點與時間點上，不只於一種語言的使用。（Thomason 2001：1）又語言接觸產生其一的類型為：由接觸而引發的語言變化（contact-induced language change）（Thomason & Kaufman 1988），也就是說因不同語言的接觸而帶來了語言干擾現象，干擾的兩種基本模式為借用（borrowing）與優勢語干擾（substratum interference，字面義或譯爲底層干擾），前者以詞彙借用爲主，且不局限在區域性的多方言（多語言）現象，後者以語言移轉的過程爲主，指的是說話者對目標語的習得或學習並沒有成功的移轉。然而，這兩種模式似乎都不能較好解釋新屋海陸客語的語言變化，究竟新屋海陸、四縣的接觸變化是屬於哪一類型？而小稱的變化又是屬於哪一類型的音變模式？對此，我們將深入分析。

不過，若是純屬接觸的變化，則變化的主要因素並非由語言結構所導致的，而是由說話者的社會背景因素導致的；但若非純屬接觸的變化，則語言結構也可能導致變化。但無論如何，社會層面的因素對語言接觸的方向與範圍具有決定性的影響機制，這種社會層面可以是指個人同時使用兩種語言來表情達意並做爲與人溝通的工具，進而延伸到某一區域的社會中有一定數量的人具有使用兩種語言的能力，此即稱之爲「社會雙語」（societal bilingualism）。（曹逢甫 1998）這種社會雙語主要有兩種音變形成的方向：一爲個人雙語的單向或雙向擴散，由個人進而影響擴散到群居的社會團體之中；另一種音變形成的方向面爲群體社會雙語的單向或雙向擴散。也就是說，當地人士的「雙聲帶」與「溝通」的能力，將是導致語言產生變化的主要因素，這種音變形成的力量使得區域中原先具有差異的方言逐漸趨同。本文將透過對應原則（參見後文 1.3.3 節）找出語言產生變化的動力，若無法以對應原則來解釋的小稱趨同變化，本文將試著從其他方面來解釋。

從共時層面來看，不管是時間層或空間層的音變現象，音變的規律不會只有一條規律在進行，而音變的方向也不會只有一種方向在主導。但從「當下」來看，某一時某一地的音變規律只能選擇其中的一條規律來進行，而音變的方向也只能選擇其中的一種方向來主導。畢竟我們不可能只抓住當下的哪一時、哪一點來做研究，是故有所謂的「規律的競爭與擴散」，而這些規律在歷時的沈積之下，於不同的區域形成了不同的層次類型。

1.3.2 層次分析法的概念

何大安（1988：93-97）在論贛方言時指出：「今天的漢語方言，無論是哪一支或哪一個方言，都不敢說是孤立地從它的母語直接分化下來的。在漢語的發展過程中，分化與接觸是交互進行的。」何先生在分析原始贛語的特點時，訂定了幾個原則，今將其整理如下：

（6）原始贛語的分析原則

　　a. 基本原則

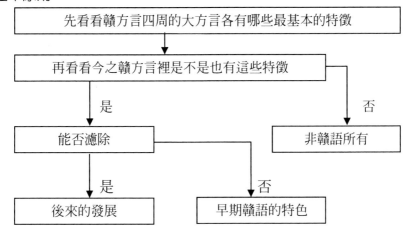

　　b. 濾除原則

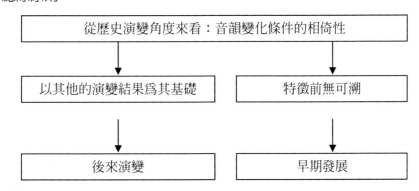

　　劉澤民（2005：29-30）在探討客贛方言的歷史層次時，也訂定了一些程序：

　　（一）以中古音系（切韻音系）的古音類為單位，確定目標音類存在幾個讀音類型。所謂讀音類型，指的是方言共時音系中相同音類的不同音值，也可以叫「今音類」。

　　（二）經過分析，將不屬於語音層次的零星讀音如連讀音變、構形音變和因文字影響造成的誤讀、冒讀和訓讀等剔除出去。

　　（三）如果該音類存在兩個或兩個以上的讀音類型，確定這些讀音類型是否存在互補分布特徵。如果存在互補分布特徵，可以將互補分布的讀音類型歸為同一層次。

　　（四）確定每個讀音類型對應哪一個或哪幾個古音類，建立目標音類的今古音類對應格局。

（五）將建立的今古音類對應格局與參照方言（或方言群）的相應格局進行比較，顯示其異同。也要對今音類的轄字情況與參照方言進行比較。比較參照系最好是方言群，因為參照視野越大，今古音類對應格局就越明晰，對層次的判斷也就越準確。

（六）梳理相關的歷史音系資料，整理出不同歷史階段音系的音類分合格局，理清音類歷史演變源流。如果歷史音系資料有不同來源，且同一時代的不同來源資料顯示的音類分合格局互有差異，應對差異做出解釋，對資料做出取捨。

（七）對今古音類分合格局進行比較，確定目標音類中讀音類型的歷史層次。

（八）在同一歷史層次上對目標方言與參照方言群進行比較，構擬出共同的早期形式，並與漢語史上相應歷史時期的構擬比較，看是否相合。然後對其演變做出解釋。

（九）對於無法做出合理的演變解釋的讀音類型，參證移民史、民族史的資料做語言系統外部的解釋，解釋應符合語言接觸的基本規律。

可以看出劉先生訂定的程序是以切韻音系為主軸，較不注重地理層面的因素，只有在讀音類型無法做出合理的演變解釋時，才歸為語言接觸的因素，並從語言系統外部做出解釋。

本文將參考上述兩位學者的原則，並以何先生的原則為基礎，並擴充如下：（基本上，基本原則與分析原則是互為表裡的）

（一）基本原則

A. 對稱性原則

語言當中有對稱性的演變關係，也有不對稱性的演變關係，但我們依然可以從語言演變的對稱或不對稱性的關係當中，去尋求合理的時間層解釋或空間層解釋。較有可能的便是依照研究對象、研究主題，觀察在語言或方言當中顯現出的對稱性問題。若為對稱性，還要判斷此種對稱性在內部系統中是否具有合理性？具合理性的應為內部演變；不具合理性的則還要參照其他條件再做定奪。若為不對稱性的演變關係，則視其演變過程是否以其他音韻條件為依歸？是，則符合語音演變的事實；不是，則要考慮可能非屬語音演變的情形。原則上，在詮釋方面均要能合情合理。

B. 地緣性原則

　　研究的對象，不管是不是具有對稱性的演變關係，都應該顧及到方言自身地緣的語言現象，包括研究對象目前的所在地與原鄉的發源地。首先，可以觀察研究對象自身地及其四周的方言是否具有相同的特徵？是，則要判別是屬於共同創新、平行演變，亦或接觸變化，若為接觸變化則還要考慮誰為接觸的對象、誰為接觸的來源，又接觸的時間有多久？此部分則要搭配相關語言系統的歷時演變而定奪；不是，則要考慮是方言自身的創新或存古，創新或存古其實只有一線之隔，若原鄉來源地的語言也不具此種特徵，只好依據內部系統的演變關係來判斷是創新的可能大，亦或是存古的可能大。其次，若在四周方言不見研究對象的語言特色，必要時再擴大鄰近地緣的語言特色，看其為語言演變的自然趨勢呢，亦或是移民因素而可能存有的殘留現象。

（二）分析原則

A. 音韻分析原則

　　音韻條件除了包括與系統本身有關的音韻條件之外（如，因詞根韻基或韻尾形式不同而產生不同形式的小稱音），依本文分析，另有聲調系統、連讀變調，以及連讀變調或語流變調導致調位的中立化或常模化。同時，音韻條件除了自身內部的語音變化之外，也要考慮到與其他語言或方言之間的比較，看音韻條件的變化過程是純粹內部條件呢，亦或是加雜了外部系統的音韻條件互為表裡。

B. 音韻濾除原則

　　如果語言當中具有與地緣性相同的音韻特徵時，牽涉到這些音韻特徵能否濾除？能，或為後來的發展；不能，或為早期語言的特色。濾除原則基本上要從歷史演變角度來看，也就是音韻變化條件是否具有相倚性：若是以其他的演變結果為其基礎，則較有可能為後來的演變；若特徵前無可溯，則較有可能為早期發展。但特徵前無可溯時，原則上仍要兼顧比較非毗鄰地緣的音韻特徵，若有類似的音韻特徵散落在各區，若非移民關係，便有可能為語音演變的共同走向。

（三）補充原則

　　補充原則主要是針對語言內部的特殊現象，從語言的普遍性當中找出合理的語言變遷解釋。例如，親屬稱謂詞，一般將其視為語言當中的基本詞彙，其

變化較不同於一般詞彙，所以是一個很好的觀察視角，本文即採用親屬稱謂詞當中顯現的不對稱小稱現象，來觀察小稱可能的變遷。

1.3.3 區域方言、語言區域與區域特徵

「層」的研究脫離不了方言所處的區域，因而本節擬瞭解區域方言、語言區域與區域特徵之間的關連。

某一語言的特點可經由不斷的接觸而波及大部分的區域，成為賦有地域色彩的「區域特徵」（areal feature），而這樣一個多種語言聚集的地區，就叫做「語言區域」或「聚合區域」（linguistic area，sprachbund，convergence area）。（Hock 1991：494，何大安 1996：153-154）這種語言區域的特徵也可透過接觸、演化的互協而趨同。

一般來說，相互接觸的語言或具有親屬關係，或不具有親屬關係，由於語言接觸的影響，分處於不同地域的語言接觸，會導致本來同質性高的語言往不同的方向演變（趨異，divergence）；而相同地域的語言接觸影響，則會導致本來異質性高的語言往相同的方向演變（趨同，convergence）。區域方言中的趨同變化有兩種可能性：一為區域內不同方言（或語言）彼此在結構和文法範疇方面變得非常的相似（Gumperz & Wilson 1971，曹逢甫等 2002），變得非常相似的部分則牽涉到方言之間的對應原則（correspondence rules）（Thomason 2001），對應原則的通則為：A 言中具有 x 的部分，對應到 B 言中為 y 的部分，若 A 言影響 B 言，則 x 會本土化（nativize）成 B 言的一部分，此屬於常規性的借用關係（borrowing routines），反之亦然。另一種趨同變化為區域內所形成的演變力量，這種演變力量若和語言演變的自然趨勢有關時，則這種自然趨勢的發展容易透過「區域」形成的「潮流性」來主導，由此而使得不同區域但在相同條件的語言環境之下卻會產生不同的演變速度；但區域特徵的形成若和語言演變的自然趨勢無關時，則區域內自成的趨同變化在語言的發展過程中則是少見的情形。以上兩種性質的趨同變化，均存在於新屋的區域方言之中，前者顯現在當地海陸、四縣的音系、詞彙、語法，以及小部分的小稱詞之中，後者則顯現在當地海陸腔小稱詞的語音變化之中，對此，我們將探討在同一區域的方言之中，產生不同性質的趨同變化原因。

語言區域形成的區域特徵，其範圍可廣也可狹，廣的區域特徵可以跨越方言分支的界線，例如，在湖北以下的長江流域，n-、l-不同程度的相混，是一個分布很廣的區域特徵；狹的區域特徵則可以將同支的方言劃分成更細的下位次方言，例如，同屬於臺灣四縣客語，其下可再劃分成北四縣（如：桃園）、苗栗四縣與南四縣（如：美濃、高樹）等三區。北四縣之所以不同於苗栗四縣，是因桃、竹一帶多海陸腔，部分地區與四縣互動頻繁，會四縣腔者，多半同時也會海陸腔。在海陸腔的區域之中，如本文研究的新屋地區，當與四縣及其他次方言互動密切時，本文要關心的是新屋海陸客語是如何形成自身的區域特徵，並與其他地區的區域特徵有別。

本文從區域方言（areal dialects）類同於語言區域的研究以「以小窺大」，在新屋區域方言的研究當中，是否可從小稱詞的探討窺見漢語方言小稱演變的問題？而小稱反映在區域方言層次演變的架構中，又起什麼樣的作用？這是本文關注的問題之一。〔註6〕

1.3.4 語法化與語法化輪迴層

「層」的觀念除了從語音演變歷史分層的角度以及地理空間的變動來審視之外，「層」也可以從語法化輪迴層的角度來審視。小稱的形式可以為同一語素的不同階段演變，也可以是不同語素的交替變化，不論是否為同一語素的交替變化，或涉及到語言接觸的層面。基本上，小稱的形式（含語音或形態形式）經過一次輪迴的演變即形成一輪迴層。

所謂的「語法化」（grammaticalization）指的是一種「過程」，這種過程通常指語言中意義實在的詞轉化成意義虛靈、表示語法功能的成分，甚至最後在語句中成為語法功能更虛的虛詞。（Hopper 1991，Heine et al. 1991，劉堅、曹廣順、吳福祥 1995）劉堅等人更從句法位置的改變、詞義變化、語境影響、重新分析等四方面來分析誘發、影響漢語詞彙語法化的因素。語法化基本的演變途徑如下：

〔註6〕本文以「語言區域」指稱時亦含括「區域方言」於其中。若欲細分二者，則前者或著重在區域的語言趨同性；後者著重在方言的混雜性，強調的是方言間的趨同性與保守性。

（7）語法化理論的基本演變途徑

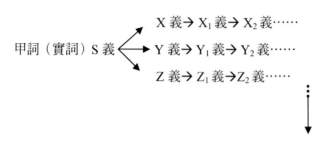

甲'詞（語法功能詞）

　　以小稱詞為例，其語法化的過程大致為——A：兒子、女兒→B：動物的後代→C：植物細株→D1：細小物體、D2：親屬稱謂（尤指晚輩或年輕者）、D3：身體部位與器官、D4 時間詞→E1：帶感情色彩（暱稱、蔑稱等）、E2：特指（對照組中之小者，如房子中之冥房）、E3：專指（一類事物中之小者，如小豆專指黃豆）、E4：名物化標誌（改變詞類者）、E5：名詞標誌（未改變詞類者）、E6：表輕微弱小之形容詞、副詞或動詞，尤其是其中牽涉到重疊詞者→F：助詞。（參考曹逢甫 2006，曹逢甫、劉秀雪 2008）

　　曹逢甫（2006）在語法化的理論基礎上，通過語意演變、語音演變闡述語法化輪迴的現象，並以小稱詞為例，說明小稱經過一再的弱化過程，同時也就愈來愈難讓說話者聯想起原來的形式，因而該語言就容易重新啟用一個新的形式來表達那個概念，而這種形式一旦被採用就有可能引發另一輪的語法化現象，是為「語法化輪迴」（grammaticalization cycle）。江敏華（2006）亦利用語法化輪迴的概念，指出麗水方言不同類型且能產性不一的小稱形式，事實上都是由相同的「兒」語素經由語音形式的語法化過程，而經歷了三個重新啟用的新小稱形式，且「語音形式的語法化」應是主導麗水方言小稱詞語法化輪迴的主要力量。新屋海陸腔的小稱詞在語音、語意與形式方面均有弱化的情形時，本文將探討語言系統如何重新啟用另一個新的形式來表達小稱的概念，且是否有可能引發新一輪的語法化現象而形成「語法化輪迴層」的演變。

1.4　研究方法與本文研究議題

　　本文研究方法含田野調查法、PRAAT 語音軟體分析法、比較法、層次分析法等等。在語言方面的研究當中，幾乎都會運用到比較法，含括共時比較與歷

時比較，此部分擬於內文說明，此節不贅述；層次分析法的概念已於 1.3.2 節說明，亦不再重述。1.4.1 節先說明田調法運用時可能產生的相關問題及音位標音的問題，並說明本文的田調步驟；1.4.2 節為 PRAAT 語音軟體分析法的介紹與說明；1.4.3 節為研究議題彙整；1.4.4 節為研究限制；1.4.5 節則為本文章節架構。

1.4.1 田調法

田調常牽連到如何標音？取決的標準又為何？以及要透過何種方式來田調？以下分別從 1.4.1.1 節標音方式與 1.4.1.2 節田調步驟來說明。

1.4.1.1 標音方式

基於趙元任（1934（2002））在〈音位標音法的多能性〉結語所論：「任何人的標音，只要本身一貫，能夠在原定的範圍裡做出清楚的解釋，不自稱唯一正確而排斥其他可能的處理，都不必嚴加反對。用法總有一天會統一，問題則始終在變。我們的座右銘必須是：寫吧，放手去寫！」讓我起了一股不同於以往田調與標音的做法，不以「規範式」（normative）的方法來採集語料，也不以「規範式」的原則當做處理語音的唯一選擇，前者關連到自然語體的採集，後者則關連到語音性或音位性的處理方式。既然「問題始終在變」，而本文所要研究的問題則是處在變動之下的「變體」（variants）為主，共時層面反映出的疊置式（layering）變體是否有可能與歷時的語言層（stratum）產生關連？這將是本文的探討點。

以往我們在做語言調查或閱讀書面中的語料時，通常以「音位」的形式呈現，故而即使語音有變體，也許因變體的形式不多，或變體以較整齊規律的形式出現，這些變體就顯得不是那麼的重要。然而，長期以來心中一直有個疑惑，難到語音真的是那麼整齊一致呈現出規律性嗎？語音從 A 演變到 C 時，中間的變體該如何對待？亦或有意忽略？當我們看到語音為整齊一致時，其中一個因素為大多數的田調偏向於將語料以音位化的方式來處理，也因此，我們容易忽略語音演變的原始樣貌與語音演變的環境分布，包含共時與歷時語音來歷的詞彙環境分布。另一個因素為語料採集的來源問題，田調採集的方式若偏向於一人一字一音時，較有可能忽略同人同字不同音的採集，不管是傳統音韻分析，

亦或社會語言學的調查方式大多如此。以 Labov（1994）社會語言學式的調查
方法來說，不同的語言變體可能隨著年齡層、社會階層、教育程度、性別、社
會認同度等因素影響而有所不同，但基本上，其變體分布是有其社會性的條件，
一詞問 A 發音人得出的是 A'音，同一詞問 B 發音人得出的也許是另一變體 B'
音（此或因年齡、性別等因素影響），若 A 另有 A"音、B 另有 B"音的自由變體
時，則這部分的語料在田調的過程中，若非長期處在調查的語言環境之下則往
往不察。（但同一詞在另一種情境之下，一樣問 A 發音人，可能也會得出 A"音，
此則和社會階層或社會認同度等因素有關）對於無條件性自由分布的變體而
言，往往失去其應有的音韻地位，因為在其中，我們也可能發現到不同的音變
現象。筆者對此一直感到好奇，尤其當筆者長期處在一地，對於其中的語言現
象不是以書面文章所能理解的時候，不禁想深入瞭解其中的緣故。以下我們先
來瞭解語言調查與音位標音的問題，以及自然語體的重要性。

（一）音值標音或音位標音的多能性採用

　　標音，有所謂的音值標音與音位標音，這兩者該如何拿捏，似乎沒有一種
絕對性。當我們要呈現某一語言的音系時，通常會以「音位」的形式來表達，
然後再附加說明相關變體產生的環境與條件。但由於各家對音位系統的認定多
所不同，對於語音系統出現的環境方面認定也不同，因而不管在選取音位或決
定是不是採取音位處理時，其實都有可能產生不同的分析結果。然而，以音位
標音卻常會使我們失去一些可尋的音變環境，也讓我們忽略早期音變的格局。
「音位」與「音值」之間處在變動不居的格局之中，「音位」符合了歷史性原則，
但卻容易失去共時層面的效應，「音值」或許符合了共時層面的效應，但卻有可
能失去歷時層面的意義，兩者如何兼顧，確實是一個難題。

　　以本文的小稱詞來說，調位是一個問題，音韻如何呈現也是一個問題。當
小稱變調與基本調具有調位中立化、常模化的現象時，小稱變調的實際語音非
常接近基本調，甚至與基本調同模，如何取捨，便是問題所在，這種變體處在
「姿身未明」的現象往往就體現出語音轉變的過渡階段。若取同模的常模化調
位，我們便可能看不到中間轉變的過渡情形；若取不同調來標示，且標示出不
同來源的基本調時，此或可得知語音的深層結構，但也無法呈現實際的語音現
象，如「凳」、「帽」的基本調調值分別為：[11]、[33]，其小稱變調的深層應分

別為：[115]、[335]，但事實上，二詞的小稱變調又傾向於 [225] 或 [25]，與另一基本調 [24] 幾近同模。故而本文的做法是以語料為中心點，一方面參考語言的真實性（土人感亦覺小稱音與基本調有差），一方面也參考音韻系統的一致性（小稱音若太過於零亂則分析上易混淆）而決定採取何種調位，基本上暫不採取與基本調同模的調位來處理，以與基本調區別，但對於可能來自不同基本調的小稱變調則又採取小稱變調各次類（小稱變調各次類參見 1.1.3 節或 3.1.2.2 節）自成一調的小稱調位來處理，不過，於內文分析時，依需求或採「基底」標示、或採「表層」標示。對於這一部分，我們先舉小稱變調的單字音模式與後綴單音節式的小稱模式來談，細節於三、四章將以更多的語料來說明。

　　小稱音若處在連續統的格局時，音位上如何取捨，常是一個問題。以入聲韻來說，古國順（2005：160-161）在類似的小稱變調時記法為-b⁵、-d⁵、-g⁵，如「格仔」（格子）[kak⁴-g⁵]，賴文英（2005a）在記新屋海陸腔小稱變調時則為-p、-t、-k，如「葉仔」（葉子）[ʒaa-p]、「日仔」（日子）[ɲii-t]（調值省略），兩位要表達的應該是類似的小稱語音概念，但選取不同的標音方式。之所以會有不同的標音方式應和語言顯現的不穩定性有很大的關係，因為小稱詞在某些海陸腔來說，音節結構的語音形式確實正在變化著。對於小稱音變其中的兩種模式：單字音模「□ᵗ⁵」（t 表基本調的第一個聲調單位）與單音節後綴式「□+Y⁵⁵」，二者語音在大部分的詞彙來說可以是自由變體，中間存在的過渡階段還牽涉到許多的變體，在音位的選取方面，本文傾向於以小稱變調有標的（marked）單字音模 /□ᵗᵗ⁵/ 來表示（形式則以「□仔」來表示），此一來小稱的高調徵性可以保留，同時小稱調 [t5] 或 [tt5] 與基本調 [24] 在書面上仍可看出差異（某些小稱調實際的語音或區別於基本調，但語流中不少趨於合流，其中，[24] 與 [25] 的調值，聽感上則是難以分辨的），三來可顧及到基本調為降調時的小稱標示問題，如：/□⁵³⁵/，且對整個系統來說，也可顯示出整齊一致的音位與調位的特性。

　　故而本文的分析在某一方面來說，例如小稱音，傾向於採取嚴式標音法（音值標音法），之所以如此，為的是趙元任（1934（2002））曾說明嚴式標音有其目的，其目的約有五點：（1）當需引證一些形式時，以討論問題；（2）在比較方言學中提出詞或音的形式；（3）指出音變的苗頭或殘跡；（4）在得出合適音

位系統前，不偏不倚考慮一種語言的總特徵；（5）教學目的。除了第五點非本文的目的外，其他四點均符合本文的目的。對於本文小稱語音形式的多種變體來說，這些變體之間姑且不論是否具有關連性，但各種變體卻符合不同漢語方言小稱的音韻形式，此點即與前兩個目的相同；尤其在不同的小稱變體當中，可能還體現了一些音變的苗頭或殘跡，因此，在得出合適的音位系統之前，這些變體也就成爲新屋海陸方言一個總的特徵。也許我們換個角度想，語音或許不會有絕對的體現形式，語音也一直處在變動不居的系統之中，「一字一音」也或許不是語言必定會走向的一個終結點，只要在系統內部允許的範圍之內，不管是屬於內部音變或外部疊加，同一字可以有不同的變體形式，進者同一系列的字詞均傾向於類同的變化，只是有些音差距較小，有些音差距則較大，這些現象尤其體現在混合方言的語音系統之中。

（二）語體的選擇與自然語體的重要性

語體的選擇一般包含正式訪談、朗讀、說故事、自然語體等，以訪談來說，大致可以有單字訪談（如，方言調查字表的訪談）、詞彙訪談、句子訪談等等。本文語體兼顧詞彙訪談、句子訪談、說故事、自然語體等不同形式的語料採集，目的有三：（1）既然在平面觀察中得知此區客語有不同形式的變體存在，那麼就儘量透過不同的“語體”來發掘這些變體，而不以一種語體形式來定位語言；（2）爲免語體之間的混淆，故在不同的語體中，釐清各式變體在語體方面的出現環境是否有其分布上的限制；（3）田調往往不重視自然語體的採集，殊不知在自然語體中可得知語言的眞實性。

自然語體有其重要性，但在採集方面或有其困難。短期的採集通常不容易採集到語言較眞實的面貌，因爲容易忽略一些可能存在的「陷阱」，這些「陷阱」也許會影響研究結果的判斷，可能的陷阱包括：（1）語誤（speech error），人在說話時，不免會有一些口誤的情形發生，語流中或「認可」少數的語誤，但在分析語言時仍應區別；（2）語碼轉換（code-switching），語言使用者或因說話的對象、場合、話題以及心理因素等等，在同一句或同一篇章中，有時以 A 言，有時又以 B 言，此常發生在語言使用者爲雙聲帶或多聲帶的情形，而且發音人有能力察覺語言使用上的不同。在本文研究的新屋地區中，尤以四縣、海陸二語的語碼轉換最爲常見，因而語碼轉換的情形不能視爲同一音系中的語言現

象，尤其不能視之爲「四海話」；（3）語流音變（sound change），我們在說話時，通常是一個音接著一個音連續說出來，形成語音的組合，也就是說形成長短不等，一段段的語流現象，語流內一連串的音緊密連接，發音部位或發音方法就隨著語流不斷的改變，常見的音變包括同化、異化、增音、減音、合音等。語流音變爲自然語體中常見的現象，有些語音可以回復到原來的形式，有些則無法回復，基本上，在整理音系或分析語言時也要有所區別。

　　自然語體有其重要性，有些語音變體只出現在自然語體當中，故而本文會著重在變體音值方面的分析，以兼顧不同的語音形式。在歷史音韻的演變過程中，向來以「音位」爲本，故而容易忽略一些變體形式，殊不知這些變體形式即可能反映語言演變的不同階段或語言演變的某種趨勢，亦或反映語言的眞實性。

1.4.1.2 田調步驟

　　田調通常只能調查到「存在」的部分，但卻又無法調查到所有存在的部分，不過我們仍能透過田調略知一二，因而面對相同的活語料，或因田調的結果不同，「識解」（construal）也會不同。以下爲本文的田調步驟。

（一）觀察並瞭解當地的人文特色

　　新屋的語言變遷與新屋的人文發展密不可分，尤其是牽涉到各姓氏聚落的分布與開發，由一處地方「X屋」的命名，或許更可探知當地氏族的源流與勢力消長，以及體現在語言方面的變遷情形。地名當中姓氏加「屋」者，通常代表當地的勢力範圍，如：范姜（亦即「新屋」）、羅屋、葉屋、呂屋、徐屋、姜屋、彭屋……等等，這些姓氏在來臺祖時多半即定居在此。但這些所謂的「地名」並不一定見於文獻的記載，如：莊屋、黃屋……等，此或爲小地名，亦或爲當地人士對某一姓氏的稱呼，象徵著宗親家族的勢力範圍。這些姓氏的原籍以惠州府屬的陸豐、海豐爲多，但不見得就以海陸腔爲語言，例如「大牛欄」方言島的人口只有二千餘人，有葉、姜、黃、羅等姓，但以葉姓居多，居新屋鄉的永興村、下埔村，據葉氏族譜所載，葉姓祖籍惠州陸豐縣寮仔前鄉，清乾隆三年移民臺灣桃園新屋，而這是唯一僅存來自廣東的閩南語方言。（洪惟仁2003b）當然，當地葉姓亦有從廣東來的客語海陸方言，但佔少數，分布也較爲散居，二者同爲葉姓但不同宗。其他的姓氏亦有相同的情形，如，黃、羅姓分

別是當地大姓，但兩姓人士隨著時間與地理空間的變動，除了遍落在各村的海陸客之外，也有不少爲外地遷入的四縣客。

《臺灣鄉土續誌》（1999：197-198）提及了客家人士在清朝年間入墾新屋的相關記載：「客家人的入墾，大約是在雍正年間及其以後的事，到了乾隆年間而漸盛。一直到嘉慶、道光年間，還有不少的客家人陸續不斷地入墾定居。他們的原籍大多來自惠州府屬的陸豐、海豐，潮州府屬的豐順及嘉應州屬的蕉嶺等縣。其姓氏計有徐、范、曾、呂、黃等各姓人士。」新屋鄉客家人的來源包括不同的原籍地與不同的姓氏族群，並於不同時期陸續的入墾定居，其中以惠州府屬的陸豐、海豐爲主要，但也不乏潮州府屬的豐順及嘉應州屬的蕉嶺等移居者。不同姓氏族群的聚集地在開墾之初較容易保有各自的語言特色，而這些特色卻會隨著住居地的跨「屋」界的遷移，以及人際互動的頻繁而逐漸趨同。本文區域方言的特色在某些情形之下與姓氏有關，也與本文發音人的選取有關，故下表列舉新屋主要姓氏的人口比例以爲參考：（以下資料取自內政部戶政司 2007 年 7 月）

〔表三〕新屋鄉主要姓氏人口數統計表

		合 計	男	女	比 例	累 比
1	黃	4031	2152	1879	8.1%	8.1%
2	陳	3118	1619	1499	6.2%	14.3%
3	徐	3108	1753	1355	6.2%	20.5%
4	葉	2956	1740	1216	5.9%	26.5%
5	張	2327	1199	1228	4.7%	31.1%
6	彭	2296	1337	959	4.6%	35.7%
7	姜	2192	1313	879	4.4%	40.1%
8	羅	2157	1234	923	4.3%	44.4%
9	李	1744	903	841	3.5%	47.9%
10	許	1719	964	755	3.4%	51.4%
11	謝	1399	766	633	2.8%	54.2%
12	劉	1306	617	689	2.6%	56.8%
13	吳	1284	655	629	2.6%	59.4%
14	林	1282	601	681	2.6%	61.9%
15	曾	1241	656	585	2.5%	64.4%

16	呂	1182	674	508	2.4%	66.8%
17	廖	1061	579	482	2.1%	68.9%
18	邱	1008	550	458	2.0%	70.9%
19	王	865	428	437	1.7%	72.6%
20	莊	864	481	364	1.7%	74.4%
	計	37140			74.4%	
	總	49933			100.0%	

（二）發音人的選取

發音人的選取方面，以世居新屋並以海陸腔爲母語且流利者爲主，在地理分布方面以不集中於某一村落爲原則，姓氏分布方面含當地的大姓家族，如：羅、黃、姜、徐、彭、葉姓……等等；另外亦採取隨選性的方法來選擇發音人，然後再淘汰語音上不夠明確的，或本身的話語非屬海陸、四縣音者，爲的是避免音系上的定位（但仍會註記來源腔以供參考），也希望可以從中發現少數族群可能帶來的影響；又，因新屋地區的方言複雜，除了世居新屋者的語言外，筆者亦將參考非世居新屋者的語言，但仍以海陸腔爲母語或流利者爲主。

在隨選性的調查中，發音人的語言以海陸或四縣腔爲主，其背景正好可達以下的分布：（1）村的分布，避免過於集中一、兩村；（2）母語的分布，含世居者的母語爲海陸（比例方面佔較多）或非海陸腔；非世居者，兼顧母語爲海陸或四縣腔者，以及其他腔人士；（3）姓氏的分布，含括當地的大姓，因爲大姓或成一聚落地（如：姜、徐……）或較遍布於各村（如：黃、羅……），具有主導當地語言文化產生變遷的力量；（4）年齡的分布，以主導當地語言的中、長年者爲主，青年層爲輔。〔註7〕

以上，本文看似有多位的發音人，但在音系的呈現或問題的討論方面仍集中在兩、三位發音人，此兩、三位發音人將從不同發音人的地理背景中選取較合適者，其他發音人的語料可供比對參考，從而歸納新屋海陸腔的語言特色及其語言變遷。

（三）採集法

田調時因研究目的與研究對象的不同而選取不同的採集方式，傳統音韻的

〔註7〕青、中、長年層的年齡分別界定在21-40、41-60、61-90。

做法常藉《方言調查字表》來整理音系，[註8] 並比較音韻系統，含共時層面的方言比較與中古音到現代音的演變比較，加之詞彙調查，大致可歸納出方言音系與詞彙系統的面貌。

採集的方法常隨著調查目的為音韻、構詞或句法的系統而有不同調查表的設計，甚至針對社會語言學量的採集而設計不同的問表。本文研究的對象既然是以「變體」為主，雖然「變體」的研究常牽涉到社會語言學量的採集，不過本文並沒有走向以不同的社會因素來做「量」方面的採集工作，原因有以下：首先是年齡層的問題，因研究地區的語言現象多由中、長年者主導，青、少年會說流利客語者已不多，或說的不道地，已面臨斷層的危機；再來研究的區域其社會階層並不明顯（以臺灣來說，此為普遍的現象），人與人之間的交際、互動密切。故而本文在「量」方面的採集包含「字詞」的量，甚至包含同一字詞前後不同時間採集的量（基本上語境為相似的），避免只是一人一字一音，此外，還包括數位發音人加起來的量，也避免只是一人或少數人成為區域方言的代表。[註9] 雖然青、少年在研究區域中非語言發展的主導者，但發音人的選取方面亦兼顧年齡層的問題，只是青年人的人數在比例上不如中、長年者。

鑒於語音的變體可能隨語體而有所不同，因此，本文的田調方法採多面性角度，含括詞彙詢問，並佐請發音人造句，或故事採集，兼顧因語體因素而可能造成的變異。另，筆者自行設計四十五句句子（見【附錄 02】），內含海陸腔語法與不同小稱詞的韻尾形式，本文「語法」形式的調查屬「障眼法」的運用，主要在於求詞素的各式韻母與小稱詞之間各種可能的變化，發音人從表中並不會知道筆者詢問的目的，故而可採集到正常情形之下小稱的語音形式。

本文語料來源有：（1）主要來源以 2004 年碩士論文為基礎擴大語料（賴文英 2004a，其語料蒐集持續至今，主要有詞彙表與小稱句的詢問，以及自然語料的採集（含故事））；（2）2005 年「整理客話山歌歌詞及民間故事收集編纂」、2006 年「整理桃園地區客家民間故事及令仔收集編纂」二研究計劃的田野調查資料；另外輔佐印證之語料有：（3）2005-2007 年客語認證四縣話語料（四縣腔為主，約數百人）；（4）廣播電臺客語節目的訪談紀錄（四縣腔，約 150 集）。

〔註 8〕此部分筆者以造詞法列入詞彙表中詢問，以為音韻變遷的參考。

〔註 9〕本文在某一方面來說，仍兼顧不同發音人的語料呈現。

1.4.2. PRAAT 語音軟體分析法

　　PRAAT 是語音的聲學分析程式，由 Dr. Paul Boersma 與 Dr. David Weenink 設計，可經由網際網路免費下載（http://www.praat.org）。PRAAT 能為語詞或話段的語音聲學特徵提供視覺的呈現，功能包括語音共振峰（formant）、音高（pitch）、強度（intensity）與頻譜圖（spectrographic）等等的分析。以本文來說，小稱具有不同的語音變體，在語流之中有些很難斷定其語音的性質，並且牽涉到不同的變體及音位、調位中立化、常模化的問題等等。例如，下圖顯示同一詞由同一人發音但卻呈現出三種小稱變體，分別體現在小稱前面詞根的語音變化、詞根與小稱的互動，以及小稱的音高變化，顯示豐富而有趣的語言現象。（細節於第三章分析解釋）

（8）小稱語音變體的 PRAAT 分析──以「鞋楔仔」為例

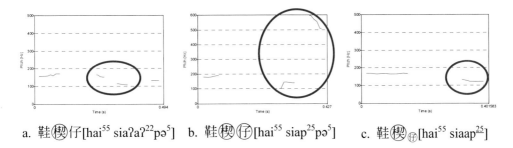

a. 鞋⊕仔[hai⁵⁵ siaʔaʔ²²pə⁵]　　b. 鞋⊕仔[hai⁵⁵ siap²⁵pə⁵]　　c. 鞋⊕仔[hai⁵⁵ siaap²⁵]

　　PRAAT 語音軟體分析法的運用只是在為小稱語音的複雜現象做初始的分析，藉此所得的結果以利於後文的分析研究，同時也可驗證本文相關的論證。

1.4.3 研究議題

　　桃園新屋客語呈現出許多的語言問題，本文以海陸、四縣的互動為例，探究區域方言的語言變體，關心的議題有以下：

　　（一）新屋客語的性質與來源。新屋客語雖以海陸腔為大宗，但實際上，當地存在多方言現象，相較於臺灣客語通行腔，新屋的海陸與四縣均呈現出不同的方言特色，含括小稱詞的音變行為，對其性質與歷史流變，本文將深入探討。

　　（二）區域方言的趨同性與保守性。區域中存在多方言的接觸情形時，各方言通常會產生不同程度的變遷，變遷中的語言或往趨同的方向前進，或各自保有原來的語言特色，本文將分析區域方言的趨同性與保守性特徵。

（三）混讀式的方言變體。新屋客語存在不同的變體，含括小稱詞與四、海接觸的情形，對區域方言反映出的混讀式方言變體的形成與消長，本文將做一合理的詮釋。

（四）介面互動的格局。本文的研究為區域方言、分層、語言變體、語言接觸、語音演變與語法結構互動的變化，為介面互動格局的探討，其中小稱的介面涉及語意、語音、語法介面的互動，以及內、外作用力的影響變化。

（五）層次的模糊地帶。層的研究，或因界定不同而有不同的研究焦點，本文傾向於層次的模糊地帶，含括競爭與演變的互協。

又，本文研究的主體以小稱詞為主。對於新屋海陸腔小稱詞的研究，本文關心的議題有以下：

（一）小稱變體顯現的層次問題，含括歷史分層與語法化輪迴層的形成，牽涉到的將是時間層與空間層的問題。

（二）小稱演變的語法化輪迴現象，分別從語意層面、語音層面、形式層面（或構式層面）等三部分來探討。

（三）小稱各式語音變體的音變或接觸問題。

（四）小稱音變所引發的調位中立化、常模化問題。

（五）部分語詞單字調為升調或高平調時，表層中帶有小稱形式的問題。

（六）後綴式小稱高平調，應是小稱音變的促發因子。

1.4.4 研究限制

本文礙於研究主題、研究方向、研究區域、研究篇幅與研究時間的限制，只能擷取其中的重點來做研究，故而研究限制可從四方面來看：

（一）語音聲學的分析限制

上節提及到的 PRAAT 語音聲學分析，其實可以從中看出不同的小稱問題（參見上圖或 3.1 節），若能從不同發音人呈現出詞彙方面的「量」來做聲學的分析，當可得出小稱語音演變目前總的趨勢，但 PRAAT 的分析法非本文的重點，我們只是藉此觀察小稱語音的基本性質。

（二）社會語言學方法採用的限制

本文以質的研究為主，量的採集僅供比對參考，因而不能歸在社會語言學

的統計調查方法。本文的變體類型繁多，含括小稱變體的不同類型，實無法以統計方法一一呈現量方面的變化趨勢。本文主要在於呈現共時競爭與歷時演變的關係，但也會儘量不以偏概全。

（三）研究區域的限制

區域方言的研究總是不能忽略區域周遭的地緣性，但鑒於研究調查的人力與時間所限，調查區域暫無擴及到周遭地區，此部分只能憑己身生活經歷或發音人生活經歷的提供來瞭解其中的大概，當然，若有相關文獻時則爲很好的參考資源。

（四）層的研究限制

本文雖與「層」有關，但「層」牽涉到的層面過於廣泛，尤其是時間層的問題，本文雖著重在時間層與空間層的討論，但時間層只能是針對系統本身邏輯上的層次演變，例如，一次的語法化輪迴即代表一個輪迴層演變的階段，此無法呈現語音形成的年代層。又，「層」可從不同的面向來觀察，但太多面向的觀察反而容易失焦，因此本文觀察的視角以新屋海陸、四縣的接觸變化入手，並以小稱詞爲主軸，從小稱的研究當中進而延伸思維看小稱的層次問題。

1.4.5 本文章節架構

除第一章緒論及第六章結論之外，以下是各章架構。

第二章爲新屋海陸、四縣的音系與比較。描述此區域的音系特色，包含音系問題及變體間的競爭、混同情形；透過比較指出新屋海陸、四縣客語接觸演變的情形，同時探討四海話的定義，並從優選觀點分析臺灣四海話的異同；另從古音、今音雙向條件的縱橫探索，以期瞭解四縣、海陸的接觸變遷及四海話的形成與演變，含詞彙語法的變化，同時反映小稱的不對稱變化。

第三、四章，小稱詞及其歷史流變。第三章探討新屋海陸腔的小稱詞，主要爲共時層面的分析。新屋海陸腔小稱詞的語音變化極具特色，其基本構成方式是在語法層面上以疊韻方式構成綴詞。並假設小稱有四個主要的演變階段：兩個正常音節→一個正常音節＋輕聲音節（同化階段＋弱化階段）→一個長音節（合音階段）→一個正常音節，每個階段又各有不同的變體形式，似乎顯示了多層次變體的並存，這一部分擬搭配 PRAAT 語音分析軟體來佐證本文對語

音的分析。此章第二節則著重在共時層面的構詞與小稱音變的關連，主要在於分析小稱音變的合音機制與過程。第四章擬從歷時層面探索新屋海陸腔的小稱詞，並結合時間層的變化來分析，主要從語法化輪迴的角度來審視小稱體現在語音、語意，甚至在構式方面的輪迴情形。此二章將結合前述的成果，從共時變遷與歷時成因小結新屋客語及小稱詞可能的性質與來源。

從小稱的角度分析語法化輪迴層的形成時，是以小稱透視層次的演變，然而，從層次當中，我們是否也可透視區域方言的變遷？故而第五章為層次的延伸思維。

第五章，客語人稱領格來源的小稱思維。此章以前述的成果為基礎，以「以小窺大」、「以今釋古」的方法來解釋小稱歷時來源的多層次可能，範圍則以客語人稱領格為探討的主軸，同時比較相關的漢語方言與非漢語方言人稱領格的發展，並對本文第一章提及的人稱問題做一可能的解釋，主張客語人稱領格屈折形式的表現與小稱音變的形成具有共同的機制，分屬於不同的語法化輪迴層。

最後從本文的研究中歸結研究成果，同時對新屋海陸腔小稱詞與新屋客語的性質、來源做一定位，並總結「層」於本文研究中的意義，文末並論及未來發展的方向。

第二章　新屋海陸、四縣的音系與比較

　　本章著重在新屋海陸、四縣客語音韻系統的描述與比較，含四海話的形成與演變，以及音韻系統縱橫層次的互協。海陸客語與四縣客語的形成是屬於不同的時代層次或不同的地域層次，當不同層次的語言變體進入同一區域中的共時系統之後，彼此會相互感染，而在共時層面產生不同的語言變體，目前在臺灣，把這種海陸、四縣方言的接觸變化統稱為「四海話」。[註1] 新屋海陸與新屋四縣具有接觸現象，牽涉到四海話的形成，因而以下將先對四海話的定義做一釐清，再來比較新屋海陸、四縣的同異關係。至於「新屋海陸」與「新屋四縣」的稱呼，前者因受到接觸影響的範圍較不具系統性，大體維持原稱呼，而後者受到接觸影響的範圍較具系統性，故而或以「新屋四海話」來稱呼。[註2] 本章共分五節，2.1 節先定義四海話及其類型；2.2 節為新屋海陸、四縣客語的音韻系統描述，呈現區域的音系特色，包含音系問題及變體間的競爭、混同情形；2.3 節為新屋海陸、四縣客語的音韻系統比較，並從優選觀點分析臺灣四海話的異同；2.4 節則進一步從共時變遷與歷時成因的縱橫交替演化來分析四海話音系的形成與演變，含詞彙語法的變化，同時反映出小稱音變非循主流的音變現象；2.5 節為本章小結與縱橫層次的互協。

〔註 1〕 包含變化中或已變的方言情形。

〔註 2〕 因「四海話」一詞牽涉到各地四海話類型的問題，為免混淆所指的對象，除非文中強調，大體以「新屋海陸」、「新屋四縣」稱之。

2.1 四海話的定義與類型

　　本節共分兩小節，2.1.1 節先定義四海話；2.1.2 節再來劃分四海話的類型。

2.1.1 四海話的定義

　　臺灣客語「四海話」最早由羅肇錦（2000：234）提出，指的是：「『四縣話』和『海陸話』混合以後所產生的新客家話。」其特色在於「海陸人說四縣話，基本上是以四縣聲調為基礎，然後聲母韻母保有海陸特徵⋯⋯。」但四海話的研究隨著地域的擴大，因區域性的不同，演變的過程與機制也不同而處在不同的規律與方向中，而且各家對四海話的定義或有差異，但原則上都是由最初定義再做擴充或修正。如，鄧盛有（2000）探討桃竹地區四縣與海陸話接觸分別產生在聲、韻、調的變異情形，主張：「所謂的『四海話』是指四縣客語與海陸客語相互接觸後，使得四縣客語或海陸客語原有的語音、詞彙、甚至語法，發生了改變（包括四縣向海陸變化，或海陸向四縣變化），而形成的一種新的客家話。」張屏生（2004）探討臺灣南北各地四縣或海陸話音韻與詞彙的接觸變異，並在原有的定義上結合詞彙的變化來擴充，主張「把雜有海陸腔的四縣腔叫『四海腔』，把雜有四縣腔的海陸腔叫『海四腔』，統稱叫『四海話』。」黃怡慧（2004）基本上循羅肇錦（2000）與鄧盛有（2000）的定義來探討南部海陸與四縣接觸而產生以海陸聲調為主的海四話。賴文英（2004a, b、2007a, b）探討新屋地區四海話的疊置式音變與詞變，認為：「四海話」是以四縣調為主，但聲母、韻母及詞彙卻有海陸的特色；「海四話」是以海陸調為主，但聲母、韻母及詞彙卻有四縣話的特色。吳中杰（2006）則把國姓鄉四種客家次方言，包括海陸、四縣、大埔、饒平的混合使用，稱之為「大四海話」，主要和墾拓時移民來源的背景有關。鍾榮富（2006）則擴充擴充四海話的範疇，認為：「無論四縣和海陸話如何融合，只要分別取自四縣和海陸，都稱為『四海客家話』。」可以看出的一點是，各地變異並不具有一致性，亦即並非聲韻完全的包舉，也非以四縣聲調為基礎，四海話類型的呈現也不同，但大致都可稱之為「四海話」，接下來即來瞭解本文對四海話的定義。

　　「四海話」在定義時應該要具備幾個原則：（一）在原有的定義之下擴充或修正，畢竟四海話的形成是在原有的架構之下成形的；（二）應符合臺灣客語兩大通行腔，四縣與海陸方言接觸的普遍事實，故即使有弱勢腔的混雜現

象，也可視之爲四海話；（三）應排除可能的語碼轉換（code-switching），[註3]
畢竟四海話的形成因素，主要和語言使用者的雙聲帶有關，故而有時爲語碼
轉換現象，但有時卻爲四海話現象，二者須有所區別；（四）應照顧到語言使
用者的語感，此點尤爲重要。張屏生（2004）的定義未能將「雜有海陸腔的
四縣腔」或「雜有四縣腔的海陸腔」較好的區分出「四縣腔」與「海陸腔」
的成分所指爲何？例如所謂「雜有四縣腔」的成分爲何？如果不做區分，基
本上，定義的結果容易誤解四縣腔即等同於海陸腔，因而不夠明確。鍾榮富
（2006）的定義或過於泛化四海話的實質內容，因爲當兩種方言具有接觸關
係時，雖可在聲、韻、調方面有不同的組合關係（見下節），但基本上，多數
的四縣客或海陸客，不管方言在語音、詞彙或語法方面產生何種變化，原則
上他們均能清楚的分辨出四縣或海陸客語在聲調上的差異，[註4] 故筆者以聲
調（也是以第四原則中照顧土人感爲依據）[註5] 區分四海話的類型，並以此
來做爲定義上的主要參照原則。

　　以桃園新屋地區爲例，當地是個多方言並存的鄉鎮，居民生活語言以海陸
話爲主，但不乏有雙方言者，四縣話爲臺灣客語的通行腔，在當地仍有相當的
規模與影響力，因方言間的相互滲透（saturation）、感染（contamination）[註6]
而導致四縣或海陸客語處在「變化中」的語言現象，並產生多樣化的變體形式。
新屋四海話的聲調是以四縣調爲主，但聲母、韻母及詞彙、語法方面卻有海陸
話的特色；同樣的，當地部分海四話的聲調是以海陸調爲主，但聲母、韻母及
詞彙、語法卻有四縣話的特色，本文將前者定爲狹義的「四海話」，後者爲狹義

〔註3〕語碼轉換（code-switching），指語言使用者或因說話的對象、場合、話題以及心
　　　理因素等等，在同一句或同一篇章中，有時以 A 言，有時又以 B 言，此常發生在
　　　語言使用者爲雙聲帶或多聲帶的情形，而且發音人有能力察覺語言轉換上的不
　　　同。

〔註4〕以聲調做爲區分的準則，這一部分將於後文以優選制約的觀點來分析，並探討相關
　　　問題。

〔註5〕即使聲韻爲海陸的成分，土人感仍認爲以四縣爲聲調的客家話即爲四縣話；或即使
　　　聲韻爲四縣的成分，仍認爲以海陸爲聲調的客家話即爲海陸話。學術上，則將前述
　　　兩種分別稱之爲四海話與海四話，如此分析便能照顧到土人感。

〔註6〕「滲透」帶有主動性以及較強的侵略性，「感染」則較爲非主動性的受到影響，以
　　　海陸、四縣客語的接觸情形來說，此較適合以「感染」爲敘說詞。

的「海四話」，〔註7〕並將前述各種現象泛稱爲廣義的「四海話」。〔註8〕也因此本文在定義上並不會去區分發音人的母語是四縣或海陸話，因爲都有可能產生同一類型的「四海話」現象。

　　四海話是臺灣客語因方言接觸而產生的一種中間帶混合語的語言現象。各地四海話或處在兼語（pidgin）、克里歐語（creole）的不同階段。（鍾榮富 2006）一般認爲兼語是由第二語言（second language）學習者從兩種或多種不同的語言當中截合而成，在結構上儘量縮減以達到交流的目的，當兼語成爲母語時（first language），即成爲克里歐語，結構上逐漸較兼語繁複並趨於穩定，Lefebvre 對兼語與克里歐語不做區分，將 pidgin 與 creole 兩者合稱爲「PCs」。（Lefebvre 2004：5-6）基本上，臺灣四海話的形成是屬於結構性質非常相近的兩種「方言」之間的接觸變化現象，演變的機制與過程或與兩種或多種「語言」接觸而形成的兼語、克里歐語有別，大致上，四海話以接觸變化後結構系統較完整爲原則，兼語、克里歐語則以接觸變化後交際溝通、結構儘量簡化爲原則。以臺灣目前的四海話來說，包含學習者或習得者從主要的四縣與海陸兩種方言當中截合而成四海話，但結構上較所謂的「兼語」或「克里歐語」成熟穩定許多，同時也包含除了四縣、海陸接觸爲主要的其他弱勢腔次方言，亦或包含四海話即爲母語的使用者情形，音系上則包含較不穩定的兼融性音系與較穩定的取代性音系，這些情形均屬「四海話」現象，故而本文以廣義的「混合語」（mixed language）〔註9〕來統稱上述各種形式的混同現象，此種混合語已普遍認知爲臺灣新一種的客語次方言。

〔註7〕　本章以新屋地區具有主流的「四海話」（狹義）爲主要探討的對象，但亦會兼論少數非主流的「海四話」。

〔註8〕　本章提及四縣、海陸、四海時除非另有說明，否則分別指稱目前通行腔的苗栗四縣（音韻系統參考羅肇錦 1990、2000）、新竹海陸（音韻系統參考楊時逢 1957、范文芳 1996）與臺灣四海。新屋四海或新屋海四則爲狹義的指稱，前者強調以四縣爲基底亦表層，聲、韻則從基底的四縣轉變爲表層的海陸；後者聲調以海陸爲基底亦表層，聲、韻則從基底的海陸轉變爲表層的四縣。

〔註9〕　混合語在語法結構上則較兼語與克里歐語繁複。（Sebba 1997：36）

2.1.2 四海話的類型

　　從音節結構來說，客家話的音節結構為（C）（M）V（E）／T，當四縣與海陸話交會時，在音節結構維持不變的前提之下，音節結構中的每個組成成分，如聲母、介音、主要元音、韻尾、聲調等，均有可能形成對應成分之間的競爭與交替關係，[註10]公式如下：

（9）

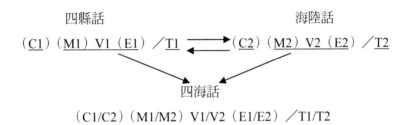

　　上圖中，四縣與海陸話音節結構中的組成成分相互感染，從而產生變化，並導致變體的產生，如：C1〜C2、M1〜M2、V1〜V2、E1〜E2、T1〜T2 等（「〜」表「或」），變體除了為疊置並存的形式，也有被取代的可能，如：C1→C2、M1→M2、V1→V2、E1→E2、T1→T2 等（「→」表「轉變為」）亦或是其他種音變的情形（如介音 M1 或 M2 的存在與否）。大致上，音節的結構不變，但組成成分會改變，通常為聲調不變，聲韻為外來系統所取代，成分改變後，新屋四海話的音位種類除了聲母增加海陸的四個、其他原先較海陸多出的音位種類會減少之外，其餘並不產生劇烈的變化。照理說，一音節最大的變體數應有：2（C）x2（M）x2（V）x2（E）x2（T）=32 種，但方言中變體的產生主要以音類為單位，亦即以聲、韻或調為單位，且聲調在此扮演較為「穩固」的成分，不易變動。但在海陸腔中，去聲會產生陰去、陽去兩種變體（例見下），是故其最大變體數應為：2（聲母）x2（韻母）x2（聲調）=8 種。以下以新屋四海的「樹」、「燒」、「市」三組字群的變體為例（所屬字群詳見 2.3 節），說明可能產生的變體與組合方式。

〔註10〕　此處「聲調」非交替的主要成分，聲調的變動比較可能發生在海四腔的陽去、陰去混，或海四、四海的陰陽入混，但影響的層面不具系統性。

（10）「樹」的變體與組合

	聲母	韻母	聲調（調值）
四縣話	s	u	55
海陸話	ʃ	u	33　對應到海陸為 11
四海可能變體數	2	1	1（調值 55）
海四可能變體數	2	1	2（調值 11~33）

「樹」疊置後，以四縣為基底聲調的四海話，產生的變體與組合數為兩種（2x1x1=2）：su^{55}、ʃu^{55}；以海陸為基底聲調的四海話，產生的變體與組合數為四種（2x1x2=4），因海陸去聲的陰陽兩調容易相混，變體分為：su^{33}、ʃu^{33}、su^{11}、ʃu^{11}。

（11）「燒」的變體與組合

	聲母	韻母	聲調（調值）
四縣話	s	eu	24
海陸話	ʃ	au	53
四海可能變體數	2	2	1（調值 24）
海四可能變體數	2	2	1（調值 53）

「燒」疊置後，以四縣或海陸為基底聲調的變體與組合數均各為四種（2x2x1=4），分為：seu^{24}、ʃeu^{24}、sau^{24}、ʃau^{24}；seu^{53}、ʃeu^{53}、sau^{53}、ʃau^{53}。

（12）「市」的變體與組合

	聲母	韻母	聲調（調值）
四縣話	s	i	55
海陸話	ʃ	i	33　對應到海陸為 11
四海可能變體數	2	2	1（調值 55）
海四可能變體數	2	2	2（調值 11~33）

「市」疊置後，以四縣為基底聲調的四海話，產生的變體與組合數為四種（2x2x1=4）：si^{55}、ʃɨ^{55}、si^{55}、ʃi^{55}；以海陸為基底聲調的四海話，可能產生的變體與組合數為八種（2x2x2=8），因海陸去聲的陰陽兩調容易相混，變體分為：si^{33}、ʃɨ^{33}、si^{33}、ʃi^{33}、si^{11}、ʃɨ^{11}、si^{11}、ʃi^{11}。可見，當聲母、韻母、聲調同時具有疊置並存的變化時，最大的組合數應為八種（即：2x2x2=8），但在當地方言

中尚未找到最大組合的例字，例如「市」，實際上並未出現 [si⁵⁵] 或 [si³³]、[si¹¹] 三種組合，不過，這類字在臺灣南部的高樹、新埤、佳冬等地卻存在，鍾榮富（2001）並將這種 [ɨ]、[i] 的區別中立化（neutralization）[註11] 成同一個元音 [i]。在南部，當地這類字的語音不排除同時受到外部閩南語的影響（因閩南語無 ɨ 韻）與內部音理的影響而產生變化，因為在音理上，舌尖塞擦音、擦音後接 ɨ 時，因聲韻間的齟齬，使得 ɨ 容易變為 i，若再加上周遭語言接觸的力量，則更能驅動語音 [ɨ] 朝 [i] 而變。

　　導致同一語言產生不同形式的語言變體，除了不同的發音人會有不同的發音習慣之外，同一發音人在語言的外部環境與內部音理的雙重影響之下，相近的時間點中也會出現不同的變體。大致上，土人感對各式變體在音感或語意方面的認知則是認為差不多或相同的。在多方言區域的多方言人士中，此種不同變體疊置並存的現象應會更加明顯。

　　各地四海話的類型多所不同，以聲調分主要有兩大類型，各類型之下再分成三種可能的音變方向，如下所示：（變項 x 表四縣、變項 y 表海陸）

（13）以四縣聲調為基底之四海話

　　　a. x→x, y

　　　b. x→x, y→y

　　　c. x→x, y→x

（14）以海陸聲調為基底之海四話

　　　a. y→x, y

　　　b. y→x, y→x

　　　c. y→x, y→y

　　x、y 競爭時可能產生 xy 疊置並存型，或 x 取代成 y 型或 y 取代成 x 型，亦或是競爭後仍維持原來的 x 型或 y 型。問題是，此種疊置並存型可以持續多久？正常之下它應該是一種演變中的過渡階段，可不可能在 xy 時就中斷演變的方向而形成永久的疊置？以臺灣的母語及母語教育情形，我們不敢妄下定論，這問題只能留待時間來檢驗。從上述兩種類型來看，x、y 具有強弱之分，新屋

〔註11〕　有關「neutralization」的相關論述，參見 Hock（1991：57-59）、《現代語言學詞典》（2000）。

四海話正處在 x、y 相互競爭的情形（x 又稍弱於 y），正常之下，語言的演變方向會成為 y，但四縣、海陸均屬臺灣的通行腔，四海話的兩大類型可能會依聲調的不同而持續相安，亦或是以上三種音變的方向視個別變體的情形而可以同時並存並成區域方言中的特色。

新屋的「四海話」正處在 x→x,y 或 x→x,y→y 的階段，[註12] 反應在結構上有兩種特色：一、以四縣為聲調系統，但在其它方面（含語音、詞彙、語法）則大部分包舉海陸的系統，顯現區域中的海陸腔較為優勢，但聲調系統較為固守；二、有兩套並存的音韻系統（coexistent phonemic systems）（含詞彙、語法），一套是相對弱勢的四縣，另一套是相對優勢的海陸，兩套系統競爭疊置，成融合或取代不等。新屋的「海四話」則大致處在 y→x,y→y 的階段，結構上以海陸為主，只是部分的聲、韻帶有四縣的特色，也是兩套音系並存，也存在 x,y 的階段，但仍以自身海陸系統為優勢，不似四海話具有較全面性的音系變動。下面三小節，我們將以實際語料來說明。

2.2 新屋海陸、四縣客語的音韻系統

2.2.1 新屋海陸客語的音韻系統

2.2.1.1 聲、韻、調

聲母 21 個：

p 杯飽	pʰ 陪皮	m 買木	f 膚夫	v 芋烏
t 刀丟	tʰ 湯剃	n 泥暖		l 來賴
ts 子節	tsʰ 千錢		s 嫂曬	
tʃ 隻豬	tʃʰ 車遮		ʃ 水睡	ʒ 陰藥
k 間割	kʰ 可看	ŋ 牙銀	h 係荷	
ø 愛安				

韻母 62 個：（不含小稱韻，小稱韻的語音形式見第三章）

ɨ 獅子	i 徐李	e 洗係	a 車遮	o 荷羅	u 烏芋

[註12] 這並不表示說每一位發音人一定如此，本文強調的是一種趨勢且為主流的疊置並存變化。

ai 賴奈	au 教包	eu 鬥偷	oi 來開		
ia 謝寫	iau 廟小	io 茄靴	ioi 脆	iu 牛九	iui 銳髓
ua 瓜卦	uai 蛙怪	ui 內擂			
im 林尋	am 暗三	em 森蔘	iam 店險		
in 印新	en 恩肯	an 懶班	on 安卵	un 滾倫	
ien 間天	ion 吮全	iun 裙銀			
uan 慣關	uen 耿				
aŋ 盎零	oŋ 幫當	uŋ 窗雙			
iaŋ 病請	ioŋ 娘板	iuŋ 窮兄			
uaŋ 梗					
ip 集立	ep 澀撮	ap 鴨甲	iap 粒帖		
it 筆日	et 北乞	at 八辣	ot 割渴	ut 出佛	
iet 鐵節	iot 啜（吸吮）iut 律屈				
uat 刮	uet 國嘓				
ak 石伯	ok 鑊角	uk 木屋			
iak 壁錫	iok 腳略	iuk 六局			
m̩ 毋	ŋ̍ 五魚				

聲調 7 個：

陰平	陽平	上聲	陰去	陽去	陰入	陽入
53	55	24	11	33	5	2
千獅	牛魚	狗掌	鬥怪	飯豆	屋六	鑊石

以下先說明大致的特點，對於細部變體變化的部分入 2.3、2.4 節說明，小稱詞的討論則入三、四章。

（一）新屋海陸客語聲母的特點包括

1）相較於苗栗四縣客語，多出了一組舌葉音（tʃ、tʃʰ、ʃ、ʒ），古音來歷主要為知、章二組聲母。

2）ŋ- 和齊齒呼韻母相拼時，會唸成ɲ-，事實上 ŋ- 和 ɲ- 成互補分配，從音位的觀點上，二者可歸為同一音位。

（二）新屋海陸客語韻母的特點包括

1）同一般客語無撮口呼，故只有 /i/、/u/ 兩個介音，有時-i-會當零聲母之韻頭，如「枵」（餓）音 [iau⁵³]，同華語之「要」音。

2）有六個元音，分別爲：a、e、i、o、u、ɨ。

3）韻母 ɨ 通常只出現在舌尖前音 ts-、tsʰ-、s-之後，與 i 具有對立關係，如「tsɨ²⁴」（子）與「tsi²⁴」（姐）。

4）-ien、-iet 二音位，深層結構應爲-ian、-iat，但實際的音值並不存在-ian、-iat。四縣以零聲母、i 介音起始的韻，海陸均爲 ʒ 聲母、零介音成 ʒan、ʒat，新屋海陸的 ʒan、ʒat 又傾向於與 ʒen、ʒet 合流，兩者正處於競爭中。深層上，ian、iat 與 iam、iaŋ；iap、iak 成對出現，尤其在高雄美濃及屏東部分客話地區，實際音值就是 [ian]、[iat]。[a] 受前面的高元音 i 及後面的舌尖輔音 n 的同化而使母音 [a] 高化成 [e]，爲顧及與南部客話音值和語料上對應的方便，在此分別以-ien、-iet 爲音位符號。

5）-ioi 韻只一字「脆」，但部分海陸腔人士受四縣影響而將此字讀成 [tsʰe¹¹]。

6）相較於新竹海陸客語，中古流攝尤韻開口三等字群的韻母，新竹海陸爲 -iu 韻，而新屋海陸則具有-u 或-iu 自由變體的形式。

（三）新屋海陸客語聲調的特點包括

1）相較於苗栗四縣客語，去聲分陰陽。

2）相較於漢語方言，陰平的來源與陰陽入的轄字在客語內部來說有其一致性，如：古次濁上與全濁上都有讀陰平的現象；部分古全濁上具有今音白讀爲陰平、文讀爲去聲的多音現象；古次濁平有固定的轄字今讀陰平；古次濁入今音有的歸陰入，有的歸陽入，哪些字今歸陰入，哪些字今歸陽入，內部相當一致。

2.2.1.2 語音變化

語流內一連串的音緊密連接，發音部位或發音方法容易隨語流而不斷的改變，有時會相互影響而發生變化，這種語音變化（sound change）稱爲語流音變，或稱之爲音變、連讀音變等。除了一般常見的同化、異化、增音、省略合音、音落、濁化、弱化等，另有歷時音變的異讀字，隨著詞彙的不同，音讀也不同，包含「同字異音異義讀」、「又讀」與「文白異讀」。因客語的語音變化，各次方言間大致相同，故不再著墨。（參見古國順 2005）各次方言間

最明顯的變化在於聲調，在此分成兩部分來談：一為連讀變調；二為非正規的語流變調。〔註13〕

（一）連讀變調

每個調單唸時，調值為穩定之單字調（或稱基本調），但語素連讀時，就會產生連讀調，一般稱之為「聲調變化」或「連讀變調」（tone sandhi）。新屋海陸客語連讀變調正規的情形主要有以下三種，與新竹海陸大致相同，如下所示：

1）上聲變調——上聲 [24] 後接任何聲調，前字變為陽去調 [33]〔註14〕

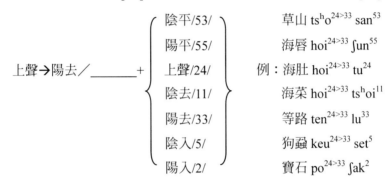

上聲→陽去／_____ +
- 陰平/53/　　草山 tsʰo²⁴ˀ³³ san⁵³
- 陽平/55/　　海脣 hoi²⁴ˀ³³ ʃun⁵⁵
- 上聲/24/　　例：海肚 hoi²⁴ˀ³³ tu²⁴
- 陰去/11/　　海菜 hoi²⁴ˀ³³ tsʰoi¹¹
- 陽去/33/　　等路 ten²⁴ˀ³³ lu³³
- 陰入/5/　　狗蝨 keu²⁴ˀ³³ set⁵
- 陽入/2/　　寶石 po²⁴ˀ³³ ʃak²

2）陰入變調——陰入 [5] 在其他調之前變成陽入 [2]

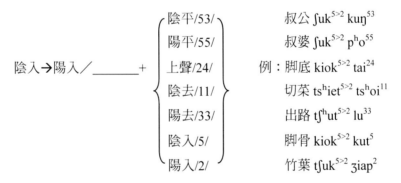

陰入→陽入／_____ +
- 陰平/53/　　叔公 ʃuk⁵ˀ² kuŋ⁵³
- 陽平/55/　　叔婆 ʃuk⁵ˀ² pʰo⁵⁵
- 上聲/24/　　例：脚底 kiok⁵ˀ² tai²⁴
- 陰去/11/　　切菜 tsʰiet⁵ˀ² tsʰoi¹¹
- 陽去/33/　　出路 tʃʰut⁵ˀ² lu³³
- 陰入/5/　　脚骨 kiok⁵ˀ² kut⁵
- 陽入/2/　　竹葉 tʃuk⁵ˀ² ʒiap²

3）重疊構詞變調——詞素二音重疊時，非入聲字可選擇變調或不變調，以下以 [X] 表一詞素的變項，括弧中的 X 可省略，但為入聲字時則不能省略，入聲字的連讀變調，或變讀為入聲消失的上聲 [24]，亦或傾向於入聲保留的短促升調 [24]：

〔註13〕 即除了方音系統中正常聲調系統性的「連讀變調」變化之外，其他非系統性的聲調變化。

〔註14〕 以「>」表變調，居前者為本調，居後者為變調。

重疊構詞變調也包括 ABAB 的格式，如「暗昏暗昏」（形容傍晚時的天色有點暗暗的），第一個「昏」由陰平 [53] 變讀爲上聲[24]。〔註15〕

（二）非正規的語流變調

1）陰去、陽去成無定分調 [11~33]——在採集的語料中，發現有些字兼讀、陰去、陽去，如「樹、壽」[ʃu¹¹]~[ʃu³³]，此種現象有愈來愈普遍的趨勢；

2）陰陽入混讀——在採集的語料中，發現有些字兼讀陰、陽入，如「鹿、鐵、踏」等字，但此現象不普遍。

2.2.2 新屋四縣客語的音韻系統

2.2.2.1 聲、韻、調

聲母 21 個：

p 杯飽	pʰ陪皮	m 買木	f 膚夫	v 芋烏
t 刀丟	tʰ湯剃	n 泥暖		l 來賴
ts 子節	tsʰ千錢		s 嫂曬	
tʃ 隻豬	tʃʰ車遮		ʃ 水睡	ʒ 陰藥
k 間割	kʰ可看	ŋ 牙銀	h 係荷	
ø愛安				

韻母 61 個：

| ɨ 獅子 | i 徐李 | e 洗係 | a 車遮 | o 荷羅 | u 烏芋 |
| ai 賴奈 | au 教包 | eu 鬥偷 | oi 來開 | | |

〔註15〕 重疊構詞變調爲一種非強制性原則（optional），主要視語意而決定是否變調，若變調則表語意程度的再加強，若不變調則是一般重疊詞語意程度的加強或減弱。除了變讀成升調形式的上聲，甚至也有可能變讀成「升降」的調型。本文並未針對各種重疊類型的變調規則再做細部調查與語意的分析，在此只先呈現規律的存在性。

ia 謝寫	iau 吊曉	io 茄靴		iu 牛九	iui 銳
ua 瓜卦	uai 蛙怪	ui 內擂			
（ɨm）~im 深枕/林尋		am 暗三	em 森蔘	iam 店險	
（ɨn）~in 深枕/印新		en 恩肯	an 懶班	on 安卵	un 滾倫
ien 燕間	ion 吮全	iun 裙銀			
uan 慣關	uen 耿				
aŋ 盎零	oŋ 幫當	uŋ 窗雙			
iaŋ 病請	ioŋ 娘板	iuŋ 窮兄			
uaŋ 梗					
（ɨp）~ip 濕汁/集立		ep 澀撮	ap 鴨甲	iap 粒帖	
（ɨt）~it 姪直/筆日		et 北乞	at 八辣	ot 割渴	ut 出佛
iet 愈鐵		iot 啜（吸吮）iut 律屈			
uat 刮		uet 國嘓			
ak 石伯		ok 鑊角	uk 木屋		
iak 壁錫		iok 腳略	iuk 六局		
m̩ 毋		ŋ̍ 五魚			

聲調 6 個：

陰平	陽平	上聲	陰去	陰入	陽入
24	11	31	55	2	5
千獅	牛魚	狗掌	鬥怪	屋六	鑊石

（一）新屋四縣客語聲母的特點包括

1）相較於苗栗四縣客語，多出了一組舌葉音（tʃ、tʃʰ、ʃ、ʒ），古音來歷主要為知、章二組聲母，與當地海陸客語相同。

2）ŋ-和齊齒呼韻母相拼時，會唸成n̹-，事實上 ŋ-和n̹-成互補分配，從音位的觀點上，二者可歸爲同一音位。

3）tʃ-，tʃʰ-，ʃ-與 ts-，tsʰ-，s-容易成無定分音，例：遮 [tʃa⁵³]～[tsa⁵³]、炊 [tʃʰui⁵³]～[tsʰui⁵³]、事 [ʃe¹¹]～[se¹¹]等，但仍有對立，如：賺 [tsʰon¹¹]、串 [tʃʰon¹¹]；精 [tsin⁵³]、蒸 [tʃin⁵³]；蘇 [su⁵³]、書 [ʃu⁵³]，此兩組聲母漸趨對立，且音位上，四縣傾向於與海陸腔趨同，故暫立兩套聲母。對立的兩套聲母，則牽涉到古音來歷爲精莊知₋與知₌章聲母的差異。

（二）新屋四縣客語韻母的特點包括

1）同一般客語無撮口呼，故只有 /i/、/u/ 兩個介音，以-i-當零聲母韻頭的字，聲母或因強化、或因接觸關係而容易增生 [ʒ] 或 [z]，如「腰」（腎）音 [ieu²⁴]~[ziau²⁴]~[ʒiau²⁴]。

2）有六個元音，分別為：a、e、i、o、u、ɨ。

3）韻母 ɨ 出現在舌尖前音 ts-、tsʰ-、s-之後，與 i 具有對立關係，如「tsɨ³¹」（子）與「tsi³¹」（姐）。

4）較海陸客語而言，語音上多出了 im、in、ip、it 四組韻母，韻母 ɨ、im、in、ip、it 只出現在舌尖前音 ts-、tsʰ-、s-之後，有時也會出現在特定字群的聲母 tʃ、tʃʰ、ʃ 之後成無定分音，音位上，四縣漸與海陸腔的 im、in、ip、it 合流，故音位化成一套聲母。

5）-ɨ 韻可與 tʃ-、tʃʰ-、ʃ-拼合，但-im、-in、-ip、-it 等韻與 tʃ、tʃʰ、ʃ-等聲母拼合時，因聲母的捲舌成份較重，使得韻母主要元音偏於齊齒韻的前高元音，如：-im、-in、-ip、-it。

6）-ien、-iet 二音位，基底結構應為-ian、-iat，ian、iat 與 iam、iaŋ；iap、iak 成對出現，尤其在高雄美濃及屏東部分客話地區，實際音值就是 [ian]、[iat]。[a]受前面的高元音 i 及後面的舌尖輔音 n 的同化而變成[e]，為顧及與南部客話音值上的不同，在此分別以 ien、iet 為音位符號。

7）相對於客語內部音系，–ioi 韻為客語的特殊韻，苗栗四縣只一字 [kʰioi⁵⁵]（累）、新竹海陸也只一字 [tsʰioi¹¹]（脆），但新屋四縣不存在此韻。

〔註16〕

（三）新屋四縣客語聲調的特點

相較於漢語方言，陰平的來源與陰陽入的轄字在客語內部來說有其一致性（同於前述之海陸腔），如：古次濁上與全濁上都有讀陰平的現象；部分古全濁上具有今音白讀為陰平、文讀為去聲的多音現象；古次濁平有固定的轄字今讀陰平；古次濁入今音有的歸陰入，有的歸陽入，哪些字今歸陰入，哪些字今歸陽入，內部相當一致。

〔註16〕 此二字在新屋四縣分別唸成用詞不同的「瘕」[tʰiam³¹]（累）與「脆」[tsʰe⁵⁵]，前字趨同於新屋海陸、後字則與苗栗四縣同。

2.2.2.2 語音變化

　　語音變化同於前述的新屋海陸客語，各次方言間最明顯的變化在於聲調，在此也分成兩部分來談：一為連讀變調；二為非正規的語流變調。其中，新屋四縣客語的連讀變調與苗栗四縣大致相同，如下所示：

（一）連讀變調

1）陰平變調——陰平字 [24] 在後字為高調時，如在陰平 [24]、去聲 [55]、陽入 [5] 之前會變成陽平 [11]

2）重疊構詞變調——陽平字三音重疊時，首字變陰平並拉長，表程度的加強。以下[X]表一詞素的變項。

　　　　　[X]
　　　　　陽平→陰平／＿＿＿　　XX　　　　例：紅紅紅、黃黃黃

（二）非正規的語流變調

1）陰陽入混讀——在採集的語料中，發現少數字兼讀陰陽入的，如「絡食」（找尋食物吃）之「絡」字。

2.2.3 音系特色與問題的呈現

　　本文區域方言的音系特色在於變體的繁複性。〔註17〕對於變體的形成與來源，以及是否與歷時音韻的演變有所關連，都是下一節或往後幾章要討論的，包含解釋在第一章初步提及的新屋海陸腔三種音韻特色的形成與演變。本節先從方言變體的競爭與混同來看一些現象，包含發音人在不同變體類型中出現的變體趨勢。

（一）塞擦、擦音聲母的流變

　　古音來歷為知$_三$、章兩組的聲母，表現在苗栗四縣主要為 ts-、tsʰ-、s-，表現在新竹海陸則主要為 tʃ-、tʃʰ-、ʃ-。當原先分立的兩組聲母在共時平面相互接

〔註17〕　當然，每種語言或多或少都會產生不具辨義作用的細微語音變化，本文非針對這部分而討論。

觸感染後，ts-、tsʰ-、s-（以 A 稱）與 tʃ-、tʃʰ-、ʃ-（以 B 稱）容易成無定分音。然而，這兩組聲母在拼合的韻母當中，苗栗四縣與新竹海陸對應上具差異的韻母分別為 i、im、in、ip、it（以 C 稱）與 ɿ、ɿm、ɿn、ɿp、ɿt（以 D 稱）。原先不同方言的聲韻組合：A+C 與 B+D，在共時平面接觸感染後，成分之間呈現重新分配而導致不同組合的可能性，如：A+C、A+D、B+D、B+C，甚至出現 i 與 ɿ 之間的過渡音，因而 i 與 ɿ 在此環境之下可中立化成 ï。新屋四縣與海陸在古音來歷為知₌、章兩組聲母的演變逐漸趨同，趨同的動力則來自於兩股力量，一為接觸干擾的力量，新屋地區以海陸為大宗，當地四縣在海陸的干擾之下，傾向於與海陸趨同；二為內部音變的力量，基本上，客語-i、-im、-in、-ip、-it 等韻母與 tʃ-、tʃʰ-、ʃ-等聲母拼合時，因聲母的捲舌成份較重，使得韻母的主要元音較易偏於齊齒韻的前高元音。由於前述兩股力量的交互作用（接觸力量為主、音變力量為輔），四縣向海陸靠攏為主要，亦即以 B+D 的組合類型為主流。

（二）i 介音的流變

　　i 介音的流變主要牽涉到舌根塞音聲母、四縣零聲母的齊齒韻，以及海陸部分的舌葉音聲母。

　　舌根塞音聲母 k-、kʰ-在拼-e、-eu、-em、-ep 四韻時，[e]、[eu]、[em]、[ep] 分別與 [ie]、[ieu]、[iem]、[iep] 成混讀變體，因舌根音在拼前高元音 e 時，在前高元音之前往往會產生過渡音 [i]，又，從另一角度來看，e 本身也容易元音分裂成 ie，因此，本文音位化成 e、eu、em、ep。例：雞 [ke¹]~[kie¹]、狗 [keu²]~[kieu²]、撍 [kʰem⁵]~[kʰiem⁵]、激 [kep⁸]~[kiep⁸]。

　　四縣零聲母的齊齒韻，一方面具有零聲母的強化作用而成 z-或 ʒ-，但另一方面又受海陸對應的 ʒ-聲母而趨同，使得原有的 i 介音可能產生兩種情形，一為受外來成分的 ʒ-而強化，或成過渡音 z-，另一為 i 介音仍保留在強化聲母之後。如：雲 [ʒun⁵]~[zun⁵]~[ʒiun⁵]~[ziun⁵] 等不同的變體形式，基本上，屬於這一系列的詞（詞群參見 2.3.2 節），多數均容易產生類似不穩定的變體情形。另外，當地海陸腔少數詞亦有類似的變體現象，如「腰」[iau¹]~ [ʒiau¹]（腎），甚至無強化聲母的產生，如「枵」[iau¹]（餓），但整體來看，不如四縣具系統性的變化。

　　海陸部分的舌葉音聲母，在古音來歷為流攝尤韻開口三等字群的韻母來說，新屋海陸唸-u 或-iu 自由變體，與新竹海陸較同質性的-iu 不同，卻與新屋

四縣的-u 具有合流的趨勢。新屋海陸腔為當地的強勢腔，從對應原則來看，在許多變體類型的變化之中，多為四縣向海陸靠攏，但其中一、兩類變體變化的方向卻相反，似乎為海陸向四縣靠攏，四縣雖在某一程度上也具有影響力的可能，但推測這少數類變體相反方向的對應變化，為內、外的相互作用力，不過，內部音理的變化強於外部接觸的變化，因而四縣不趨向於海陸，海陸的 i 介音也逐漸消失當中。

（三）三身代詞的語音現象

客語各次方言內部系統中，三身代詞的調類易趨於一致。苗栗四縣與新竹海陸「𠊎、你」與「佢」的聲調均趨同成陽平，但新屋海陸卻呈現「逆流」而非「順流」的現象。臺灣客語海陸腔第一人稱的走向一般唸成新竹海陸的陽平調 [ŋai^{55}]，但新屋海陸客語多數卻唸成上聲調 [ŋai^{24}]，甚至有少數特定族群唸成陰平調 [ŋoi^{53}]，也與新竹、新屋的第二、三人稱唸陽平調不同。

另外，客語三身人稱領格的語音現象，苗栗四縣分別為：ŋa^{24}、ŋia^{24}、kia^{24}；新竹海陸分別為：ŋai^{55}、ŋia^{55}、kia^{55}。但第一人稱領格的語音現象，新屋四縣與新屋海陸卻呈現不協調的變化，三身領格分別為四縣：ŋa^{24}/ŋai^{24}、ŋia^{24}、kia^{24} 與海陸：ŋai$^{24/55}$/ŋa$^{24/55}$、ŋia^{55}、kia^{55}。因這部分一來牽涉到客語人稱的歷時源流，二來牽涉到漢語方言與非漢語方言之間相關的語言現象，三來也牽涉到人稱領格的形成與小稱音變的關連，故而此問題擬於第五章分析並解釋。

（四）小稱音變的不協調性

新屋四縣客語與苗栗四縣客語的小稱音變，較具一致性，均有共通的同化規律，原則上，小稱詞的聲母易受前一詞根之韻尾而同化、連音，如下所示：

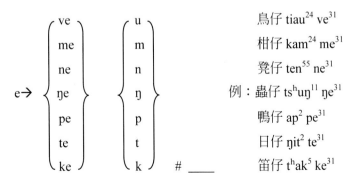

$$e \rightarrow \begin{Bmatrix} ve \\ me \\ ne \\ ŋe \\ pe \\ te \\ ke \end{Bmatrix} \begin{Bmatrix} u \\ m \\ n \\ ŋ \\ p \\ t \\ k \end{Bmatrix}\ \#\ \_\_\_$$

例：

鳥仔 tiau^{24} ve^{31}
柑仔 kam^{24} me^{31}
凳仔 ten^{55} ne^{31}
蟲仔 tsʰuŋ^{11} ŋe^{31}
鴨仔 ap^2 pe^{31}
日仔 ŋit^2 te^{31}
笛仔 tʰak^5 ke^{31}

實際上，入聲韻尾後的「仔」音，因與前字詞根連結緊密，其聲母在前後環境影響之下，容易弱化成濁音聲母，但舌尖入聲尾-t 卻易轉換成相同部位的舌尖邊音聲母，故其演變爲：

$$e \rightarrow \begin{Bmatrix} be \\ le \\ ge \end{Bmatrix} \Big/ \begin{Bmatrix} p \\ t \\ k \end{Bmatrix} \#\_\_\_\_ \qquad \begin{matrix} \text{鴨仔} & ap^2\ be^{31} \\ \text{例：日仔} & \eta it^2\ le^{31} \\ \text{笛仔} & t^hak^5\ ge^{31} \end{matrix}$$

新屋海陸客語的小稱音變，相較於其他客語次方言或漢語方言，較爲特殊。類型有：（1）疊韻，重複最末詞根的韻基，以疊韻方式構成詞幹的後加成分，含自成音節的鼻、邊音；（2）小稱變調，含升調、高調、促化式（中塞式）、舒化式（特高升調）、元音延展；（3）單音節後綴式（如：ə、e）。因小稱的語音形式複雜，且小稱音變牽涉到語法與音韻的介面，故而引發相當多的問題，例如，小稱詞與詞根節縮成單音節後，引發變調並傾向於與基本調同模，對此，我們應如何辨別它可能與基本調形成調位或音位中立化的問題？而這又是一個極待考證的歷史音變問題。相關語料因具繁複性，故而我們另於第三章呈現較系統性的語料。

新屋海陸與四縣客語各自具有不同類型的小稱變體，基本上，兩種方言小稱的音變格局跳脫整體聲、韻、調或詞彙語法的變體模式（參見 2.2 節），尤其是新屋海陸腔小稱詞與臺灣海陸客語通行腔的新竹地區，兩地小稱詞具有不同的音變行爲與方向。不論從區域方言之間音系的對應關係，或鄰近相同音系的比較關係，種種都顯示新屋海陸客語小稱音變的不協調性。

（五）變體的趨勢

各式變體的形式，不論從個別或不同發音人的角度來看，均可因變體形式的不同或因變體體現在量方面的不同，而分別處在未變、變化中、已變的三種階段。因變體類型繁多，以下只舉三種類型來觀察目前變體所處的趨勢：（1）新屋海陸腔三類小稱音的變體趨勢；（2）新屋海陸腔 iu/u 韻的變體趨勢；（3）新屋狹義四海話（四縣聲調）中以中古效攝爲例的變體趨勢。茲附上三種年齡層（21-40、41-60、61-90）的發音人各兩人，列舉變體趨勢的比較表以爲參考。（三顆星表出現比例較多，一顆星較少，空白表未顯現）[註18]（發音人資料參見【附錄01】）

〔註18〕　未顯現並非表示不存在，因我們無法掌握自然語料的全面性。

（15）變體趨勢

變體形式／發音人	海陸腔小稱詞			海陸腔			四海話（狹義）		
				iu/u 韻變體			中古效攝 eu/au 變體為例		
	後綴式ə	疊韻	節縮	未變 iu	變化中	已變 u	未變 eu	變化中	已變 au
AA（28）f	☆	☆☆☆	☆☆	☆☆☆	☆☆	☆	☆☆	☆☆☆	☆☆
BB（36）m	☆	☆☆☆	☆☆			☆☆☆	☆	☆☆☆	☆☆
AA（47）m	☆	☆☆☆	☆☆	☆☆	☆☆☆	☆☆	☆☆	☆	☆
AA（45）m	☆	☆☆☆	☆☆	☆☆	☆☆☆	☆☆	☆☆	☆	☆
AA（65）m	☆	☆☆☆	☆☆		☆☆	☆☆☆	☆☆	☆☆	☆☆
BB（71）f	☆	☆☆☆	☆☆			☆☆☆	☆	☆☆	☆☆☆

表格說明：

發音人「AA」表母語為海陸腔且世居當地者，「BB」表母語非為海陸腔且非世居當地但善於海陸腔者，均會說四縣話與海陸話。以狹義的四海話為例，本身母語為海陸腔者，則狹義四海話（以四縣聲調為主）「變化中」與「已變」的情形較母語為四縣腔者不明顯。

「趨勢」的表現以句子為主，但也會參照詞彙或篇章的變體情形，除非差異大者才會另外說明，但目前並無此種現象。

橫向部分，可以看出在個人的變體當中，不同的變體類型有不同的變化方向與演變的速度，如 AA（65）的 iu/u 韻變體傾向於已變，但 eu/au 韻變體傾向於變化中，而 BB（71）的 eu/au 韻變體傾向於已變。

縱向部分，在同一變體類型的不同發音人中，也趨向於不同的變化速度，但方向則大致相同。如 iu/u 韻變體傾向於已變，即使是尚未完成變化的發音人也都陸續具有已變的變體出現；eu/au 韻變體中，因海陸腔為當地的優勢腔，故狹義海四話未變的情形居多，但狹義四海話則是已變的情形居多。

本表並非從社會語言學發音人數「量」方面的調查來呈現變體趨勢，但從此表當中即可看出變體類型的豐富性，且各類變體的變化速度、方向與趨勢均有所不同，而且部分發音人變體形式的呈現會牽涉到發音人的母語背景，以及雙方言的能力。整體來說，仍能顯示區域方言中，多樣變體總的特徵性。

2.3 新屋海陸、四縣客語音韻系統的比較

以下共分兩小節，2.3.1 節為新屋海陸、新屋四縣、新竹海陸、苗栗四縣的音韻比較，以突顯新屋客語的特色，另外 2.3.2 節則從優選制約的觀點分析臺灣四海話的形成與演變。

2.3.1 新屋海陸、四縣音韻系統的比較 [註19]

以下音韻系統以苗栗四縣為基準，分別與新竹海陸、新屋四縣（表格中以「四海」表示新屋四縣）比較，以彰顯新屋四海話的特色。新屋海陸的比較暫以新竹海陸為代表，新屋與新竹海陸具差異的部分另外說明。

聲母方面，四縣有 17 個聲母，海陸有 21 個聲母，四海有 21 個聲母（與海陸相同）。但四海的「tʃ-、tʃʰ-、ʃ-、ʒ-」這一組聲母會與四縣「ts-、tsʰ-、s-、ø-」這一組聲母形成競爭，成融合或取代的情形不等。而「ʒ-」與「ø-」間可能產生中間音「z-」，三者亦成競爭或混讀 [註20] 的局面，本文音位化成：tʃ-、tʃʰ-、ʃ-、ʒ-。如下所示：

（16）聲母比較

四縣	p-	pʰ-	m-	f-	v-	t-	tʰ-	n-	l-	ts-	tsʰ-	s-	ts-	tsʰ-	s-	ø-	k-	kʰ-	ŋ-	(ŋ̍-)	h-	ø-
海陸	p-	pʰ-	m-	f-	v-	t-	tʰ-	n-	l-	ts-	tsʰ-	s-	tʃ-	tʃʰ	ʃ-	ʒ-	k-	kʰ-	ŋ-	(ŋ̍-)	h-	ø-
四海	p-	pʰ-	m-	f-	v-	t-	tʰ-	n-	l-	ts-	tsʰ-	s-	tʃ-/ts-	tʃʰ-/tsʰ-	ʃ-/s-	ʃ-/z-/ø-	k-	kʰ-	ŋ-	(ŋ̍-)	h-	ø-
例字	斑八	爬盤	馬滿	花番	烏碗	打端	桃塔	拿南	羅籃	早摘	茶察	沙三	遮隻	車尺	蛇石	野葉	家柑	科看	牙鱷	耳人	蝦鹹	愛暗

韻母方面，陰聲韻，四縣有 21 個，海陸有 19 個，四海有 18 個（少海陸一個韻「ioi」）。下表中，ie 與 ieu 韻非屬眞正之音位，可分別歸在 e 與 iau 韻。ioi 韻為客語特殊的韻，苗栗四縣代表字為「kʰioi⁵⁵」[註21]（累），但新屋四縣的

[註19] 下文的比較當中，新屋海陸、四縣非絕對性為一對多的對應關係，也可能為多對多的對應關係。若具普遍性的海四腔特色，則於文中比較，若屬較個別性的語音現象則不另比較。

[註20] 本文「混讀」指的是語音性的「自由變體」（free variants）。

[註21] 海陸腔亦有 ioi 韻，通常也只一字：「tsʰioi¹¹」（脆）。

此字已由海陸對應的語意但不同來源的詞「tʰiam³¹」所取代，故而不存在 ioi 韻。橫線上下表對應上的不同，如「偷、燒、笑」在四縣均爲 eu 韻，對應到海陸則分別爲 eu、au、iau 韻，三字對應到四海則分別爲 eu、eu~au、eu~iau 韻；又如「橋」、「邀、夭」在四縣均爲 ieu 韻，對應到海陸則分別爲 iau、au 韻，對應到四海則分別爲 ieu~iau、ieu~iau~eu~au 韻，是因舌根音拼 e 音時，容易帶 i 介音，又「邀、夭」在四縣爲零聲母 [ieu]，海陸爲 ʒ 聲母 [ʒau]，對應到四海則兼有零聲母、ʒ 聲母或中間過渡音的 z 聲母，而原爲四縣的 i 介音在四海話中則處於不穩定性，可有或可無，是故四海便存在除了 [ieu]、[ʒau] 之外，另有 [ʒieu]、[ʒeu]、[ʒiau]、[zieu]、[zeu]、[ziau] 等不同的變體。其他在四縣爲零聲母，對應到海陸爲 ʒ 聲母的，在四海話中均有類似的變體現象，包括後面即將提到的陽聲韻與入聲韻。

（17）陰聲韻比較

	ɨ	i	iu	e	eu	ie	ieu	a	ia	ua	ai	uai	au	iau	o	oi	io	ioi	u	ui	iui
四縣	ɨ	i	iu	e	eu	ie	ieu	a	ia	ua	ai	uai	au	iau	o	oi	io	ioi	u	ui	iui
海陸	ɨ	i	iu	e	eu	e	iau	a	ia	ua	ai	uai	au	iau	o	oi	io	ioi	u	ui	iui
	i	ui			au	ai	au		a												
					iau																
四海	ɨ	i	iu	e	eu	ie	ieu	a	ia	ua	ai	uai	au	iau	o	oi	io		u	ui	iui
	ɨi	ui	u		eu	e	iau		ia												
					au	ie	iau		a												
					eu	e	iau														
					iau	ai	eu														
							au														
例字	子師紙	西耳杯	流酒手	細洗	偷燒笑	液街雞	橋邀夭	花拿	擎謝野	瓜掛	買賴	乖拐	包飽	鳥吊	婆禾	賠開	茄靴	'累'脆	烏粗	歸瑞	銳

陽聲韻，四縣有 23 個；海陸有 21 個；四海有 21 個（與海陸相同），其中，im、in 二韻非屬眞正之音位，可分別歸在 im、in 二韻。橫線的上下表對應上的不同，以「冤」字爲例，因四縣爲零聲母 [ien]，海陸爲 ʒ 聲母 [ʒan]，對應到四海則兼有零聲母、ʒ 聲母或中間過渡音的 z 聲母，而原爲四縣的 i 介音則處於不穩定性，可有或可無，是故四海便存在 [ien]、[ʒan]、[ʒien]、[ʒen]、[zan]、[zien]、[zen] 等不同的變體。

入聲韻，四縣有 22 個；海陸有 20 個；四海有 20 個（與海陸相同），其中，ip、it 二韻非屬真正之音位，可分別歸在 ip、it 二韻。

成音節鼻音，四縣有 3 個；海陸有 2 個；四海有 2 個（與海陸相同），其中，n̩屬苗栗四縣特殊的韻，只一字「你」，四海的此字由海陸相對應的音「ŋi」表示。

分別如下所示：

（18）陽聲韻比較

四縣	im	im	em	am	iam	in	in	en	ien	uen	on	ion	an	uan	un	iun	aŋ	iaŋ	uaŋ	oŋ	ioŋ	uŋ	iuŋ
海陸	im		em	am	iam am	in		en	ien an an	uen	on	ion	an	uan	un	iun un	aŋ aŋ	iaŋ	uaŋ	oŋ	ioŋ oŋ	uŋ	iuŋ uŋ
四海	im im		iem em		iam iam am	in in			ien ien en an	uen	on	ion	an	uan	un un	iun un	aŋ aŋ	iaŋ iaŋ	uaŋ	oŋ	ioŋ ioŋ oŋ	uŋ	iuŋ iuŋ uŋ
例字	深沈	林鑫	(揜)森砧	三柑	甜險鹽	陳身	明兵	僧鷹	邊研冤	耿	安團	軟全	斑盤	關款	婚問	君裙雲	冇硬	驚靚影	梗	幫房	網涼秧	紅銅	弓雄榕

（19）入聲韻比較

四縣	ip	ip	ep	ap	iap	it	it	et	iet	uet	at	uat	ot	iot	ut	iut	ak	iak	ok	iok	uk	iuk
海陸	ip		ep	ap	iap ap	it		et	iet at	uet	at	uat	ot	iot	ut	iut	ak	iak ak	ok	iok ok	uk	iuk uk
四海	ip ip		iep ep		iap iapap	it it		et	iet iet et at	uet	at	uat	ot	iot	ut	iut	ak	iak iak ak	ok	iok iok ok	uk	iuk iuk uk
例字	十濕	入笠	澀	納鴨	接貼葉	食直	七力	北色	月鐵越	國	八辣	刮	割渴	吮	出骨	屈	百白	錫壁摸	索薄	腳钁藥	穀目	六肉育

（20）成音節鼻音

四縣	m̩	ŋ̍	
海陸	m̩		'
四海	m̩		'
例字	毋	你	女

（21）聲調比較

調類	陰平	陽平	上聲	去聲	陽去	陰入	陽入
調號	1	5	2	3	7	4	8
四縣調值	24	11	31	55		2	5
海陸調值	53	55	24	11	33	5	2
四海調值	24	11	31	55		2	5
例字	夫	湖	虎	富	婦	拂	佛

　　聲調，四縣有 6 個聲調；海陸有 7 個聲調；四海有 6 個聲調（調數與調值均與四縣相同）。

　　由上述資料可看出，臺灣四海話形成之時，四縣、海陸的對應關係不見得是整齊一致的變化。在探討四海話時，一般多以四縣、海陸聲或韻完全的轉換爲前提，其實不然，除了對應上具有差異的會產生變化之外，另牽涉到語音演變的音理問題，因爲這會導致語言產生對應以外的其他變體，如舌根塞音聲母之後 i 介音存在與否或 z 聲母存在與否的問題。若以四縣爲基準點，分別比較海陸與四海，凡海陸與四縣對應上有差異的（上述表格中的灰底部分），在狹義的四海話中，除了聲調以四縣爲主外，多半呈現兩套聲韻並存疊置（layering），或融合（fusion）、取代（substitution）不等的情形，如「雞」e（或 ie）與 ai 韻的並存疊置；聲母 ø、z、ʒ 的融合情形；「杯」i 韻的消失並取代成 ui 韻，顯示在音系中原屬於兩種音位但在某些詞群的環境之下（相關字群參見 2.3 節），逐漸形成中立化，如「洗」[se²]、「徙」[sai²] 因 e、ai 而造成語意的對立，但在「雞」中二類韻母卻無法形成對立。

　　四海話 i 韻與 tʃ-、tʃʰ-、ʃ-等聲母拼合時，因聲母的捲舌成份較重，使得韻母主要元音較偏於齊齒韻的前高元音，部分字會-i-、-ɿ-混讀，又-i-、-ɿ-在上述條件之下，音位上趨於選取-i-爲音位，因此，本文在音位的描述上將之中立化成 -i-。又 e、eu、em、ep 四韻在拼舌根塞音聲母 k-、kʰ-時，[e、eu、em、ep] 分

別與 [ie、ieu、iem、iep] 成混讀變體，因舌根音在拼前高元音 e 時，在前高元音之前往往會產生過渡音[i]，又，從另一角度來看，e 本身也容易元音分裂成 ie，因此，本文將之中立化成：e、eu、em、ep。零聲母以-i-當介音時，聲母容易強化成 z-或 ʒ-，並與 zi-或 ʒi-成混讀變體，事實上，ʒ-與 v-可分別視爲 i-與 u-的強化現象，但爲照顧音值和語料上的對應，本文仍以 ʒ-、v-爲聲母。〔註22〕ŋ-和齊齒呼韻母相拼時，音值近於 ɲ-，事實上 ŋ-和 ɲ-成互補分配，從音位的觀點，ŋ-、ɲ-可以歸爲同一聲母，取消 ɲ-這個聲母，並不會造成音位系統的混亂。同樣的，ian、iat 的音值爲[ien、iet]，亦爲了照顧音值和語料上對應的方便，在此仍以 ien、iet 作爲音位符號，並可與南部客語實際的音值做區分。

2.2.3 臺灣四海話的異同比較與優選制約

上節比較出新屋四海話大致的音韻樣貌，接下來要比較新屋四海話與其他地區四海話的異同，並從優選制約的觀點來說明各地四海話的共時音變現象。在此先大致介紹優選論的觀點。

「優選論」（Optimality Theory, OT）是一個以制約（constraints）爲本的理論架構，不同於以規則爲本的生成音系學。其主要精神在於對語言間的類型變化，主張是透過對普遍性制約條件的不同等級排列表現出來的，且某些普遍原則可以違反，進而篩選出最優的一個形式。其中，有兩種主要的制約相互作用並競爭著：忠實性制約（faithfulness）與標記性制約（markedness）。基本上，在優選理論的架構之下，語言均具有普遍性與可違反性的制約，可違反性的制約即形成語言的特殊性，而語言或方言之所以具有差異性，是在於語言或方言間對相同的制約但卻各自採取了不同的等級排列。其輸入項與輸出項映射關係的基本架構，如下所示：（Kager 1999）

（22）優選理論的基本架構

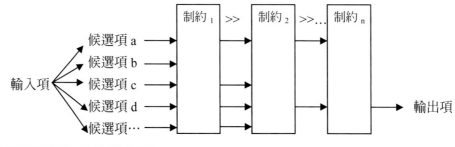

〔註22〕 有關客家話 V 聲母的討論，參見鍾榮富（1991）。

　　各地四海話的語言特色其實大同小異，但同一語音變體數多不多？是不是
有如本章所舉具有較多的語言變體則較難掌握，因為我們無法以較好的各種田
調方式去採集到更多的語料，尤其自然語料的呈現往往更能反映出語言的眞實
性。畢竟在田調時，當下通常只能採集到一種語音形式，若非長期以同字多時
多音的採集方式，則較難爲實際的語音現象下定論。以南、北部的四海話來論，
鄧盛有（2000）採集桃、竹地區的平鎮、楊梅、關西、峨眉、頭份、南庄等六
個地點共十七種類型的四海話，似乎較不屬於自由變體的語音形式，而是一人
一時一地一字之音，類型上，包含聲、韻或詞彙方面組合上的不同，非屬完全
包舉式的四海話（包舉式的指聲調爲四縣但聲韻完全爲海陸）；黃怡慧（2004）
在探討南部的海四話時，也不是屬於自由變體的語音形式。臺灣四海話的異同，
大致上可以從音節結構的聲、韻互動來看，其組成成分變動的情形如前述 2.1
節所示，聲調扮演較爲「穩固」的成分，較不容易變動。以鄧盛有（2000）、黃
怡慧（2004）等人四海話的語音形式來看，變體較有可能出現在不同的發音人
或不同的字中，除此之外，本文的變體也會出現在同一發音人的同一字或字群
之中。即使各地四海話的調查方式不同，呈現出的語言特色也不同，但我們仍
能透過優選制約的觀點來看出臺灣四海話的異同現象。

　　從優選制約的觀點，我們無法以較完整的制約模式來解釋各地四海話不同
的音變現象，例如，本文探討的四海話，變體繁多，實難以優選制約的模式來
篩選出最優選項，雖如此，我們仍能透過較高層級的制約模式來說明爲什麼會
形成四海話，以及四海話形成的規律與方向。鍾榮富（2006）從優選理論的架
構試圖解釋臺灣四海客家話形成的規律與方向，但在論證的過程中卻似乎存在
一些矛盾點，不過，鍾文拋出了一個值得探討的議題，究竟臺灣四海話的形成
是透過何種制約模式來產生？本節將以此爲出發點，試理出廣義四海話形成的
共同制約性，同時亦可爲狹義的四海話與海四話做區分。

　　首先，鍾文依據自主音段理論（autosegmental phonology）說明聲調自主於
另一個獨立的面向，因而指出：「這種只保持聲調的現象絕非四海客家話的特
色」，並以「第二語言學習上聲調無法完全的掌握」來印證其說法；又，作者從
優選理論的觀點，認爲「聲韻爲四縣，調爲海陸」的語言現象爲：「以海陸爲母
語的人士在接受四縣客家話之時，由於語法內部的制約之中的聲調忠實制約所
排的層次比較高，因此是海陸人士保存了海陸的腔調。」又「聲調爲四縣，聲

韻爲海陸」的語言現象爲：「原本講海陸客家話的人在語法裡把聲母及韻母的忠實性排在最高的層次。」也就是說，作者從「母語」的立場出發，當在說不同類型的四海話時，依作者所言有五種類型的四海話（註23），加上兩種不同形式的母語，便可能有十種不同聲、韻、調不同組合的忠實性制約排列，故而鍾文已經預設說話者的母語爲何而說另一次方言，其解釋方式可能不符合語言的普遍現象。其母語、四海話、制約三者至少有如下四種基本的關係：

（23）鍾文的詮釋之一

　　a. *母語爲海陸*→接受四縣話時→*聲調*的忠實性位階較高→保存海陸的聲調（從本文定義爲狹義的海四話）

　　b. *母語爲海陸*→接受四縣話時→*聲韻*的忠實性位階較高→保存海陸的聲韻（從本文定義爲狹義的四海話）

（24）鍾文的詮釋之二

　　a. *母語爲四縣*→接受海陸話時→*聲調*的忠實性位階較高→保存四縣的聲調（從本文定義爲狹義的四海話）

　　b. *母語爲四縣*→接受海陸話時→*聲韻*的忠實性位階較高→保存四縣的聲韻（從本文定義爲狹義的海四話）

　　的確，四縣和海陸交會時基本上會有上述的四種情形，但卻呈現了矛盾點，且不能較好解釋語言的普遍現象，亦即當在表層現象出現相同語音類型的四海話時，如之一 b 與之二 a，爲什麼會呈現出聲韻與聲調制約等級排列的不同？（之一 a 與之二 b 的情形亦如是）依鍾文分析，四海話會因發音人母語不同而產生位階排列的不同，但本文認爲發音人不會因其母語不同而有不同的位階排列，故主張「聲調」在四海話當中的位階是最高的，非如鍾文所示，有時聲調位階較高，有時聲韻位階較高，取決於不同的母語條件所致。事實上，有些四海話的語言現象是無法以「母語條件」來論的，但當我們不知發音人的母語爲

─────────────

〔註23〕　這五種類型分別爲：（a）聲韻爲四縣，調爲海陸；（b）聲韻爲海陸，調爲四縣；（c）聲母爲四縣，韻母及聲調爲海陸；（d）聲及調爲四縣，韻爲海陸；（e）聲母爲海陸，韻及調爲四縣。若依鍾文對四海話的定義，應具有第六種類型，即：聲及調爲海陸，韻爲四縣。實際的語料也找得到四海話的第六種類型。但這也有可能依區域而呈現出不同的類型。

何卻說出所謂的「四海話」時，我們如何去界定「位階」的問題？本文傾向從「四海話」、「海四話」的類型觀點來分析，不論其結果爲何，以語言的普遍原則來說，優選理論應該都要能滿足同爲「四海話」或同爲「海四話」的制約情形（或依作者所言，應滿足同爲四海話五種類型，甚至六種類型的情形）。以下爲各類型的四海話，以鍾文的定義來分析，即無法支持其論證：

（25）「豬仔」（豬）爲例的四海話情形

四海話	語音 1	語音 2	語音 3	母　語
A（四縣聲調）	tʃu²⁴ ə³¹	tsu²⁴ ə³¹	tʃu²⁴ e³¹	四縣、海陸或四海均有可能
B（海陸聲調）	tsu⁵³ e⁵⁵	tsu⁵³ ə⁵⁵	tʃu⁵³ e⁵⁵	

　　上例若依鍾文主張，即無法解釋何者制約應位在較高的層級，因而必須尋求發音人的母語爲何才能定出制約關係。然而，不論其母語爲何，依土人感，A型均視爲四縣話的一種，或爲四縣話的一種變體（即本文所謂狹義的四海話）；B型均視爲海陸話的一種，或爲海陸話的一種變體（即本文所謂狹義的海四話）。本文主張，無論四海話或海四話均把聲調制約置爲最高層級，四海話把四縣聲調置爲最高層次，海四話則把海陸聲調置於最高的層級。即本文主張聲調的忠實性制約在廣義的四海話中是排在最高的層級，也因此才會形成四海話的兩種狹義類型：四海話與海四話。首先，我們在定義四海話時，其一原則是和語言使用者的雙聲帶有關，因此，當一位人士在我們不知其母語背景的情形之下，若說出了四海話或海四話時，通常無法準確猜測出發音人的母語，就算在同一區域發音人的母語分別爲四縣或海陸時，他們所說的四海話原則上容易趨於同一類型（聲調相同），既是同一類型的四海話，又何需區分是哪一種制約位在最高層級呢？當然，對於那些在方言轉換時可能「說不標準」的，尚無法成爲成熟的四海話，因爲四海話已傾向成爲一種新的客家話，或從母語習得而來，也或從另一方言的系統性影響而來，亦或第二語言學習而來。因此本文的主張如下：

（26）本文的分析

　　母語爲四縣或海陸時→不管說四縣或海陸話時→聲調的忠實性位階較高→選擇四縣或海陸的聲調，但聲或韻變

　　（依本文定義，選擇四縣聲調的爲狹義的四海話，選擇海陸聲調的爲狹義的海四話，二者同爲廣義的四海話）

　　也就是說，「聲調」在語言接觸區的雙聲帶語言中最容易學習或習得，也就是語言使用者將聲調認知為固有的，亦即聲調是最不容易受到影響而產生變化（不同於第二語言學習的情形）。因為不管是四縣人說四海話，或四縣人說海四話，亦或海陸人說四海話，或海陸人說海四話，在土人感的認知當中，他們所說的分別就是四縣話（四海話）或海陸話（海四話），而這種認知也是符合語言普遍的事實。為什麼會說出四海話或海四話？是因聲或韻與另一方言產生趨同的變化，因此對說者與聽者或母語使用者來說，聲調是固守不易產生變化的，而聲與韻才是較容易發生轉移或變化的成分。四縣或海陸話中，誰才是第二語言？我們從實際的例子當中根本無法也不用去做判斷，因為會有三大情形：（一）發音人的母語雖為四縣話但在海陸話的影響之下逐漸成為四海話，反之亦然；（二）發音人的母語為海陸話，但在說四縣時成為四海話，反之亦然；（三）發音人的母語就是四海或海四話。今將關係整理如下：

（27）母語背景與四海話形成的可能組合性

母語背景	四海話（四縣聲調）	海四話（海陸聲調）
A. 四縣	講四縣時，受海陸聲韻影響而成四海話	講海陸時，受自身系統聲韻影響而成海四話
B. 海陸	講四縣時，受自身系統聲韻影響而成四海話	講海陸時，受四縣聲韻影響而成海四話
C. 四海（廣義）	四海（狹義四海話）	海四（狹義海四話）
D. 四海（廣義）	海四人講四海話時成四海話	四海人講海四時成海四話
E. ？（假設不知）	四海（狹義四海話）	海四（狹義海四話）

　　鍾文解釋了 A、B 兩種情形卻無法解釋 C、D、E 三種情形。之所以形成狹義的四海或海四話，主要是受到另一方言或自身系統的聲韻影響才產生四海或海四話，對土人感來說，那是道地的話而不是屬於第二語言學習上轉不過來的話，[註24] 故而上述情形不同於第二語言（尤其是第一外語）學習的情形。所

〔註24〕　有些四海話的形成確實存在「轉不過來」的情形，如母語為四縣的發音人在說海陸話時成為海四話，或受本身母語影響，聲、韻有些轉不過來仍維持四縣的，但聲調其實也轉不過來但又非原母語四縣的聲調，原則上，土人感還是會認為那是海陸話，只是說的「不好」。（反之海四話亦有此情形）這是聲韻調可能同時轉不過來的情形，這種情形，暫且視之為不成熟的四海話。本文討論的以發音人能流利說四海或海四話為主。

以，對於「第二語言學習上聲調無法完全的掌握」，其情形和四海話是因一方言長期受另一優勢語接觸干擾而產生的語言轉移情形，兩者非屬於同一情形，就如同一個中、小學生甚或大學生在美國定居了很長的一段時間，其口音必定不同於在國內以第二語言學習時，產生聲調或口音上的問題，更何況四縣與海陸同屬於客語，算是非常相近的次方言，在長期的相處之下，方言間容易自由轉換而無阻礙（但這裡的轉換指的是聲調方面的自由轉換）。也如同不少客家人士會說流利的閩南話，部分客家人說的閩南話或可聽出有一種不同於閩南話的腔調，但也有部分客家人在說閩南話時是完全聽不出來與閩南話腔調上的差別，剛開始或以第二語言學習的心態來說閩南話，但閩客雜處久後，閩南話已經成為某些客語人士的雙聲帶之一。雙聲帶人士說的閩南話當中，聲、韻、詞彙或仍可見少數客語的影子，但影響不大，一般人也聽不出差異性，臺灣「福佬客」的形成亦可為證。對具有雙聲帶的土人感來說，「聲調」的確是各語言當中最固有的成分。

　　故而聲調的忠實性制約在廣義的四海話中位在最高層級，土人感（不論母語為四縣或海陸）以此判別為四縣客語或海陸客語，此時輸入項的聲調調值應與輸出項的聲調調值相同，通常不可違反；而聲韻制約在四海話中則位在較低的層級，不管母語為何，一旦說四縣客語或海陸客語，輸入項的「聲」與「韻」應不完全等於輸出項的「聲」與「韻」。輸出項的聲韻可容許違反，此可從兩點來分析：（一）四縣與海陸聲韻對應相同的，此時輸入的聲韻同於輸出的聲韻，無所謂違反；（二）四縣與海陸聲韻對應不同的，要求聲或韻其一違反，亦或二者均違反，由此形成狹義的四海話或海四話聲韻方面的特色。

　　我們從共時層面的優選觀點說明臺灣四海話的異同現象，聲調的忠實性制約在廣義四海話中應位在最高層級，除可包容狹義「四海」或「海四」在類型上的一致性之外，也照顧到土人感，以及呈現普遍的語言現象。另外，四海話的形成實也牽涉到歷時層面的因素，因此，在下一節，我們將從縱橫層次互協的古音來歷與今音對應的互動情形來深入瞭解四縣、海陸接觸時，四海話的形成與演變。

2.4 四海形成的古音來歷與今音對應

　　四海話的形成與演變，除了共時層面的今音對應之外，還牽涉到歷時層面的古音來歷，這兩股力量的競爭與演變導致四縣與海陸話不斷的分化、合流，最後又在共時平面當中取得協同的發展，因而四海話的形成便牽涉到古音來歷與今音對應的縱聚合關係。2.4.1 節先探討四海話語音、詞彙、音類之間的共生演變關係，並區分同詞異讀與文白異讀；2.4.2 節則從聲、韻、調、詞彙的縱向演變與橫向感染，來探究古音與今音二者之間的因果關係，以及小稱系統顯現的不協調變化。

2.4.1 同詞異讀與文白異讀

　　語音演變可以有不同的途徑與方法，其中與音類、字之間具有某種共生演變的關係，此處所說的「共變」（co-variance）指的是語音的演變並非獨自進行，它會與特定字群形成相互的依存關係並產生變化，至於「特定字群」的來源則牽涉到古音的來歷。又，形成這種變化的動因與區域中的雙言（diglossia）或雙語（bilingualism）社會有關，〔註25〕雙言或雙語的社會容易形成語言系統疊置並存的情形。當一語言同時具有兩套語音系統並呈現疊置並存時，即有可能引發文白異讀或同詞異讀的現象。語音演變的層次研究當中，文白異讀是最為普遍探討的，通常白讀是固有，代表方言比較早期的音韻系統，而文讀是外來，通常為方言比較晚期的音韻系統，當文讀疊置於白讀之上便形成了不同的層次關係。

　　語音變異有所謂的不自由變異與自由變異現象，前者如客語聲母的 [ŋ] 與 [n̠] 因出現的環境互補，且語音上近似，理論上可同為 /ŋ/ 的同位音，後者如南部部分客語在某些語詞中，存在聲母 [n]、[l] 自由變異現象，這是以語音為單位而說的。同樣地，站在字、詞為單位的立場來看，也存在不自由變異與自由變異現象，前者如四海話的「爭」在「相爭」中讀成 [tsaŋ²⁴]，在「競爭」中讀成 [tsen²⁴]，後者如「話」可讀成「fa⁵⁵」或「voi²⁴」〔註26〕、「小」可讀成「seu³¹」

〔註25〕　雙言與雙語的區別，主要在於雙言中的高階語言與低階語言分別使用在不同的情境中，各有各的社會功能，而雙語的高階語言與低階語言並無功能上的區分，可以自由使用在任何場所。相關討論參見 Ferguson（1959）。

〔註26〕　但在文讀音時，因方言之間對應相同，故無變讀現象，如「電『話』」，四縣、海陸均為 [fa³]。

第二章　新屋海陸、四縣的音系與比較

或「siau³¹」的自由變異現象，這是以字、詞為單位而說的，本文則分別區分成「異詞異讀」與「同詞異讀」。語意相同但出現的詞彙環境不同時，為異詞異讀，也就是文白異讀，「同詞異讀」則是本節要探討的，亦即使在相同的詞彙條件中，字的語音產生自由混讀。類似的字詞變化舉例如下：〔註27〕

（28）

	例　詞	四海 語音、詞彙	四縣 語音、詞彙	海陸 語音、詞彙	變體部分
a	國「小」、「小」學	seu³¹~siau³¹	seu³¹	siau³¹	韻
b	「燒」火	seu²⁴~ʃeu²⁴~sau²⁴~ʃau²⁴	seu²⁴	ʃau⁵³	聲、韻
c	講「話」	fa⁵⁵~voi²⁴	fa⁵⁵	voi⁵³	聲、韻、調
d	「煮飯」	tsu³¹~tʃu³¹ fan⁵⁵~pʰon⁵⁵	tsu³¹ fan⁵⁵	tʃu²⁴ pʰon³³	聲、韻
e	弓「蕉」（香蕉）	tseu²⁴~tsiau²⁴	tseu²⁴	tsiau⁵³	韻
f	「街」路（街上）	ke²⁴~kie²⁴~kai²⁴	kie²⁴	kai⁵³	韻
g	「樹」頂	su⁵⁵~ʃu⁵⁵	su⁵⁵	ʃu³³	聲
h	（明天）	天光日~韶早	天光日	韶早	詞彙〔註28〕
i	（筷子）	筷仔~箸仔	筷仔	箸	詞彙

　　一般來說，語音變異是以語音為單位，字音的變異是以字或詞為單位。但本節所舉的「異詞異讀」與「同詞異讀」則牽涉到歷時層次的規律性，故統稱為「層次異讀」，主要以語音、音類、字或詞共為主要單位，〔註29〕其中，音類或與語音的音理演變具有制約關係（如「街」的 [ke²⁴] 或 [kie²⁴]，見前述2.1.3說明），甚至是聲、韻、調多重音類形成的變體（如「燒」的「聲」＋「韻」），而非以單一音類為要素。這種語音、音類、字詞之間的共生演變關係，以下我們從共時變遷（今音對應）與歷時成因（古音來歷）的互動關係來看，則更加明朗化。

_____

〔註27〕　當地的海陸客語亦有類似的變體情形，只是變化量不如四縣具有較系統性的變化。

〔註28〕　「明天」與「筷子」的變化屬詞彙的替換，可歸於借詞，非屬本文所舉的「同詞異讀」現象，不過兩者具有類似的演變過程，故而本文亦列出此種現象比對參考，以顯示語言演變的系統性。

〔註29〕　上表中，「話、飯」二例，雖牽涉到聲、韻、調各音類對應上的差異，但在此二例中非以音類為變化單位，而是以字為單位，因為此類字在歷時的古音來歷中並非屬於特定字群的對應關係，故非以音類為單位。

2.4.2 古音來歷與今音對應

接下來要瞭解的問題是：導致這種語音變化的機制爲何？當社會性的語言接觸引發音變與詞變的動力，接下來它們又如何進行變化？對某些音類來說，變化的方向與速度具有整齊劃一的腳步，但對某些音類來說，則非如此。從系統性變體的呈現當中，我們發現導致變體產生的原因，與方音間共時形式的對應關係有直接的關連，亦即對應原則（correspondence rules）（Thomason 2001），〔註30〕凡對應不同的，即可能產生變體，規律如下：

（29）

$$Wpi \rightarrow \{Wp1，Wp2\} / D1Wp1 \approx D2Wp2 \quad [i=1 或 2；p1 \neq p2]$$

「W」表詞；「p」代表語音或詞彙；「D」表方言；「≈」表語音與語意上的對應。在 D1 及 D2 方言具有對應關係的詞中，經由接觸，一方言原有的語音或詞彙會受到另一方言語音或詞彙的影響而有 Wp1 或 Wp2 其中一個的形式，二者會形成競爭，導致優勢的一方會取代弱勢的一方，亦或是二者仍處在疊置兼用的情形。是故在共時變遷中，方言間差異部分所形成的對應關係，是爲今音對應關係；但造成方言差異的原因，主要是由歷時因素的古音來歷所導致，〔註31〕由此形成不同字群的音韻變化，且多半朝同一個方向在進行。以下我們便從聲、韻、調、詞彙的縱向演變與橫向感染，來探究古音與今音二者之因果關係。

（一）聲母兩可性與對立性間的抗衡

（1）知章組與精莊組聲母的融合與對立

古知、章、精、莊組聲母的分合，在客語不同的次方言中有不同的演變方向，其中，臺灣四縣多合流爲 ts-、tsʰ-、s-，海陸則分立爲 ts-、tsʰ-、s-與 tʃ-、

〔註30〕 關於對應原則，參見第一章 1.3.3 節的敘述。

〔註31〕 在此我們很難斷定所謂「歷時因素的古音來歷」是不是也存在語言接觸的現象，但從同源語中具有的共同音源來看，我們只能推測，最初的語音應是先經由較整齊的音類分化而形成方言（含社會方言與地域方言），後才有可能因音類上系統性的語言接觸又產生不同的方言。(這也才可以說明爲何方言間的音系對應總是具有系統性，且大多符合音理上的變化) 客語在形成之初，周遭即存在不同的方言，故而我們難判定客次方言間的分化是經由歷時音變或方言接觸而來，在此，暫以「歷時因素」做爲古音來歷。

tɕʰ-、ʃ-。當四縣與海陸交會時，對應相異的兩組聲母（即古知ᴊ章組的來源），在四縣（ts-、tsʰ-、s-）受到海陸（tʃ-、tʃʰ-、ʃ-）的影響之下，四縣聲母逐漸往海陸靠攏，並導致四縣這類的聲母，有些字已完成了演變階段成 tʃ-、tʃʰ-、ʃ-，但也有很多的情形是融合不分或並存疊置，即 ts-~ tʃ-、tsʰ-~ tʃʰ-、s-~ʃ-。如字群：

〔註32〕

（30）

四縣	海陸	四海	古音來歷	演變因素	字　群
ts-	tʃ-	ts-~tʃ-	章組	三等	遮、者、蔗、諸、煮、碟、珠、主、蛀、制、製、知ᵡ、支ᵡ、枝ᵡ、紙、指、之、芝、止、趾、志、誌、痣、招、照、周、州、洲、針、枕、執、汁、戰、折、專、磚、眞、診、疹、振、準、章、樟、掌、障、蒸、證、症、織、職、眾、粥、正ₑₑₘ、整、政、隻、鐘、鍾、種、腫、燭
				知組	豬、註、置、朝ₜₒ̃、超、潮、召、晝、轉、鎭、張、長ₑₑₐ、漲、帳、脹、著、桌、卓、徵、中ᵡ、竹
tsʰ-	tʃʰ-	tsʰ-~ tʃʰ-	章組		車、扯、處、齒、吹、炊、臭、深、川、穿、串、春、出、昌、廠、唱、倡、稱、充、銃、赤、尺、衝、觸
				知組	除、儲、箸、廚、住、池、遲、稚、癡、持、痔、治、鎚、錘、朝ₜₒ̃ₜₐₐₒ、抽、丑、沉、傳、傳、陳、塵、陣、姪、長ₑₑₐ、腸、場、丈、仗、杖、暢、直、值、蟲、鄭、重
s-	ʃ-	s-~ʃ-	章組		蛇、賒、捨、射、舍、佘、社、書、舒、暑、薯、輸、殊、樹、世、勢、誓、逝、施、匙、氏、豉、尸、屍、屎、視、詩、始、試、時、市、侍、垂、睡、水、誰、燒、少、紹、收、手、首、守、獸、受、壽、授、蟾、審、濕、十、蟬、善、舌、扇、設、船、說、神、身、申、辰、晨、腎、脣、順、術、純、商、傷、賞、常、上、尚、食、升、勝、識、式、承、植、叔、聲、聖、釋、成、城、誠、石、春

〔註32〕　因在不同時、不同點，每位發音人在同一類字的聲、韻表現，發音不盡相同，有些趨於合流，有些趨於對立，有些則是融合不分或並存疊置，故列舉字群以古音類別為主。換句話說，對立與不對立間正形成互競的局面，不過，以四縣、海陸的趨同變化（convergence change）來說，四縣傾向朝海陸的聲、韻而趨同。（但仍有例外，於文中說明）本文亦以此原則定出四海話的音位。

（2）聲母 ʒ-與介音-i-的互動

　　古影、以、云、日母在海陸腔讀成 ʒ-的，對應到四縣讀成 i-，當四縣長期受到區域優勢的海陸腔干擾時，以-i-當介音的零聲母則更容易強化成 z-或 ʒ-，因此四縣的 i-、zi-、ʒi-三者容易成混讀現象。如字群：

（31）

四縣	海陸	四海	古音來歷	字　群
ø-	ʒ-	ø-～z-～ʒ-	以母	爺、也、野、夜、余、餘、與、譽、預、移、易、姨、夷、搖、謠、舀、鷂、由、油、游、柚、釉、鹽、簷、葉、頁、延、演、緣、鉛、寅、引、殷、勻、允、羊、洋、楊、陽、揚、養、癢、樣、藥、蠅、孕、翼、贏、營、育、容、蓉、庸、用、勇、浴
			云母	雨、宇、尤、郵、有、友、又、右、炎、圓、員、院、園、遠、云、雲、韻、運、榮、永、
			影母	於、醫、意、衣、依、夭、邀、腰、要、優、幼、閹、音、陰、飲、冤、怨、因、姻、印、一、熨、央、秧、約、應、鶯、鸚、櫻、英、影、映、煙、燕
			日母	如、然、燃、潤、閏、戎、絨

（二）古止深臻曾梗攝與精莊知章組的組合變化

　　由於優勢腔具有主導區域方言演變的方向，因此四海話中的有些語言現象趨同於海陸音系，並逐漸與系統中的其他字群形成語意的對立，有些則形成兩可性或三可性的自由變體現象。如「刷」（殺）現階段的語音演變趨勢為：tsʰi➔tsʰi~tʃʰi~tʃʰi➔tʃʰi，「tʃʰi」（刷）與「tsʰɨ」（辭）對立；「陳」現階段的語音演變趨勢為：tsʰin➔tsʰin~tʃʰin~tʃʰin➔tʃʰin~tʃʰin；「紙」現階段的語音演變趨勢為：tsi➔tsi~tʃi~tʃi。「刷、陳、紙」均為使用率高的字群，三字卻似乎有不同調的演變速度。雖然三字的演變結果不是絕對性，但已可看出語音演變的過程性：「刷」趨向於演變的完成階段、「陳」與「紙」則處在尚未完成演變的兩可性或三可性階段。這類字的變化從音理分析或有其演變的自然趨勢，因齒音聲母與舌尖前高元音或舌面前高元音組合時，聲母與韻母均容易在齟齬之間產生些微的語音變化。但事實上，導致變化的因素主要是透過另一方言接觸干擾而來的，音理上的變化則為輔因，由於內、外雙重力量的影響便更容易產生變化。如字群：（「>」表前者強於後者的變化）

（32）

四縣	海陸	四海	古音來歷	演變因素	字　群
-i	-i	-i~-i （-i>i）	止攝	知_三章開三	知、池、馳、肢、梔、施、匙、紙、豉、遲、雉、稚、致、脂、屍、旨、指、屎、至、示、視、癡、持、恥、痔、置、治、之、芝、詩、時、止、趾、址、齒、始、市、志、誌、痣、試、侍
-im -ip	-im -ip	-im~-im -ip~-ip （-im,ip>im,ip）	深攝	侵緝開三	沉、針、枕、深、審
					執、汁、濕、十
-in -it	-in -it	-in~-in -it~-it （-in,it>in,it）	臻攝	真質開三	鎮、陳、塵、陣、姪、眞、診、疹、振、神、身、申、辰、晨、腎、質、實、失、姪
				曾攝	蒸職開三	徵、直、值、蒸、證、症、織、職、稱、食、升、勝、識、式、承、植
				梗攝	清昔開三	聖、釋、成、城、誠

（三）古流效蟹山攝的合流與分化

（1）古效、蟹、山攝的兩可或三可性

音理上，四縣、海陸二者內部的語音演變應有歷時方面的前後關係：海陸 -au/-iau 韻與-ai 韻普遍認爲是較古的語音形式，當主要元音高化一層級時，則分別容易演變成四縣的-eu/-ieu 與-e/-ie 韻。即*ai$_1$→ie$_2$（或 e$_2$）成爲較早的四縣、*ai$_1$→ai$_2$成爲較早的海陸，而後海陸的 ai$_2$ 進入四縣的 ie$_2$ 成爲今之四海話：ai$_3$/ie$_3$ 共存在同一平面系統之中。加上舌根音聲母後接前高元音 e 時，前高元音之前往往會產生過渡音[i]，而 e 本身也容易元音分裂成 ie，所以 [i] 是可選擇性的，也就是說四海話可能形成三種方言變體：ai/ie/e。以下爲古效、蟹、山攝部分字群類同的演變模式，其演變過程及字群分別如下表所示。（虛線表弱影響）其中，山攝的變化，四縣與海陸的變化不相上下，甚至朝向以 ien 爲主的變化，推測海陸此類型的變體，音理變化的力量強於接觸力量的變化。

（33）效攝

（34）蟹攝

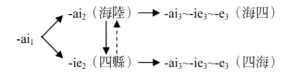

$$-ai_1 \nearrow -ai_2（海陸）\longrightarrow -ai_3\sim-ie_3\sim-e_3（海四）$$
$$\searrow -ie_2（四縣）\longrightarrow -ai_3\sim-ie_3\sim-e_3（四海）$$

（35）山攝

$$-an_1 \nearrow -an_2（海陸）\longrightarrow -an_3\sim-ien_3\sim-en_3（海四）$$
$$\searrow -ien_2（四縣）\longrightarrow an3\sim-ien3\sim-en3（四海）$$

（36）

四縣	海陸	四海	古音來歷	演變因素	字　群
-ie	-ai	-ie~-e~-ai	蟹攝	開二	皆、階、介、界、屆、戒、街、解、雞
-eu	-iau	-eu~-iau	效攝	開細	標、表、錶、漂、票、瓢、嫖、苗、貓、藐、秒、廟、妙、焦、蕉、醮、樵、嘹、宵、銷、小、笑
	-au	-eu~-au			朝、超、潮、召、招、照、燒、少、紹
-ieu	-iau	-ieu~-eu~-iau			驕、橋、轎、叫、噭
	-au	-eu~-ieu~-au~-iau			夭、邀、腰、要、搖、謠、舀、鷂
-ien	-an	-ien~-an	山攝	開合	簡、眼、奸、研、圓、員、緣、鉛、院
		-en~-ien~-an（-an>-en,-ien）			然、燃、延、演、冤、怨、園、遠、煙、燕

（2）古流、效攝的分分合合

　　古流攝尤韻開口三等字群，這組韻母在海陸讀成合流的-iu 一類，四縣讀成-iu 與-u 兩類，四縣與海陸有差異的部分反映在古知、章二組聲母之中。照區域方言對應原則的趨同變化，狹義的四海應趨同於優勢海陸的-iu 韻才是，但卻不然，四海仍為-u 韻，不受當地海陸的影響而產生變化，反而這組字群在新屋海陸具有-u 與-iu 的變體競爭，當地四縣、海陸似乎傾向朝-u 合流，且與古流攝非知、章聲母的其他-iu 韻形成對立〔註33〕。如字群：

―――――――――――

〔註33〕　當地海陸除了讀成已變（-u）的現象之外，仍有部分人士呈現混讀兩可（-u~-iu）或未變（-iu）的現象。這組字群的變化一反其他四海話的例子，可能非由當地強勢腔主導而形成-u，此時，當地海陸腔所產生的變化較有可能以系統音理的變化為主，並強於與四縣的接觸變化。四海話的音韻變化因區域而異，若區域中的四

（37）

四縣	海陸	四海	古音來歷	演變因素	字　群
-u	-iu	-u	流攝	尤韻開三知三章組	晝、抽、丑、周、州、洲、臭、收、手、首、守、獸、受、壽、授

此外，比較古流攝侯韻開口一等字群，這組韻母在海陸、四縣均讀成-eu，因此在四海亦讀成-eu，無其他變體，也就是說古流攝的字群在四縣或海陸中分兩條路線在走，一為四縣與海陸對應上具有差異性的趨同變化（如上表），另一的對應關係不具有差異性，因而無所謂變化。後者如下所示，並比較與效攝的語音變化：

（38）

四縣	海陸	四海	古音來歷	演變因素	字　群
-eu	-eu	-eu	流攝	侯韻開一	某、牡、偷、頭、投、走、豆、漏、奏、湊、勾、構、溝、狗、後、候、歐、猴、嘔
-eu	-au	-eu~-au	效攝	知三章組	朝、超、潮、召、招、照、燒、少、紹

我們可以看到，古音來歷不同的韻攝，在共時方言中產生了分合，中古效攝在四縣為-eu，四海產生了變體-au，但同為-eu韻的字群在中古為流攝的，卻不產生相同的變體。或說，原有差異的效、流二攝反映在海陸為分化的狀態，反映在四縣為合流的狀態，但反映在四海則又趨向於分化，這種分化→合流→分化的演變，可以確定的是，它並非直接透過語音內部演變而來，方言接觸才是主因。

因此，語言的變遷當以今音的方言對應為原則，並配合古音的來源因素，當更能看出其中的淵源。

（四）唇音合口韻母反映的假象回流演變

同樣的，唇音聲母後的-ui 韻發展：$ui_1 \to i_2$ 成為較早的四縣、$ui_1 \to ui_2$ 成為較早的海陸，而後海陸的 ui_2 進入四縣的 i_2 成為今之四海話：ui_3/i_3 共存於同一平面系統之中，甚至 ui_2 已經完全取代了 i_2 成 ui_3。從古音角度來看，唇音後的合口-u 為較古形式，之後-u 消失成為四縣的音韻特色。反映在四海-i→-ui 的變

縣較優勢時，則海陸的聲韻變化通常會朝向四縣靠攏，而成狹義的海四腔，此時，這組字群的變化或為-iu 向-u 靠攏，外部的接觸變化應強於內部的音理變化，但仍需以系統音系的整體格局為考量。

化，表面上看似爲回流演變，但其實只是一種回流演變的假象，因爲這並非音韻內部單純的自然現象，主要是透過方言接觸的另一方言影響進來的。如字群：

（39）

四縣	海陸	四海	古音來歷	演變因素	字　群
-i	-ui	-ui	蟹攝	合一	杯、輩、會會話、匯、回
			止攝	合三	委、爲、位、唯、非、飛文、痱、妃、肥、尾、微、味、威、違、圍、偉、慰、胃、謂、彙

（五）聲調的錯落演變

以四縣聲調爲主的四海話，在聲調部分並無產生系統性的變化，顯示聲調爲較穩固的成分。又四縣話爲偶數的六個聲調，海陸話爲奇數的七個聲調，系統上四縣爲對稱性，海陸爲不對稱性。當四、海交會區的這兩種方言接觸頻繁並相互感染時，聲調不對稱的系統就容易趨同於聲調對稱的系統，尤其這兩種方言的六種調類與調值都呈現對應關係，海陸多出的第七調便容易轉變成對應於四縣當中的調類，即海陸陽去調 [33] 與陰去調 [11] 對應於四縣均爲去聲 [55]，且海陸 [33] 與 [11] 兩者的調值在語流中也較接近。海陸陽去調的不穩定性在各區域中，似乎有類同的發展。〔註34〕

（六）詞彙系統的消長

詞彙系統實含語法層面，但因本文語法的調查並不夠全面，因此這部分的討論將以詞爲主。若說音韻的演變是以語音或音類爲主要單位，那麼詞彙演變的主要單位應是以整個詞的語意爲單位，故而也不排除有合璧詞的出現（亦即詞彙 AAA+BBB→AAB 或 ABB 等）。

若單以詞彙或語法來看，四縣話原有的詞彙，在四海話中有的已完全消失，有的仍在疊置競爭中，消失的部分可透過其他較保守地區的四縣（苗栗四縣）、海陸（新竹海陸）比較而得知。詞彙系統的演變類同於音韻系統的演變，此或更可看出上述整體格局的音韻變化，大體上，接觸的力量大於內部變化的力量。如下所示：

〔註34〕　海陸的陽去調值 [33] 容易與陰去調值 [11] 相混，相關論述參見賴文英（2004a、2005b）。

（40）

華語義	明天	筷子	茄子	蘿蔔	（累）	餓	倒茶
四　縣	天光日	筷仔	吊菜	蘿蔔仔	kʰioi⁵⁵	飢	斟茶
海　陸	韶早	箸	茄仔	菜頭	tʰiam²⁴	枵	淳茶
四　海	天光日/韶早	筷仔/箸仔	吊菜/茄仔	菜頭	tʰiam³¹	枵	淳茶

華語義	下雨	花生	粥	添飯	話	飯	我的〔註35〕
四　縣	落雨	番豆	粥	添飯	fa⁵⁵	fan⁵⁵	ŋa²⁴
海　陸	落水	地豆	糜	裝飯	voi⁵³	pʰon³³	ŋai⁵⁵
四　海	落水	地豆	糜	裝飯	fa⁵⁵/voi²⁴	fan⁵⁵/pʰon⁵⁵	ŋa²⁴/⁵⁵ ŋai²⁴/⁵⁵

華語義	洗澡間	韭菜	鼻子	耳朵	柿	含羞草	和,把,將〔註36〕
四　縣	浴堂	快菜	鼻公	耳公	tsʰi⁵⁵	見笑花	同
海　陸	洗身間	韭菜	鼻孔	耳孔	kʰi⁵⁵	詐死草	摎
四　海	洗身間	韭菜	鼻孔	耳孔	kʰi⁵⁵	見笑花/詐死草	摎/同/將

華語義	口水	燒香	湯圓	南瓜	身體
四　縣	口瀾	點香	惜圓/雪圓	番瓜	圓身
海　陸	口水	燒香	粄圓	黃瓠	蕪身
四　海	口水/口瀾	燒香	粄圓	黃瓠	蕪身

　　在歷時的演變過程中，海陸、四縣的音韻、詞彙系統，部分各朝不同的方向分化，分化後的語言在某一時某一地又再度相遇時，便產生混讀現象而成疊置式的音變與詞變。在接觸初期，兩種方言並存，之後互動並互競，大體上，整個語音、詞彙系統在互動的過程中，優勢方言主導演變的方向，但也不應排除內部音系所造成的互協變化。

〔註35〕　四海的 ŋai²⁴ 可能是受到區域方言自身的變化而類推形成的，因為當地四縣與海陸第一人稱的領格變化，均傾向於朝 ŋai²⁴ 而變。

〔註36〕　四海話的「將」，在客語帶有「順便」之意，如：「將碗續洗洗 a le」（順便把碗洗一洗），但此字扮演的功能卻逐漸朝「同」或「摎」合流，如：「將這東西抨忒」（把這東西丟掉），句意上等同於：「同（摎）這東西抨忒」。但在大部分的情形之下，「將」仍帶有「順便」之意。

（七）小稱的接觸疊置

由於四縣與海陸兩種方言音系之間的對應關係相同者爲多，使得其中對應具有差異的部分就更容易在接觸之中相互感染而趨同。以音系而言，區域中較優勢的方言總是容易影響較弱勢的方言，包括聲、韻、調、詞彙、語法、小稱詞等不同規模的影響。

新屋客語後綴式小稱詞其中的兩種類型爲：四縣小稱「e³¹」與海陸小稱「ə⁵⁵」，兩者的語音不相同，所屬的調類也不相同（四縣爲上聲、海陸爲陽平），但是當這兩股小稱力量感染之後，部分會相互調和，以取得和諧性，例如，四縣小稱詞原本可作用在所有的調類之後，當外來的海陸小稱詞進入時，四縣保有內部的小稱規律，可作用在所有的調類之後，且仍維持四縣聲調，但語音形式轉換成海陸的小稱，並與原有的語音形式形成疊置兼用的變體，此爲狹義四海話的小稱現象；相對的，海陸後綴式小稱詞，或可不作用在高平與升調的詞根之後，當外來的四縣小稱詞進入時，部分會朝四縣規律靠攏，並類推泛化作用在所有調類之後，此時仍維持海陸的聲調，但語音形式可爲四縣的小稱，並與原有的語音形式形成疊置兼用的變體，此爲狹義海四話的小稱現象。無論是四海向海陸趨同或海四向四縣趨同的小稱變化，在目前均尚未形成普遍性，規律與例詞如下所示：

（41）新屋客語後綴式小稱詞的接觸疊置規律

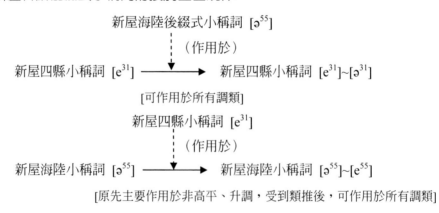

（42）新屋小稱詞的接觸疊置舉例

新屋海陸	新屋四縣
鵝仔 ŋo⁵⁵ e⁵⁵~ŋo⁵⁵	銃仔 tʃʰuŋ⁵⁵ ə³¹~ tʃʰuŋ⁵⁵ ŋe³¹
魚仔 ŋ⁵⁵ e⁵⁵~ŋ⁵⁵	鳥仔 tiau²⁴ ə³¹~ tiau²⁴ e³¹

塞仔 tsʰet⁵ᐬ² le⁵⁵~tsʰet⁵ᐬ² ə⁵⁵　　　　包仔 pau²⁴ ə³¹~ pau²⁴ e³¹

店仔 tiam¹¹ me⁵⁵~tiam¹¹ mə⁵⁵　　　　葉仔 ʒiap⁵ ə³¹~ʒiap⁵ be³¹

　　上例中，變體前項爲外來成分，後者則爲方音系統自有的，兩者形成疊置。不過，大部分的小稱詞仍具有各自的演變方向，而不同於前述六點系統性的變化規律與方向，因而新屋客語小稱形成的趨同變化無法以區域方言中的對應原則來解釋，如，四縣（四海）仍以「e³¹」爲主要而較不容易趨同於海陸，海陸則趨向於疊韻型或變調型小稱而非趨同於四縣，是故兩者小稱的語音形式均非傾向趨同於區域中的另一方言，較之前述六點音韻或詞彙的變化，爲不一致性的演變發展。本文認爲小稱的發展較容易脫離音系、詞彙、語法系統的格局，且新屋海陸小稱特殊的音韻變化較有可能爲區域方言內形成的自然趨勢，同時與音理、語流變化有關。只是新屋這個區域爲什麼有如此的能力來形成潮流性的發展？較其他區域而言，如新竹海陸腔，在相同條件的語音環境之下，小稱卻有著不同的演變速度與方向。對此，我們將於三、四章分別從共時與歷時層面來探討。

　　四海話音系、詞彙系統的變化，原則上是依方言間的對應原則而產生趨同變化。然而，對於新屋四縣、海陸的小稱系統卻不循對應原則而趨同變化，說明新屋四縣、海陸的小稱系統另有演變的趨勢。

2.5 本章小結與縱橫層次的互協

　　語言的演變有其同質性（homogeneous），亦有其異質性（heterogeneous），在異質性的方言變體當中，我們仍可導出有序異質（orderly heterogeneous）的結構。（參見 Labov 1984、1994）

　　本章先從 2.1 節提出四個原則對廣義的四海話做一定義，以此可區分狹義四海與海四話的類型定義，另外從結構、成分之間的關係來說明四縣、海陸接觸之後成分變動的情形。之後 2.2 節對新屋海陸、四縣的音系描述，大致瞭解新屋海陸、四縣的音韻系統，並在 2.3 節新屋四縣、海陸與苗栗四縣、新竹海陸的音韻系統比較當中，突顯出新屋四海話的語音特點，其特點在於融合海陸與四縣的聲、韻，並形成不同的變體；另從優選的觀點對目前臺灣四海話的研究，說明其異同性及其共同的制約層級，認爲「聲調」無論在廣義的四海話或

狹義的四海、海四話當中，均扮演最高層級的制約。對具有雙聲帶的土人感來說，四縣的聲調或海陸的聲調都是他們最固有的成分，均置於最高層級的制約，此亦符合四海話的定義中的土人感原則。2.4節主要從古音來歷與今音對應來看四縣與海陸接觸時的縱聚合關係，分別從古音來歷的聲、韻、調以及詞彙系統、小稱系統來分析四海話的形成與演變，其中，各項古音來歷多半朝共同方向而演變，但也可以是反向演變，大致上，古音來歷相同的某組字群均朝共同方向而變。

整體來看，新屋海陸相較於四縣處於優勢的主導地位，四縣與海陸對應相異的聲韻、詞彙，四縣大都朝海陸而變，但非完全包舉式，因為仍有少數音類不如此變，故而這是一種批次的對應擴散關係，這種擴散有時會雙向或反向進行，但仍以區域中的優勢語為趨同變化的目標語（target language），「批次」的內容則由古音來歷來主導。至於「批次」的性質從某一角度來說，則與「詞彙擴散」（lexical diffusion）的主張有關，亦即音變是透過詞彙來完成的。（Wang 1969、1979、1991）只是詞彙的來源還可區分成不同的系列（詞群）。除了接觸干擾引發的趨同變化之外，也不能忽略區域方言中，系統內部音理變化與接觸競爭的互協性。另外，對於小稱系統的不協調變化則必須從不同的角度來理解。

本章從語言接觸與語音演變的層次問題來探討語言演變過程中，方言變體的產生與不同變體的發展階段。也就是說，語言先在歷時當中，或因內部音變而使得某一系列的詞往不同的方向分化，分化後的方言之後在共時平面再度相遇時，分化的部分就形成方言間對應上的差異，加上語言內部有其自身的語音演變力量，由外部力量主導，在內、外因素的互動之下，導致方言系統中產生不同的變體。在本文，我們可看到方言變體的豐富性，這正是混合方言的特色之一，從 Labov（1984、1994）、Trudgill（1986）等人共時的研究當中，即如是主張。臺灣客語四海話正是因方言接觸而產生的一種中間帶的混合語，主要形成在四縣腔和海陸腔交會的地區，類似的語言現象隨著時間的演進與地理空間的變動，在長期的語言變遷中，我們很容易混淆歷時語音層次的內部演變與因語言接觸而產生的外部層次變動，以及由內、外層次共同造成的互協變化。當然，這種共時變異的橫向感染與歷時演變的縱向演變具有某種因果關係：由今音對應原則導致了一系列的詞均往相同的方向演變，而古音來歷在方言中的

分化卻是引發演變的間接因素。以下，我們便可將本章探討的語言接觸、語音演變、層次三者的縱聚合關係，整理如下：

（43）四海話縱橫層次的互協〔註37〕

y 軸：古音來歷〔註38〕（音類歷時分化成不同的方音）

	海陸話	四縣話	四海話〔註39〕
知三章組三等	tʃ-、tʃʰ-、ʃ-	ts-、tsʰ-、s-	ts-tʃ-、tsʰ-~tʃʰ-、s-~ʃ-
以云影日母	ʒ-	ø-	ʒ-~z-~ø-
止深臻曾梗攝	-i（P/N）	-i（P/N）	-i（P/N）~-i（P/N）
			[P 表入聲尾，N 表鼻音尾，（）表可有可無]
效攝	-au/-iau	-eu/-ieu	-iau~-ieu~eu
蟹攝開二	-ai	-ie	-ie~-e~-ai
山攝	-an	-ien[ian]	-an~-ien~-en
蟹攝合一止攝合三	-ui	-i	-ui
聲調	7 個聲調	6 個聲調	6 個聲調
詞彙系統	X 語義 B 詞	X 語義 A 詞	X 語義 A~B 詞
語法系統	C 語法	D 語法	C~D 語法

x 軸：今音對應（方音共時對應上的差異）

　　可以理解的是，原先屬於不同時代、不同地域的層次類型，隨著時、空的交錯變動，由此疊積了不同的層次類型於同一方言之中。

　　本文討論的四海話為同一客方言之下的四縣與海陸的交會情形，不管是漢語方言之間（如，閩、客語）或同一方言的各次方言間（如本文所舉），彼此的對應關係多為整齊且具系統性。令筆者好奇的是，若二語非屬同一語系（如，漢語方言與非漢語方言，亦或臺灣客語與原住民語，以及臺灣閩南語與原住民語等之間的接觸關係），當彼此接觸深遠時，會引發什麼樣的格局變動？顯示這個領域在未來應仍有很大的研究空間。

〔註37〕　因小稱系統普遍的演變趨勢不同於古音來歷與今音對應的縱聚合演變，故暫不列入表中。

〔註38〕　圖示的古音來歷只列出大類，是故列舉出的古音來歷並非全可套用，其中牽涉到更細部的制約因素，這部分參見文中各表所示的「演變因素」。

〔註39〕　大體上，可含新屋地區廣義的四海話現象。

第三章　新屋海陸腔小稱詞的共時層面分析

　　共時層面的小稱分析，是希望從各式變體當中，找出小稱音變的可能苗頭或殘餘現象，以及變體與變體中間不同變體的過程性。本章顯現的一個問題在於各式小稱變體中，存在後綴式的 [ə⁵⁵] 與疊韻型的 [VC⁵⁵]，兩者之間的關連爲何？是直線形的音變模式亦或是外來因素的影響變化？若是前者，我們便必須找出中間可能的過渡階段以符合音理上的變化；若是後者，我們便必須說明 [VC⁵⁵] 除了音理方面及其他層面的生成原因。豐富變體的呈現，往往也是某種音變的表徵，故而本章從共時層面先呈現各式小稱音變的可能變體，並初步推估可能的音變關係或競爭關係。方法上，著重在 PRAAT 聲學方面的語音分析，以及韻律構詞方面的詮釋。本章共分三節，架構如下：3.1 小稱的語音形式與類型；3.2 構詞與小稱音韻的變遷；3.3 本章小結與問題的未決。

3.1　小稱的語音形式與類型

　　新竹海陸客語的小稱詞，較一致的爲單音節後綴式 [ə⁵⁵]，但同爲海陸腔且地緣鄰近的桃園新屋地區，小稱詞的語音形式則具多樣貌。本節擬從 3.1.1 節先瞭解小稱的定義；3.1.2 節瞭解新屋海陸腔小稱詞的各式語音形式與類型；3.1.3 節則從 PRAAT 的聲學分析呈現各式小稱的語音性質及樣貌，及各種過渡音或中間變體的可能發展，以爲後文討論的輔助說明，同時做爲定出合適小稱音位的參考。

3.1.1 小稱的定義

　　本文參照平田昌司（1983）、連金發（1998）、曹逢甫（2006）等人對小稱的看法，從小稱的語意演變、詞法功能兩方面，將本文的「小稱」（diminutive）界定如下：（以下的界定大致上也符合漢語方言或世界語言小稱詞的基本定義）〔註1〕

1）小稱的語意演變，基本上是由帶有「小」意的「兒子」演變成「指小」，之後再演變成「純形態」的語法範疇，這部分以閩南語的「囝」〔註2〕→「仔」為典型，如「囝」（兒子）、「豬仔」（豬）、「豬仔囝」（小豬）。小稱的語意通常具有如下的演變過程（參見曹逢甫2006）──A：兒子、女兒→B：動物的後代→C：植物細株→D1：細小物體、D2：親屬稱謂（尤指晚輩或年輕者）、D3：身體部位與器官→E1：帶感情色彩（昵稱、蔑稱等）、E2：特指（對照組中之小者，如房子中之冥房）、E3：專指（一類事物中之小者，如小豆專指黃豆）、E4：名物化標誌、E5：表輕微弱小之形容詞、副詞或動詞，尤其是其中牽涉到重疊詞者。〔註3〕小稱隨著語言普遍的發展，詞的本身不見得仍具有「兒子、女兒」的意義，不過，卻大多能構成「兒子」或「女兒」的後綴成分，如客語「倈仔」（兒子）、「妹仔」（女兒）。

2）小稱在詞法方面，或具有辨意作用，如客語「阿舅仔」（小舅子），「阿舅」（舅舅），兩者在輩份上指涉不同；或具有轉換詞類的功能，如「釘仔」（釘子，為名詞），「釘」（釘，為動詞）；亦或為純造詞功能，如「凳仔」（椅子）、「雞仔」（雞），以純造詞功能來看，其構詞能力很強；此外，小稱也可為重疊詞的後綴成分，如「輕輕仔」（輕輕的）、「略略仔」（稍微的）。

3）當小稱仍帶有表小意時，通常會有相對的指大詞或通稱詞，如客語「阿舅」相較於「阿舅仔」為指大詞；而當小稱不具表小意時，通常會有相

〔註1〕世界各語小稱語意的普遍發展，參見 Jurafsky（1996）。

〔註2〕閩南語「仔」的本字經考證為「囝」。相關研究參見連金發（1998），曹逢甫、劉秀雪（2001）。

〔註3〕客語相關例參見4.1。

對的指小詞，如「凳仔」（椅子）與「細凳仔」（小椅子）、「凳子」（小小椅子），或「遮仔」（雨傘）與「細遮仔」（小雨傘）、「遮子」（小小雨傘），亦或另有相對的指大詞，如「大凳仔」（大椅子）、「大遮仔」（大雨傘）。〔註4〕

雖然漢語方言的小稱詞，語音、形態、意義上或多有所差異，但大致具有上述三點特色，且多數漢語方言的「小稱詞」，在大部分的詞彙當中已不具「小稱」意，但仍統一以「小稱詞」稱之。

四縣客語〔註5〕的小稱詞爲 $[e^{31}]$，屬上聲調，海陸客語則爲 $[ə^{55}]$，屬陽平調，二者均爲成熟的後綴，用字方面，多以「仔」爲其訓讀字，其本字爲何或有無本字，仍有待考察。

3.1.2 小稱的語音形式與類型

爲了顧及音變可能的來源，並兼顧到各類變體產生的可能性，本節不採音位化的觀點來歸類小稱。新屋海陸腔小稱詞的語音形式，兼具新竹海陸的ə、苗栗四縣的 e，以及不同形式的疊韻型與變調型小稱等等。其中，疊韻型小稱另包括自成音節的鼻、邊音，變調型小稱則包括升調、高調、促化式（中塞式）、舒化式（特高升調）、元音延展等等。在多樣性的變體當中，小稱的共同特徵爲具有高調的徵性。以下分三種類型來介紹：3.1.2.1 疊韻型；3.1.2.2 變調型；3.1.2.3 單音節後綴型。各類之下或再分小類。

3.1.2.1 疊韻型

疊韻型小稱，主要是以疊韻的方式構成詞幹的後加成分以表小稱，疊韻的範圍主要是最末詞根的主要元音加上韻尾（相當於韻基）。小稱爲自成音節的鼻、邊音時，也歸在疊韻型之下，其出現的環境具有語音條件的限制，即詞根韻尾爲鼻音時，則小稱音容易隨詞根韻尾而自成音節鼻音：m̩、n̩、ŋ̍，若詞根韻尾爲舌尖入聲韻-t 時，則小稱音容易隨詞根韻尾而成同部位的成音節邊音：l̩。因鼻音響度較大，容易自成音節；輔塞音響度較小，不會自成音節，但-t 卻有能力轉換

〔註4〕同具表小作用的「細」（小）與「子」（子），於第四章討論。

〔註5〕本文提及四縣、海陸時，除特別指稱外，分別指稱臺灣客語通行腔的苗栗四縣與新竹海陸。

成同部位具有響度的成音節邊音。舉例如下：（以下分別以韻基爲單元音、雙元音、鼻音韻尾、入聲韻尾等四類來舉例，另列舉成音節鼻、邊音）〔註6〕

車仔	tʃʰa⁵³ a⁵⁵ （車子）
布仔	pu¹¹ u⁵⁵ （布）
倈仔	lai³³ ai⁵⁵ （兒子）
包仔	pau⁵³ au⁵⁵ （包子）
凳仔	ten¹¹ en⁵⁵ （椅子）
釘仔	taŋ⁵³ aŋ⁵⁵ （釘子）
鐵仔	tʰiet⁵˙² et⁵ （鐵）
藥仔	ʒiok² ok⁵ （藥）
凳仔	ten¹¹ n̩⁵⁵ （椅子）
日仔	ŋit⁵˙² l̩⁵⁵ （日子）

　　疊韻型當中，若小稱詞略去則意義不同，〔註7〕如「車」、「包」、「釘」爲動詞，「布」、「倈」、「凳」、「藥」則純爲單字，不具意義。韻基爲雙韻者，主要元音容易弱化，如「包仔」[pau⁵³ au⁵⁵]→[pau⁵³ əu⁵⁵]。

　　詞根後接小稱詞時，應尊循海陸腔的連讀變調規則，這部分以陰入變調爲主，如「日」[ŋit⁵] 的單字調爲高入，後接小稱詞時則爲「日仔」「ŋit⁵˙² it⁵」；但高入調的詞亦可不接小稱詞，〔註8〕此時詞根仍保持高調（亦爲本調），同時亦爲有意義的詞彙，如「鐵」[tʰiet⁵] 等同於 [tʰiet⁵˙² et⁵]（鐵）；詞根爲低入時，則不會形成與「鐵」等同的小稱調，如「藥」通常不構成有意義的詞，具有小稱詞的「藥仔」才是有意義的詞。

　　在新屋海陸腔的小稱類型當中，疊韻是較爲複雜的後綴構詞方式，因爲小稱音會隨詞根韻母的形式而改變。新屋海陸有 62 個基本韻母（不含小稱韻），除合唇的鼻音與入聲韻不容易在語流當中產生等同的疊韻之外，轄字太少的也不容易產生疊韻型小稱，如「ue、ioi、ion、iun、uen、uan、uaŋ、iuŋ、ot、iot、

〔註6〕以下變體均有可能出自同一發音人的相同語體之中。

〔註7〕少數陰入字，如「鐵仔」＝「鐵」爲例外，於後文説明。

〔註8〕詞根爲高入調時，可不接小稱詞而形成有意義的詞，這部分佔少數，大部分仍以後接小稱詞爲主。這和後文（4.2 節）提及在某些詞中，若單字調爲高調時本身即帶有小稱音的主張有關。

uet、uat、iut、iuk、m̩、n̩、ŋ̍」，其他韻則可以衍生出一至數個不等的疊韻型小
稱變體。如下所示：（左邊是本韻，右邊是小稱韻）

i→i 獅仔（獅子）	i→i 鋸仔（鋸子）	e→e 艾仔（艾草）
a→a 車仔（車子）	o→o 梳仔（梳子）	u→u 豬仔（豬）
ui→i 杯仔（杯子）	ia→a 竹祛仔（趕雞的竹子）	
io→o 靴仔（靴子）	iu→u 柚仔（柚子）	ai→ai 雞仔（雞）
ua→a 瓜仔（瓜）	eu→əu 豆仔（豆子）	uai→ai 蛙仔（青蛙）
au→au~əu 包仔（包子）	iau→au~əu 腰仔（腎）	oi→oi~i 妹仔（女兒）
im→m̩ 金仔（金子）	in→n̩~ən 印仔（印章）	
aŋ→ŋ̍~əŋ~aŋ 釘仔（釘子）	em→m̩ 蔘仔（蔘）	
en→n̩~ən~en 凳仔（椅子）	iaŋ→ŋ̍~əŋ~aŋ 令仔（謎語）	
am→m̩ 柑仔（橘子）	ien→n̩~ən~en 毛辮仔（辮子）	
oŋ→ŋ̍~əŋ~oŋ 戇仔（傻子）	iam→m̩ 漸漸仔（漸漸地）	
an→n̩~an~ən 蜆仔（蛤蜊）	ioŋ→ŋ̍~əŋ~oŋ 秧仔（秧苗）	
uŋ→ŋ̍~əŋ~uŋ 蜂仔（蜜蜂）	on→n̩~ən~on 罐仔（罐子）	
un→n̩~ən~un 孫仔（孫子）		
it→l̩~it~ət 日仔（日子）	ak→ak~ək 蕒仔（萵苣）	
et→l̩~et~ət 蟲仔（蟲子/曾孫）	iak→ak~ək 蝶仔（蝴蝶）	
iet→l̩~et~ət 鐵仔（鐵）	ok→ok~ək 壁角仔（牆角）	
iok→ok~ək 藥仔（藥）	at→l̩~at~ət 芭仔（芭樂）	
uk→uk~ək 矮屋仔（矮房子）	ut→l̩~ut~ət 水窟仔（小水灘/小水池）	

3.1.2.2 變調型

變調型小稱，主要是詞根與後綴式小稱音節節縮而導致小稱變調，又分為
升調、本調高調、促化式--中塞式、舒化式--特高升調、元音延展等五類。

升調，基本上會出現在詞根基本調非高平、升調之後，亦即詞根基本調為
陰平、陰去、陽去、陰入、陽入時，小稱調顯示在詞根之末，為尾音拉高型的
小稱變調。舉例如下：

單字調　　　　　　　　　小稱變調 〔註9〕
陰平　梳 so⁵³　　　　　　梳仔 so⁵³⁵（梳子）

〔註9〕本章在小稱調值的標示尚未調位化。

陰去	凳 ten^{11}	凳$_{仔}$ ten^{15}（椅子）	
陽去	帽 mo^{33}	帽$_{仔}$ mo^{35}（帽子）	
陰入	鐵 t^{h}iet^5	鐵$_{仔}$ t^{h}iet$\underline{^{25}}$（鐵）	
陽入	藥 ʒiok^2	藥$_{仔}$ ʒiok$\underline{^{25}}$（藥）	

本調高調，也可屬於升調這一類型，但因兩者性質不同，故分開說明。此小類含括基本調為高調的陽平、上聲及陰入調，因其調值為高或升調，推測其表層已帶有小稱，但不見後綴式的小稱詞形，是因小稱調已節縮至基本調當中。但詞根為陰入（高入）時，多數詞後面允許帶有單音節後綴式的小稱詞，此時循海陸腔的連讀變調規則並節縮成單一音節的表層升調形式（如上例的小稱變調「鐵$_{仔}$」）。若陰入字不帶後綴式的小稱詞形時，則詞根仍維持基本調高調。〔註10〕（如下例的「鐵」，但此類詞佔少數）舉例如下：

單字調   **小稱變調**

單字調	小稱變調
鵝 ŋo^{55}	鵝 $_{(仔)}$ ŋo^{55}（鵝）
羊 ʒioŋ^{55}	羊 $_{(仔)}$ ʒioŋ^{55}（羊）
狗 keu^{24}	狗 $_{(仔)}$ keu^{24}（狗）
蛙 kuai^{24}	蛙 $_{(仔)}$ kuai^{24}（青蛙）
鐵 t^{h}iet^5	鐵 $_{(仔)}$ t^{h}iet^5（鐵）

促化式——中塞式，亦屬於某種疊韻形式，只不過疊韻的部分出現在詞根之中，且詞根的韻被具有類似於滑音性質的喉塞音阻隔成兩半，〔註11〕成為比入聲韻稍長的長音節形式。促化式——中塞式的小稱類型，較容易出現在詞根為入聲韻的詞，此或因入聲韻的徵性即具有阻塞作用，當後接具有響音性質的小稱音時，語流中便容易促使詞根的入聲韻先弱化成滑音性質的阻塞音，原先的入聲韻尾則滯後，並與帶有小稱性質的高調同時出現，詞根音節因而經過重整。除了入聲韻之外，舒聲韻也可能形成中塞式的小稱音，如「妹」→「妹$_{仔}$」（參見後文 3.1.3 節的聲學分析），因小稱音通常為高調或特高升調，語流中，當詞根基本調從非高調過渡到小稱高調時，轉折處容易因銜接不上而形成中塞

〔註10〕 於第四章，我們會再針對基本調為高、升調的詞根，表層帶有小稱音的假設做進一步的論證。

〔註11〕 本文所指滑音性質的阻隔音，其聲學性質有待檢驗，本文均以喉塞音「ʔ」表示緊喉作用的阻隔音。

式。〔註12〕今將詞根為舒聲韻、入聲韻的中塞式小稱變調舉例如下：〔註13〕（其中，高入字先經過了高入變調成低入，而後形成中塞式小稱音）

單字調	小稱變調
妹 moi[11]	妹仔 moi[11]ʔoi[5]（女兒）
藥 ʒiok[2]	藥仔 ʒio[22]ʔok[5]（藥）
竹 tʃuk[5]	竹仔 tʃu[22]ʔuk[5]（竹子）
鐵 tʰiet[5]	鐵仔 tʰie[22]ʔet[5]（鐵）

舒化式——特高升調，指的是詞根韻尾尾音急拉高的情形，例如，在詢問發音人「等」[ten[24]]與「凳仔」[ten[25]]二詞語音有何不同時，多數發音人仍能指出差異性，即後者的尾音要帶高（俗稱為「牽聲」）。此類小稱變調較常出現在詞根本調為低平（陰去）或中平（陽去）的詞彙當中，這一部分我們將配合下一節的實驗語音進一步驗證。舉例如下：

單字調	小稱變調
凳 ten[11]	凳仔 ten↗（椅子）
帽 mo[33]	帽仔 mo↗（帽子）
妹婿 moi[11] se[11]	妹婿仔 moi[11] se↗（女婿，具輕視意；或為妹婿，表愛稱）
妹 moi[11]	妹仔 moi↗（女兒）

元音延展，指的是詞根的主要元音展延並造成長音節，與促化式--中塞式的

〔註12〕　非正常雙音節中，從非高到高的音高變化中，容易在音高的轉折處產生銜接上的落差，而形成阻隔音。類似的語音現象也出現在不同方言點的語音描述，如浙江黃岩話「陽上調降的很低或者下降後立即上升，使得噪音在音節當中消失成喉塞」、江蘇省連雲港市方言「陽平先降後升，音節中間喉頭明顯緊縮，嚴格說當中有喉塞音[ʔ]」、江西吉安縣文陂話「去聲調中間有間隔，短暫的間隔把一個聲調分為兩段，前段低降帶喉塞尾[ʔ]，後段低升；前段重而促，後段短而輕」，亦或後綴成分變化而形成的阻隔音，如江西余贛縣城話「入聲韻在發了塞音尾之後，有一個短暫的間隔，然後有一個同部位的鼻音，……，由於有短暫間隔，就把入聲韻母分隔為兩段，前後兩段都各有調值」（參見庄初升 2004：242）。

〔註13〕　在某一層面來說，「竹」可為文讀音，「竹仔」可為白讀音。另，當「妹仔」語意為「女兒」時，「妹」不能為文讀音，其文讀音的形態仍為「妹仔」，「仔」的語音形式則多以 [ə[55]] 標示。不過不能據此分文白讀，因相同語體中出現的詞彙大多可兼用不同形式的小稱變體。

差別只在於後者的詞根韻中具有滑音性質的阻隔音，元音延展則無。舉例如下：

單字調	小稱變調
梳 so⁵³	梳仔 so-o⁵³⁵（梳子）
妹 moi¹¹	妹仔 mo-oi¹¹⁵（女兒）
柑 kam⁵³	柑仔 ka-am⁵³⁵（橘子）
凳 ten¹¹	凳仔 te-en¹¹⁵（椅子）
藥 ʒiok²	藥仔 ʒio-ok²⁵（藥）

當入聲韻為-p 或鼻音韻尾為-m 時，不容易產生等同的疊韻形式（即不容易重疊詞根的 VC 部分而形成後綴小稱），音理上，因發音的省力原則，口腔唇形無法及時做閉→開→閉的費時動作，故詞根為合唇入聲尾時，易弱化成喉塞音 -ʔ，以方便接下來的小稱音能及時發出，但-p 尾並不消失，而是出現在音節經過重新分析的詞根之末，此時喉塞音成為小稱詞當中的滑音（glide）性質，為詞根與小稱詞節縮成單一音節前中間的轉折階段。只是，喉塞音在音節當中應歸為詞根第一音節之韻尾或詞根第二音節之韻頭則是兩可性的，如「葉仔」（葉子）可為 [ʒiaʔ²²ap⁵] 或 [ʒia²²ʔap⁵]，甚至也有可能同時歸屬於前或後：[ʒiaʔ²²ʔap⁵]，由於語流之中語音的不穩定性，實不容易靠聽感或聲學來斷定唯一的音值。不過，當雙音節節縮成長音節時，參考「韻頭優先原則」（onset first principle）（參見謝國平 2000：133-134），我們將喉塞音以較一致的方法暫時歸為韻頭，故本文統一以後者 [ʒia²²ʔap⁵] 標示之。若詞根為雙唇鼻音韻尾時，則容易與小稱音節縮成單一音節，並使雙唇鼻音韻尾延展，如「柑仔」[kam⁵³⁵⁵]，亦或詞根的主要元音延展，如「柑仔」「ka-am⁵³⁵」。〔註 14〕

3.1.2.3 單音節後綴型

單音節後綴型，〔註 15〕 主要有央元音式、四縣音式兩種。四縣音式 [e⁵⁵]，

〔註 14〕 韻尾若為合唇輔音-p 或-m 時，不會產生等同的疊韻型小稱（即重複詞根韻的 VC 部分），從音理來看，這和鍾榮富（2001：116-117）主張客家方言中普遍具有「唇音異化」的原則，道理似乎相通。但以平行性演變的角度來看，-m、-n、-ŋ 均容許以較「慢讀」的方式延長，-p、-t、-k 則否，說明-m、-p 的情形可能非單純的唇音異化，除了與發音部位有關外，另牽涉到韻尾的響度問題，也與語流有關。

〔註 15〕 疊韻型小稱也屬單音節後綴型小稱，但本文分別以疊韻型、單音節後綴型分指不同的類型。

明顯是受到區域中的四縣話影響而產生的，但不全面，暫不在本章討論的重點。央元音式[ə⁵⁵]是屬於當地原生亦或外來的？仍有探討的空間，對此，我們將於第四章進一步討論其來源。原則上，前述兩種都有可能出現在各種詞根韻之後成為小稱詞，只是單音節後綴型非屬當地主流的小稱語音現象，為數卻也不少。舉例如下：

單字調	小稱變調
柑 kam⁵³	柑仔 kam⁵³ ə⁵⁵（橘子）
鴨 ap⁵	鴨仔 ap⁵⁻² ə⁵⁵（鴨子）
塞 tsʰet⁵	塞仔 tsʰet⁵⁻² ə⁵⁵（塞子）
鵝 ŋo⁵⁵	鵝仔 ŋo⁵⁵ e⁵⁵（鵝）
塞 tsʰet⁵	塞仔 tsʰet⁵⁻² le⁵⁵（塞子）
店 tiam¹¹	店仔 tiam¹¹ me⁵⁵（店）

以上三類型，我們可以看出，同一小稱詞可以有不同的變體形式，而自成音節的鼻、邊音，其出現的環境較具限制。小稱變體間並無辨義作用，可是，我們卻看不出是什麼原因造成豐富的變體，變體之間的源流關係也無法得知，對此，我們將繼續追蹤。以下，我們先以語音實驗方法來進一步驗證各式小稱變體可能的連結關係。

3.1.3 小稱的 PRAAT 聲學分析

本文從 PRAAT 聲學的角度來呈現小稱韻的不同面貌。

新屋海陸腔的小稱變體，可以劃分為三大類型，分別為：疊韻型（如：□VC⁵⁵）、後綴型（如：□ ə⁵⁵）與單音節模的小稱變調（如：□ᵗ⁵）。這三類變體之間存在如下的關係：（t 表具變數的調值）

$$A：\square\ ə^{55} \quad \rightarrow \cdots\cdots \rightarrow C：\square^{t5}$$

$$B：\square\ VC^{55} \quad \rightarrow \cdots\cdots \rightarrow C：\square^{t5}$$

音理上，A 的小稱音可因語音逐漸弱化而節縮成 C；B 的疊韻型小稱也可因語音上的同化、弱化而節縮成 C。但 A 與 B 之間卻牽涉到兩個問題：（一）A、B 間的關連為何？音理上，A、B 不存在直接的演變關係，除非我們有較好的證據或語料來支持 A、B 之間具有中間的變體階段，不過 B 卻有可能因

弱化而演變成 A，若爲後者的情形，則牽涉到第二個問題；（二）A、B 在歷時來源方面，何者爲較早的語言形式？這部分與新屋海陸腔小稱詞的歷史來源有關，同時也與原鄉的來源有關，因此本章暫不對這兩個問題回答，留待第四章討論。

變體（variants）在本文扮演了某種音變的橋樑，有分析的必要性，尤其從一變體過渡到另一變體時，中間的差異或較難以「語感」一一定出音值或音位，因而借助語音實驗來分析，也爲後文先界定變體之間可能存在的分析性問題，同時也可爲小稱歷時音變的來源，提供分析上的輔證。

本小節分別從調域、疊韻、焦點、變調、中塞式、類推或殘餘等六個方面來觀察小稱音變顯現的一些問題。〔註16〕

3.1.3.1 調域

海陸腔小稱詞的調域是高還是低？一般調值多標示爲陽平 [55]，但在聲學的分析當中卻似乎呈現出「土人感」與語音實驗上的落差，小稱詞在詞根之後呈現出不同的調域。如下所示：（以下暫不區分小稱的類型爲何，均以「□仔」來表示小稱韻律詞（prosodic word））

（44）小稱詞的調域——「竹仔、妹仔」爲例

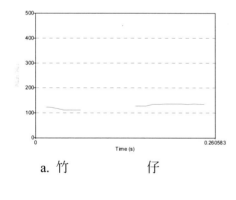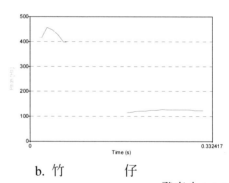

a. 竹　　　仔　　　　b. 竹　　　仔

發音人：AA65

〔註16〕　基本上，不同發音人的小稱音差異不大，且同一發音人在不同的語體當中（如詞彙詢問、句子形式、故事等），小稱音的差異也不太大，但在採例時以一語體爲主，儘量避免語流太快的情形。本節兩位發音人 AA（65）與 AA（47）均爲世居當地的海陸腔人士，且均屬當地之大姓家族。

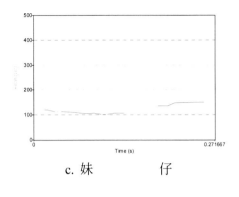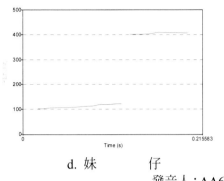

c. 妹　　　　仔　　　　　　　d. 妹　　　　仔

發音人：AA65

　　上圖顯示，同一發音人在相同的詞根當中（如「竹仔」a, b），音高有「高」、「低」不同的變化，且小稱詞「仔」的音高也呈現不同的變化，似乎有「高」（如：妹仔 d）也有「低」（如：竹仔 a, b、妹仔 c）。「竹」在聽感上，（a）變調為低入，（b）則違反音系中的變調原則（此僅少數），卻又非本字調，反而高出本字調的音高，此可比較正常雙音節詞中的後字高入調看出；而「仔」的音高應非真正的「低」，此可比較正常雙音節詞中的後字高平調看出。分別如下所示：

（45）非小稱詞的高入與高平調域──「竹、儕」為例

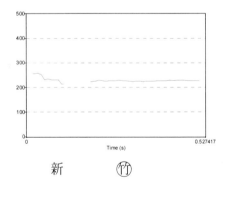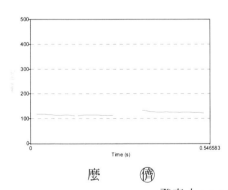

新　　　竹　　　　　　　　麼　　　儕

發音人：AA65

　　比較之下，（a, b, c）「仔」的音高，與「儕」的音高是類同的，在調位上均標注為高平調[55]。（a）的「竹」仍尊循音系的變調規則來運作，即：竹仔 [tʃuk$^{5>2}$ □^{55}]。這裡較難理解的是，（b）的詞根與（d）的小稱音高顯示為特高的情形，可能的解釋應是發音人每次發音時，每種調類有其調域，在此環境之下，音高和調域並非成正比關係，調域隨發音人的發聲而一直處於變動與調整當中，語

流中，實不容易分辨出詞根之間或小稱音高之間的落差對比。也或許我們已將小稱的音高「固化」成高調域，顯現在聲學方面，高調域的分布也會隨著每次的發聲而變動著。(b)「竹」與 (d)「仔」的音高表現較適合以特高調來表示，不過，因非屬音位性，文中除非特別說明，否則不以此標示。

若說語言是一個不斷變動的結構，那麼，同樣的，在很多情形之下，語音也是一個不斷變動的成分，我們實無法掌握語音的真實面貌，我們所能做的，只是盡量針對不同的語音現象做出合理的解釋。

3.1.3.2 疊韻

新屋海陸腔的小稱變體當中，疊韻是相當具有特色的一種小稱類型，基本上，小稱詞的語音會隨著前一音節的韻母而改變，以疊韻方式構成詞幹的後加成分以表小稱。為了能以聲學分析方法看出疊韻成分的語音特質，我們需先瞭解語音的共振峰和母音高低的關係：第一共振峰（F1）和舌位的高低成反比，亦即舌位愈高，F1 愈低；第二共振峰（F2）則和舌位的前後成正比，亦即舌位愈前 F2 愈高。此以 Catford（2001：154）測出英語八個母音的共振峰為參考，如下所示：

（46）英語母音的共振峰比較圖

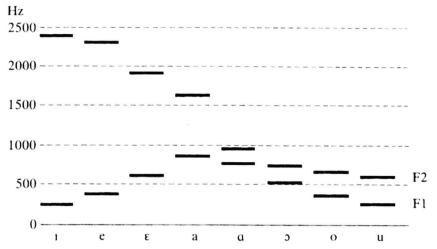

原則上，央元音 [ə] 的 F1 會較接近於 [ɔ] 的 F1，而 F2 則約介於 [a] 與 [ɑ] 二者的 F2 之間，以此原則與其他母音比較。

新屋海陸腔的後綴式小稱具有央元音性質的 [ə]，先比較 [e] 與疊韻型小稱的差異，之後再來比較新屋海陸腔小稱詞隨前一音節韻母而產生疊韻的情形。

（47）後綴型小稱[ə]與疊韻型小稱的共振峰比較

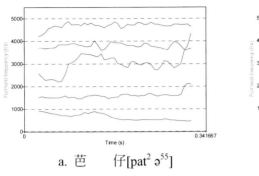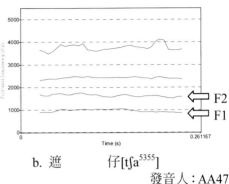

　　　a. 芭　　　仔[pat² ə⁵⁵]　　　　　b. 遮　　　　仔[tʃa⁵³⁵⁵]

發音人：AA47

　　筆者選取了詞根韻母同為母音 [a] 的韻律詞來比較：上圖（a）的小稱音為
[ə]；（b）的小稱音為 [a]。比較過後發現，二詞詞根 F1 與 F2 所在的位置與差距
是相近的，但到了小稱音的共振峰，（a）的 F1 與 F2 距離明顯的拉開，（b）則大
致維持不變，說明上圖二詞的小稱音確實存在著差異，（b）圖的小稱音基本上是
隨著前一詞根的韻母而走。以下再比較詞根分別為 [a、i、u、o] 的小稱疊韻情形：

（48）疊韻型小稱的共振峰比較──[a、i、u、o] 為例

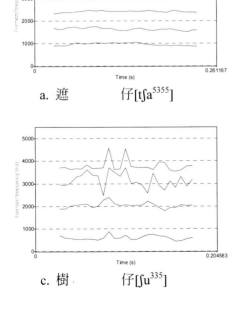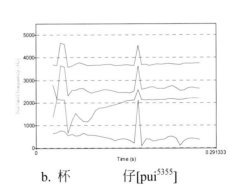

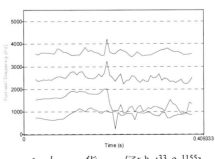

　　a. 遮　　　　仔[tʃa⁵³⁵⁵]　　　　b. 杯　　　　仔[pui⁵³⁵⁵]

　　c. 樹　　　　仔[ʃu³³⁵]　　　　　d. 大　　貨　　仔[tʰai³³ fo¹¹⁵⁵]

發音人：AA47

比較以上四圖的共振峰 F1 與 F2，詞根分別為 [a、i、u、o] 韻時，與小稱詞的連結幾乎呈平行線在走。其中，（b）小稱音 [i] 延續詞根「杯」之 [i] 韻而行，但銜接處具有轉折點；（d）的詞根「貨」韻之共振峰跨兩個階段（由寬變狹），詞根後一階段韻母的轉變現象應是為了銜接之後的小稱音，並形成 [o] 共振峰的變異，但本質上，小稱音仍延續詞根第二階段的共振峰而變化。小稱詞的疊韻現象，大體上隨前詞根韻母形式而改變，而小稱音也有可能影響到詞根韻母的變化，如 （d）「貨」韻之元音音值改變，處在不穩定的狀態，因而導致共振峰由寬變狹的變化。

3.1.3.3 焦點

此處的焦點指的是語音著重在詞根音的表達，亦或語音著重在小稱音的拉長。詞根與小稱詞緊密結合時，小稱成為一種拉高的「牽聲」，此時，音長著重在詞根還是在小稱的高調？焦點的所在與音長有所關連（但非以個別字之絕對長度差為判斷標準），因而也會牽涉小稱音位或調位在標示時的選擇性，同時顯現出小稱音的不穩定性。在此只分析焦點在詞根音與焦點在小稱音的情形。

小稱音與詞根音節的音長所佔比例約相同時，表語音著重點相同。若小稱音音長比例大於詞根音音長，此時焦點在於小稱，如下圖箭號的分別點所示，並附上音長比較：（1 秒等於 1000 毫秒）

（49）韻律詞的焦點──小稱（「梳<u>仔</u>」為例）（發音人：AA47）

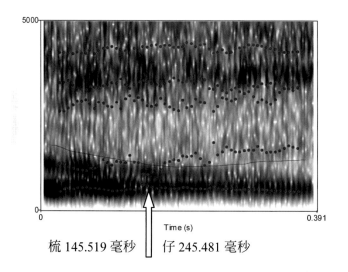

梳 145.519 毫秒　仔 245.481 毫秒

亦或詞根音音長比例大於小稱音音長，此時焦點在於詞根，如下所示：

（50）韻律詞的焦點──詞根（「細妹仔」為例）（發音人：AA47）

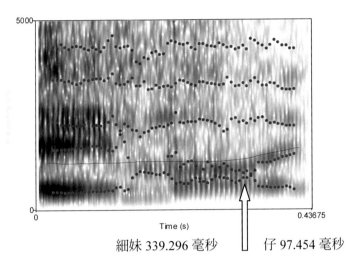

細妹 339.296 毫秒　　　　仔 97.454 毫秒

故而在調位的選取方面，以基本調 [33] 為例，因焦點的選取不同而可以標示為：[3355]（焦點相同，整體音長稍長）、[335]（焦點在於詞根，整體音長通常介於雙音節與單音節之間）、[355]（焦點在於小稱，整體音長與[335]類同）、[35]（焦點相同，整體音長近於單音節）。基本上，為顧及基本調為降調 [53] 的小稱標示，以及小稱普遍傾向於與詞根節縮成單一音節的長音節形式，筆者傾向於焦點在詞根並標示成三個單位的聲調，如 [335]、[535]……等，同時也可與基本調區別（如 [335] 進而節縮成 [35]，並漸與基本調 [24] 形成調位常模化的問題）。〔註17〕

3.1.3.4 變調

變調可從兩方面來觀察：一牽涉到雙音節節縮時的音長問題；另一為調位中立化及常模化的問題。當以疊韻方式構成小稱時，可視為一種隨前韻母的同化作用，同化的語音形式演變到後來容易致使雙音節節縮成單音節，而形成所謂的小稱變調。今比較單音節詞、小稱韻律詞、雙音節詞、三音節詞的音長如下：

〔註17〕　調位的選取與小稱調位中立化或常模化有關，相關論述亦參考下節及第四章。

（51）音長比較──發音人 AA47 為例

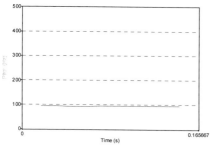

a. 單音節：社，音長 165.667 毫秒

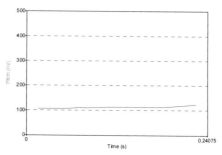

b. 小稱韻律詞：社仔，音長 240.75 毫秒

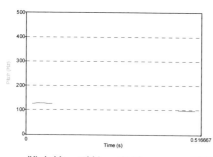

c. 雙音節：霧社，音長 516.667 毫秒

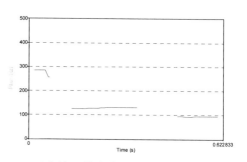

d. 三音節：旅行社，音長 622.833 毫秒

雖然我們無法以單一音長顯示出絕對值，但透過大約數的比較，仍能看出一個大概，基本上，三音節音長比例大於雙音節音長，小稱韻律詞則處在雙音節與單音節音長兩者之間，甚或較近於單音節長。前三圖有如下的關連：

（52）音節音長的變化關係

單音節長……一個半音節長（或長音節長）……雙音節長

[社]　　　　　　　[社仔]　　　　　　　　[霧社]

從正常雙、三音節的聲學分析當中，可以明顯看出字與字之間的停頓有一定的距離，但小稱韻律詞最末詞根與小稱詞的距離則不一定，音長或連成近於一音節（如「社仔」），亦或音長之間有距離，但距離比正常雙音節明顯縮短很多（如前文 3.1.3.1 節的「妹仔」c、d），說明長音節或一個半音節長的小稱韻律詞，其結合的緊密程度大於正常雙音節或三音節詞間的關係。〔註18〕

────────────

〔註18〕 若以漢語正常音節的長度一般在 200～300 毫秒的範圍內來看（參見王洪君 1999：242），則小稱韻律詞的音變音長（如上圖：社仔）正處於此範圍內，比較無法近於兩個正常音節長。

有關調位的中立化（neutralization），指的是在共時層面中，原本對立的兩個調位，會在某些環境之下中立化成一個調位。例如，基本調為 [11]、[33] 與 [24] 的調位會因小稱音的變化而漸趨與上聲調中立化成 [24]，但過程中，小稱韻律詞調 [115] 與 [335] 容易中和成 [225]，若音節再節縮，則成為 [25]，聽感上，[25] 與 [24] 的調值實難分辨，最終也就容易常模化成基本調 [24]。比較如下：

（53）小稱調位中立化的比較──發音人 AA47 為例

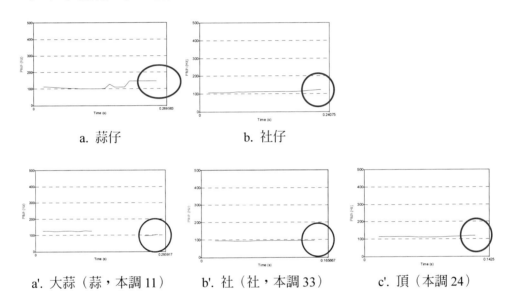

a. 蒜仔　　　　　　　　　　b. 社仔

a'. 大蒜（蒜，本調 11）　　b'. 社（社，本調 33）　　c'. 頂（本調 24）

　　上例中，上、下排為對照組，上排圖具有小稱音，下排圖則不具有小稱音，其中（c'）為不帶小稱的基本單字調，可以明顯看出帶有小稱調的（a）、（b）與不帶有小稱調的基本升調（c'）之間具有類同的音高變化，即尾音均上升。（a）、（b）比（c'）的音長長約 100 毫秒左右，〔註19〕推估（a）、（b）因小稱音的變化正從 [225]→[25] 常模化成 [24]，逐漸與（c'）同。以下推估調位中立化及常模化的過程如下：

（54）調位常模化與中立化的過程

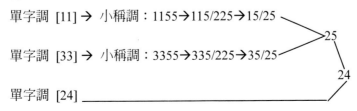

　　　　　單字調 [11]　→　小稱調：1155→115/225→15/25

　　　　　單字調 [33]　→　小稱調：3355→335/225→35/25

　　　　　單字調 [24]

―――――――――――

〔註19〕　論述時或省略「毫秒」單位的標示。以下同。

調位常模化的過程為一種趨勢，因為多數的小稱韻律詞，其音長或稍長於基本調的 [24]，「土人感」亦可區別兩者在語音上的不同，儘管語流中，兩者時而相同。可以想見，自然語體之下的常模化速度應會快於詞彙語體的常模化速度。

3.1.3.5 中塞式

有關小稱音中塞式的問題，我們先來比較幾個小稱韻律詞的聲學現象：

（55）「妹仔」的比較——發音人 AA65 為例

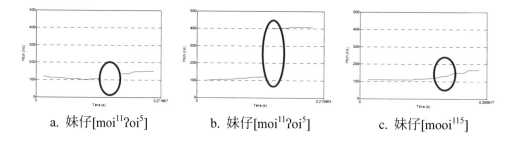

a. 妹仔[moi^{11}ʔoi^5]　　b. 妹仔[moi^{11}ʔoi^5]　　c. 妹仔[mooi^{115}]

上圖，我們可以看出同為「妹仔」的三種讀音：（a）圖圓圈框住的部分不至於構成兩個正常音節的距離，較有可能為類似於滑音性質的喉塞音間隔阻斷；（b）圖圓圈框住的部分間隔更小，間隔處的喉塞音屬滑音性質，為前一音段滑向後一音段的過渡區，因尾音極速拉高，從而容易造成銜接上的阻斷；（c）圖連間隔甚至都不存在，成一連線，尾音也拉高。從三圖之音長比較：271.667、215.583、296.917，三者音長差距不算太大，（c）圖或較適合以元音延展來呈現。

上述變體的呈現存在不同的可能性：一為變體之間均不具有演變關係，但這必須說明各式變體的來源，二為部分變體具有演變關係、部分則無，三為變體間均具有相同來源的演變關係。假若疊韻型小稱與變調型小稱之間具有音變的關連性，配合 3.1.2 節的小稱語音形式，那麼上述的變體便可能有如下的過程性：（以下暫不論小稱音變的起源點，部分音變的可能性因牽涉到歷時因素的探討，於第四章我們會再從歷時的觀點來論證相關的語音現象）

□ VC^{55}→□-VC^5／中塞式／元音延展→□^{25}

疊韻型小稱：□ VC^{55}，因小稱韻與詞根韻基相同或具有很大的雷同性，在語流的變化上容易與詞根形成緊密關係成：□-VC^5，□-VC^5 在語音的呈現方面，與中塞式小稱似乎可視為同一類型，因中塞式的小稱韻，其實也屬某種疊

韻現象，只是疊韻的形式與詞根韻基、聲調及小稱聲調形成互動，並造成音節結構內的成分重新整合，以及產生新成分的阻塞音。以粵北土話的小稱音變現象來看（庄初升 2004），中塞式為舒化的特殊式或舒化普通式的前一階段，視為單一語素的音節結構。「□-VC⁵」、「中塞式」、「元音延展」三式實則可視為「□ VC⁵⁵」與「□²⁵」的過渡階段，只是中塞式小稱未如粵北土話形成固化的小稱音，對新屋海陸客語來說，中塞式為疊韻型與變調型之間的一種不穩定的過渡階段。

　　下面再來比較幾個入聲韻的小稱韻律詞，更有不同的發現：

（56）中塞式小稱的比較——發音人 AA65 為例

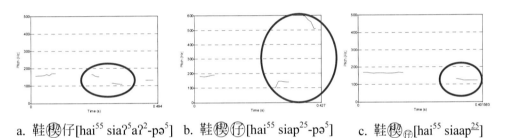

a. 鞋㮡仔[hai⁵⁵ siaʔ⁵aʔ²-pə⁵]　b. 鞋㮡仔[hai⁵⁵ siap²⁵-pə⁵]　c. 鞋㮡仔[hai⁵⁵ siaap²⁵]

　　上圖，對於不同變體間的語音過渡現象，我們可以有一個更好的說明：（a）圖圓圈框住的部分為一個字「㮡」，但卻被喉塞音阻斷，「仔」音在音高的第四段，緊跟詞根之後，可見從原先三音節要過渡到二音節時，反而是詞根「㮡」被阻斷，相當特別，為詞根與小稱詞節縮成單一音節前的一種過渡現象；（b）圖圓圈框住的部分為「㮡仔」，二字間隔短暫，可以預期的是，為了要讓小稱音拉高，詞根「㮡」的後半段已預先拉高，以做為預備發小稱音的過渡階段，再者為（c）階段；（c）圖圓圈框住的部分算一個字「㮡仔」，此時詞根與小稱詞同擠進一音節之中，成為一氣呵成的短促音。（a）、（b）、（c）三者的音長關係為（a）＞（b）＞（c），（a）與（b）音長差 67 毫秒，不到半音節長，（b）與（c）的音長只差約 25 毫秒，實不足以反映什麼，顯示（b）的「仔」音極短且與詞根緊鄰，這種情形之下，不顯著的 pə 音便容易消失（pə 音的形式容易在前後環境之下弱化成 βə），但小稱高調的徵性及音長抵補在詞根韻尾高調的形式及主要元音的延展，此可說明（a）、（b）與（c）應當均是從正常三音節過渡到正常單音節模的中間變體階段。變體之間基本上也存在不同關連的可能性，假若後綴型小

稱ə⁵⁵與變調型小稱之間具有音變的關連性，上述的變體便可能有如下的過程性：（以下暫不論小稱音變的起源點，因部分音變可能牽涉到歷時因素的探討）

□ ə⁵⁵→中塞式-ə⁵／□²⁵-ə⁵／元音延展→□²⁵

亦或從音理推測，可將前者簡化整理成如下的過程：（當然，變體之間不一定是連續發展關係，也可能是並存階段，或中間直接跳躍而至下一變體階段，亦或產生其他變體，基本上語音均不過於突變）

□ ə⁵⁵→中塞式／□-ə⁵／元音延展→□²⁵

也就是說，以 [VC⁵⁵] 或 [ə⁵⁵] 為出發點的小稱音，從原先的正常雙音節當中，小稱音均產生弱化（亦或同時導致詞根中塞式化）成半音節長，推估在正常單音節模小稱變調形成之前，中間容易產生中塞式、後綴式小稱音弱化或元音延展型的小稱變體。可以預期的是詞根與小稱節縮成長音節或正常單音節長時，除了容易在詞根與小稱音之間產生阻塞音外，〔註 20〕在小稱音尾之後也容易增生喉塞音（或相當於緊喉音的成分）。〔註 21〕因為當小稱的高調徵性擠入詞根之末，在長音節之中，詞根基本調若由低調轉折到小稱高調時，中間容易增生阻斷的現象，亦或詞根韻尾因要收短暫的高調，所以也可能在韻尾增生喉塞音或緊喉音，但前述兩種情形的語音形式通常只會擇一呈現。對於韻尾增生喉塞音或緊喉音的小稱語音現象，我們無法從 PRAAT 中觀察到，因無辨義作用，也不符合整體的音系格局，故語音標記常省略。〔註 22〕

3.1.3.6 類推或殘餘

基本調為高平或升調時，較少具後綴式的小稱詞形。比較四縣與海陸，四縣「狗仔、網仔、羊仔、鵝仔」具小稱詞形，對應於海陸則較不容易具有小稱詞形，如「狗、網、羊、鵝……」。但在新竹，筆者也有調查到「鵝仔」[ŋo⁵⁵ ə⁵⁵]

〔註 20〕 相關語音現象亦可見於漢語方言的小稱音變，如粵北土話（庄初升 2004）、麗水方言（江敏華 2006）等。

〔註 21〕 粵北土話的小稱音變也有類似的變化，中塞式→後塞式→舒化式。（庄初升 2004）

〔註 22〕 部分小稱變體，因也不符音系格局，故語音標記常被忽略或省略。另「高調」與「緊喉音」的語音現象，兩者是否有關連？亦為漢語方言小稱詞常見的討論問題。（平田昌司 1983）「緊喉音」在小稱音中扮演的角色為何，或值得再進一步研究。

的說法（僅爲少數），新屋地區也有「鵝仔」[ŋo⁵⁵-o⁵ᐟ⁵⁵] 或 [ŋo⁵⁵ e⁵⁵] 的說法（也僅爲少數，後者受四縣的影響）。筆者認爲部分語詞的高調（含升調）現象，在更早之時應具有小稱詞形，如「狗仔」、「羊仔」，小稱詞形後與詞根節縮成正常單音節模，除透過方言比較輔證之外，還可藉由高平調音長的拉長，以及升調中出現非尋常的拉高、拉長現象來印證，例如，正常之下「鵝」音 [ŋo⁵⁵]、「網」音 [mioŋ²⁴]，但聲學分析結果卻可能呈現音長拉長或拉高的情形，如：[ŋo⁵⁵⁵]、[mioŋ²²⁵]～[mioŋ²⁴ᐳ³³-oŋ⁵ᐟ⁵⁵]，不過，我們在共時變遷中也難說明這是演變的殘餘，還是後來小稱演變的類推結果。以下比較兩類表層上具不同性質的上聲調 [24]：

（57）「網子」與「掌」的比較（發音人：AA65）

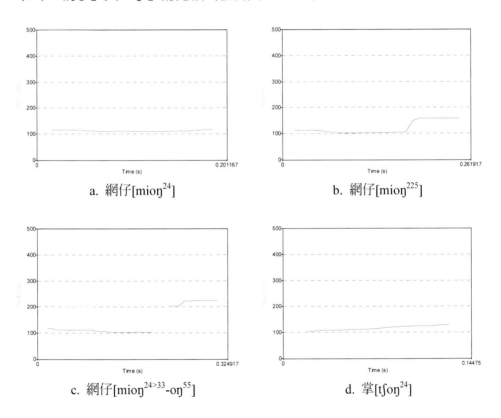

a. 網仔[mioŋ²⁴]　　　　　　　b. 網仔[mioŋ²²⁵]

c. 網仔[mioŋ²⁴ᐳ³³-oŋ⁵⁵]　　　　d. 掌[tʃoŋ²⁴]

上圖，「網」正常之下的音高應與「掌」具有類同的走向，但卻不全然。我們從音長來分析，不帶小稱音的單音節「掌」，音長爲 144.75，「網仔 a」音長爲 201.167，近於單音節長；「網仔 b」音長爲 261.917，還不至於到雙音節長，且圖示爲一音節形式，說明這是一個長音節；「網仔 c」音長爲 324.917，或較

近於雙音節長，但第二音節長較正常單音節長來說，卻明顯縮短很多，且二詞之間的間距相差很短，說明後綴式小稱詞與詞根具有緊密結合的關係（標音以「-」表示）。「網仔」三種變體的音節長有如下的關連：

（58）小稱韻律詞的音長變化——「網仔」為例

　　單音節長……一個半音節長……近於雙音節長

　　[網仔 a]　　　　[網仔 b]　　　　　[網仔 c]

　　從方言比較來看，名詞性的「網子」在四縣具小稱現象為「網仔」，而「掌」不具小稱現象，也非屬一般名詞性的詞彙，加上聲學的分析，說明「網」為「網子」時，不論從表層的音節節縮或深層的半後綴式小稱詞來看，新屋海陸腔都應具小稱現象，「掌」則純為基本單字調。

　　本小節從語音實驗的角度來分析小稱詞，似乎可以看出某種雛形，亦即小稱各式變體從共時的語音現象來看，某些具有語音演變的線性關連，含括中間層的變體與過渡音。下一節，我們將從構詞與音韻的角度，來瞭解共時平面的小稱是透過什麼樣的合音機制來形成不同的小稱變體。

3.2 構詞與小稱音韻的變遷

　　含有小稱詞的最小韻律詞（prosodic word），其合音機制是由最末詞根與小稱詞從雙音節形式逐漸發展成為單音節形式。[註23] 本節以 3.1.3 節的聲學分析為基礎，分別從 3.2.1 節音節結構的重新分析來探討小稱合音在構詞、音韻方面的變遷，以及 3.2.2 節韻律構詞的角度來探討小稱合音機制的過程性。目的在於從音節結構中的成分變動來審視小稱音韻變遷與構詞之間的關連，並觀察小稱音變不同格局的發展。本文認為新屋海陸腔小稱詞語音與詞根之間的互動，會導致小稱形態消失，但小稱的高調徵性卻保留下來，成為單字音節模韻尾高調形式的小稱變調，單字音節模當中增加新的語音成分並重新分析。主導音節結構成分產生變動並重新分析的，主要是最末詞根與小稱高調徵性的互動，以及漢語音系單字音節模的無標形式。

〔註23〕此亦符合漢語方言中，小稱詞普遍具有形態標記的主張。（Jurafsky 1988）本章的假設也牽涉到第四章新屋海陸腔小稱詞歷時來源的問題。

3.2.1 音節結構的重新分析

王洪君（1999：201-228）在探討二合一式的合音構詞法時，以兒化為例，說明其合音過程是由於詞模不斷的變化，並形成四個階段：

兩個正常音節→一個正常音節＋輕聲音節→一個長音節→一個正常音節

王洪君（1999：215）認為從兩個正常音節到一個正常音節的演變過程為：

合音演變的表層現象。其更深層的規律是，說話省力的要求使兩字的合音在一定程度上、一定範圍內超出單字音模式，而系統整齊的制約又使得合音回歸單字音模式。"一音節一義"的強式關連導致與單字音同模的合音重新分析為單字音。

另一方面王也指出：

原後音節特徵的不斷的向前移動並引發前字音節各位置上的種種變化，兩方面的變化都受到單字音結構的吸引。

新屋海陸腔小稱詞的語意趨於虛化，泛化成為一般詞類的純形態後綴成分，如，不具指小意的「雞仔」（「雞」的泛稱），語音方面也逐漸虛化，例如 3.1.3.5 節分析的「鞋楔仔」，「仔」從正常單音節音長的 [ə⁵⁵] 到半個音節長的 [-pə⁵]，此可視同於「輕聲音節」亦或「弱化音節」。目前新屋海陸腔的小稱詞，普遍來講，小稱的高調徵性逐漸節縮至詞根韻尾之中，但隱約又還存在小稱詞形，但不論小稱詞具不具指小意，其演變路徑有趨同的方向性。從 3.1.3 節的語音實驗顯示，新屋海陸腔小稱詞的音節變化，大致可符合王所主張的四個演變階段，在演變的過程中也引發前音節詞根與後綴音節的不同變化。以下為四個階段的演變情形：

（一）兩個正常音節階段

兩個正常音節，[註24] 一般包括合成詞中的複合詞及派生詞，不管是複合詞還是派生詞，海陸客語的聲調變化都遵守音系中的連讀變調規則，一般有兩種情形：一為上聲變調，亦即上聲 [24] 後接任何聲調，前字變為陽去調 [33]；二為陰入變調，亦即陰入 [5] 後接任何聲調，前字變成陽入調 [2]。單音節後

〔註24〕　其實亦包括三音節、多音節等，視韻律詞而定，但語音的變化只與最末詞根、小稱詞有關，故文中統一以雙音節稱之。

綴式的小稱詞，聲調為高平調 [55]，符合海陸音系連讀變調的後字環境，小稱詞與前字的連讀變調「原則上」與複合詞相同，但會有下列的情形：

1）詞根為高調時的小稱變化——詞根為高調時有三種基本調值，分別為升調 [24]、高平 [55]、高入 [5]。詞根為高調帶小稱時有兩種情形，一為無後綴小稱詞形，此時只有詞根的基本調，如「狗」[keu²⁴]、「羊」[ʒioŋ⁵⁵]、〔註25〕鐵 [tʰiet⁵]；二為具有後綴形式的小稱詞並循變調規則而運作，如「網仔」[mioŋ²⁴﹥³³-oŋ⁵⁵]（網子）、「鴨仔」（鴨子）[ap⁵﹥²ə⁵⁵]。

2）陰去、陽去成無定分調（11~33）——在採集的語料中，發現海陸腔有些字的陰去、陽去混，如「樹」[ʃu¹¹]~[ʃu³³]，故而「樹仔」讀法有二音：[ʃu¹¹ u⁵⁵]或 [ʃu³³ u⁵⁵]，但分別不大，因牽涉到下面即將提到的兩個階段，主要和小稱變調後調位產生中立化的現象有關。

（二）一個半音節階段

一個半音節階段相當於「一個正常音節＋輕聲音節」，整個音長其實等同於長音節階段，差別在於前者顯現為兩段音長，後者為一段音長。在 3.1.3 節聲學分析「鞋楔仔」[hai⁵⁵ siap²⁵-pə⁵] 一例時，以「楔仔」的語音來看，相當於一個正常音節後接一輕聲音節，當小稱在音節結構中具有聲音弱化的跡象時，基本上，已無法維持一個完整的音節時長。亦即小稱詞容易隨詞根韻尾而同化、連音，並從雙音節節縮成一個半音節階段，小稱音便有可能為-ʔə、-mə、-nə、-ŋə、-bə、-lə、-gə……等形式，這些小稱音節長約只半音節長，且與詞根緊鄰。另外，小稱也可能隨詞根韻基（主要元音＋韻尾）而形成疊韻型小稱，但在一個半音節階段時，疊韻 VC 型的主要元音傾向弱化，同時小稱音長變短，並緊鄰詞根，如-en / ən、-aŋ / əŋ、-at / ət、-ak / ək……等。本文標示上一律以「-」表示小稱音節與詞根語音具有緊密結合的關係，如「杯仔」[pui⁵³-i⁵] 的音長不同於正常雙音節階段的 [pui⁵³ i⁵⁵]，也不同於單字音節模小稱變調階段的 [pui⁵³⁵]。之所以會有不同變體的變化關係，一大部分應和 3.1.3.3 節所提的「焦

〔註25〕 詞根基本調為[24]後接任何詞時（含小稱詞），雖符合連讀變調的環境，但一般此類詞「表層」中不見後綴式小稱詞形；而詞根基本調[55]非屬音系中連讀變調的前字環境，但此類詞一般的「表層」中，通常也少見後綴式小稱詞形。本文認為在歷時的演變過程中，它們的前身應帶有後綴式小稱詞。相關論述見第四章。

點」有關，同時也顯示著小稱語音的不穩定性。詞根音節與小稱音節的音長及音長的分布，會與語音著重點的不同而變化著，另一方面，若區域方言傾向於往單字音節模的小稱變調發展，則小稱音節長會傾向於消失，並由詞根韻尾高調的形式來承擔小稱。對此，我們於第四章有較多的說明。

（三）長音節階段

當小稱音變從正常的兩個音節過渡到正常的單字音節模時，容易產生過渡階段的長音節模，這樣的長音節模，我們從 PRAAT 的聲學分析及聽感當中，得知可以是元音的延展、滑音的生成。在小稱音的演變或轉換取代的過程當中，〔註26〕小稱詞的詞形逐漸消失，但小稱聲調 [+高] 的徵性會轉移到詞根音節之末，故而不論是元音延展，亦或是滑音生成，均可視之爲一種抵補作用（compensation）。如下所示：（「#」表音節末）

（59）元音延展

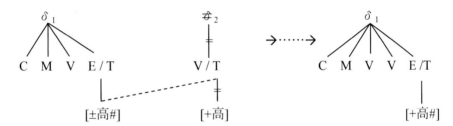

（60）滑音生成（中塞式：疊韻+喉塞音生成）

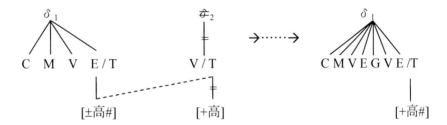

〔註26〕　本章，我們暫且不討論後綴式小稱與疊韻型小稱間是屬於語音演變的關係，亦或是競爭取代的關係，並導致原先的小稱形態消失而成單音節模的小稱變調。本章先假設新屋海陸腔的小稱音最早爲帶有高調徵性的後綴成分（這個成分也有可能是個央元音），其他類型的變體，包括疊韻型與變調型小稱是之後才產生的。對此，我們會於後章解釋爲什麼是央元音式的小稱早於疊韻型小稱，而非相反，因爲這與海陸客語小稱的歷時源流有關，也與方言所處地緣的歷時性變化有關。

（四）正常音節階段

單字音為漢語音系中的基本模式，（王洪君 1999：228），漢語無標的音節結構為（C）（M）V（E）/T。故而當新屋海陸腔的小稱成為有標的（marked）音節模時（含一個半音節、長音節），便容易往音系中較無標的（unmarked）正常單字音節模演變，小稱的詞形雖然消失了，卻留下聲調 [+高] 的徵性於詞根之末以表小稱，如下所示：

（61）正常音節階段

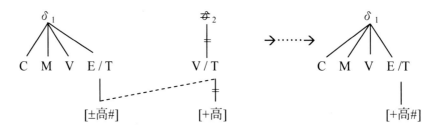

以上四個階段，從第二階段（一個半音節階段）開始便可明顯看出具有同化或弱化的現象，致使音節節縮成後兩個階段。同化在於使原本鄰近的不同語音產生變化，使其具有相似性的特徵。也就是說小稱詞沒有固定的語音形式，它的語音形式通常必須取決於前一語素的韻基或韻尾而定，語音形態伴隨前一語素的韻基或韻尾而生成，不單獨存在或獨立運用。

小稱音變從雙音節到單音節階段的分析，實牽涉到音韻與構詞之間的互動，並引發相關音節結構的重新分析。對其合音機制的過程性，以下我們從韻律構詞的角度來審視。

3.2.2 韻律構詞的小稱合音機制

新屋海陸腔是透過什麼樣的合音機制來形成疊韻型小稱？之後又如何形成單字音節模的小稱變調？在疊韻型小稱與單字音節模變調小稱之間，是否也可以用相同的機制來說明中間變體的形成過程？

以往線性音韻學著重在音韻的主軸，較不重視語法可能帶來的影響與變化，非線性音韻學則逐漸突破單一線性的研究，轉而將焦點放在介面之間的關連性。因此探討語言形態和音韻在語法系統中相互作用的相關理論陸續興起，如 Kiprasky（1982）的詞彙音韻理論（lexical phonology）、McCarthy & Prince（1998）的韻律構詞理論（prosodic morphology）等。以下介紹和本節較有關

的韻律構詞理論。

　　韻律構詞理論（prosodic morphology）約在二十世紀中、後期產生，由 McCarthy 與 Prince 在音韻理論的基礎架構之下，將其應用在構詞上的分析，主要是探討語言形式的形態和音韻的決定因素在語法系統中如何相互作用的一種理論。（McCarthy & Prince 1998：283）此理論有三項重要的原則：（1）韻律構詞假設（Prosodic Morphology Hypothesis）：基模（templates）是要以真實的韻律單位來做為定義，韻律單位包括有：音拍（mora；μ）、音節（syllable；δ）、音步（foot；Ft）、韻律詞（prosodic word；PrWd）；（2）基模滿足條件（Template Satisfaction Condition）：基模的限制必須得到滿足，同時是義務的，並且由普遍語言共有的或特殊語言的韻律原則所決定；（3）韻律的範圍界限（Prosodic Circumscription）：形態運作的應用範圍可以由韻律的標準及一般常見的形態標準來限定。韻律構詞理論在於透過音步的揚抑或抑揚格的輕重音，來對重音部分的基模單位複製（copy）以成重疊或是中加綴的構詞方式，這複製的動作也就在於「複製增加」一個基模單位。（相關理論說明亦可參見：盧廣誠 1996、1999，王洪君 1999）本文將其運用在小稱詞共時層面的分析上，因為這可對其中可能的合音機制做出合理的解釋。

　　音拍（又稱「摩拉」（mora））為節律學的傳統術語，用來指節律的時間或輕重的最小單位，將音段分析成音拍，通常只適用在韻核和韻尾，亦即適用在韻基，不適用在聲母，也不適用在介音，通常以音拍計數（mora counting；或稱「莫拉計數」）的概念來處理有輕重音節對立的語言，重音節有兩個音拍，輕音節有一個音拍。〔註 27〕一般來說，漢語比較沒有輕重音節的對立，而且以音節為單位，故普遍認為漢語沒有音拍這一層次，但端木三（1999）對漢語詞彙重音理論的分析當中，做出結論認為：「漢語有莫拉步，所以普通音節比輕音節重。」在漢語雙音節中，構成後綴的「子、兒、頭」等，或輕聲音節，如「了、著」中均讀成輕音，或其他複合詞的第二個詞，如「欺騙」之「騙」在大陸普通話中，有時會讀成輕音，也因此端木三在結論中亦認為：「漢語還有左重音節步。多音節詞從左到右分成雙拍音節步，重音落在奇數音節上。」

〔註27〕　參照戴維・克里斯特爾編《現代語言學詞典》（2000：229）。

　　此外，王洪君（1999）也認爲漢語具有音拍這一層次，尤其顯現在「一生二」式語音構詞法，如太原的嵌 1 詞，或顯現在具有小稱音變的「二合一」式合音構詞法，如北京的兒化韻，其音節音長的變動即牽涉到音拍與時間格的問題。王認爲漢語的正常音節爲二音拍的結構，漢語單元音韻長其實相當於長元音長度（亦即相當於兩個音拍的音節），另外調型與音拍的連接符合普遍連接規約，調型的幾個聲調特徵按從左到右的次序一對一地連接到語素或詞音形音質音段序列中的音拍上，如果有剩餘，就成爲浮游調（如華語第三聲的第三個音高值：21 4）。

　　本節從漢語具有音拍這一層次的面向，對小稱的合音構詞音變做出解釋。筆者在探討新屋海陸客語小稱詞的語音變化時，將「音拍」與「輕重音節」的概念運用在小稱詞中，以表示時間格。新屋海陸腔的小稱詞主要以音步（foot）揚抑或抑揚格的輕重音，先對詞根韻基部分複製兩個音拍單位，之後再對輕音部分的基模減少一個音拍單位以成殘音步，進而再減少一個音拍單位成爲正常的單音節，在過程之中造成新屋海陸腔小稱詞音韻構詞上的不同變體。也就是說，形成小稱的韻律範圍爲一個音步，複製基模是兩個音拍，但削減基模時，通則上是減一個音拍再減一個音拍逐次進行，而且削減基模時必須是該音步中的輕音音節。

　　新屋海陸客語小稱詞在語意、聲調方面普遍朝向弱化的現象來看，可視爲輕音節地位，約一個音拍的時間格。「殘音步」〔註28〕的形成（相當於下例中的「$\mu\mu$-μ」階段），也足以說明一個音拍時間格的存在性。此時小稱語音與詞根的結合較緊密，小稱詞形便容易在語流中消失而成單字音節模的小稱變調，如「鳥仔」[tiau535]。〔註29〕從標準音步成爲殘音步到單字音節模小稱變調的韻律構詞演變，如下所示：

〔註28〕　語詞從標準音步原爲四個音拍長成爲三個音拍長，或稱之爲「殘音步」。（王洪君 2000：525）

〔註29〕　爲了討論的方便，通常會將「仔」字以下標法來表示小稱變調，如「鳥仔」，以與單字詞區別。

（62）小稱音變的韻律構詞演變

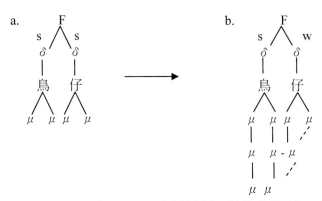

　　s 表 strong，w 表 weak，也就是揚、抑格的關係，小稱詞「仔」由原先正常的兩個音拍單位（此時仍爲揚格），隨著「仔」語音、語意的弱化與虛化，逐漸朝語法功能詞演變，並成爲一個音拍單位（轉變成抑格），最後節縮至詞根之中。至於聲調「535」中的第三個音高值 5 是否可屬浮游調？「鳥」於前字時，無第三個音高值，如「鳥聲」的前字聲調爲 53，並不會說成「鳥仔聲」（四縣在某些情形之下則允許如此說），白讀層單念或位於多音節的最末時則調值多爲 535，如「鳥_仔」（鳥）、「屋簷鳥_仔」（麻雀），這類的小稱詞多數允許以慢讀方式將浮游調 5 讀成延長的 55 或將浮游調漂到後綴式的 55 位置上，此時「仔」音爲 [ə⁵⁵]，並賦予近兩個音拍單位的小稱詞形：「仔」。

　　上例中，我們發現介音「i」並不參與變化，其他如「u」介音也不參與變化，因爲參與變化的主要是韻基，「介音」一般來說，不歸在韻基的範疇，非屬音拍單位。試比較以下幾組，其中前兩組具有介音，不參與小稱音變，末一組則無介音，爲整個韻母參與小稱音變，故而三組均是韻基參與小稱疊韻的變化：（在此我們先考慮小稱音尙未與詞根節縮）

　　（63）鳥：tiau⁵³→鳥仔：tiau⁵³ au⁵⁵
　　（64）瓜：kua⁵³→瓜仔：kua⁵³ a⁵⁵
　　（65）雞：kai⁵³→雞仔：kai⁵³ ai⁵⁵

　　不過，在以下的例子當中，「杯仔」（杯子）與「柚仔」（柚子）牽連客語-ui、-iu 韻主要元音爲-u-或-i-的問題。前詞之-u-不參與小稱疊韻變化，後詞則是-i-不參與小稱疊韻變化，以上述規律來看，前詞之-u-與後詞之-i-均不爲韻基的一部分，較屬介音的性質，但-u-、-i-的響度卻也很大。又，與「包仔」（包子）

比較，韻基-au 則參與小稱疊韻變化。對於客語-ui 與-iu 韻的主要元音爲何？或許從新屋海陸腔疊韻型小稱的形成機制當中，可提供一些參考點。〔註30〕如下所示：

（66）杯：pui^{53}→ 杯仔：pui^{53} i^{55}→ pui^{53}-i^{55}……

（67）柚：ʒiu^{33}→柚仔：ʒiu^{33} u^{55}→ʒiu^{33}-u^{55}……

（68）包：pau^{53}→包仔：pau^{53} au^{55}→pau^{53}-au^{55}……

詞根爲陽聲韻或入聲韻時，小稱的語音現象則不同於上述情形。以鼻音收尾的詞根，可以只有鼻音韻尾參與小稱變化，而韻基的主要元音可以選擇不參與變化，這是因爲鼻音響度大可自成音節；入聲收尾的詞根，因入聲響度最低無法自成音節，當音節節縮時，小稱詞的音節長度容易抵補在詞根中的滑音生成或元音延展，而形成長音節階段。

漢語方言中的小稱變化，各地多所不同，具有一定的複雜性。本小節試圖爲新屋海陸腔詞根與小稱的合音機制做一分析解釋，原則上，新屋海陸腔的小稱詞同於一般漢語方言的小稱詞，無論在構詞或音韻方面的表現，大多朝簡化的方向前進。鄭張尚芳（1979、1980、1981）、朱加榮（1992）等人的分析即如是。

結合 PRAAT 的聲學分析及 3.2.1 節，我們可以將小稱構詞音變的合音機制，以較合理的運作過程推演如下：

（69）小稱構詞音變的模組運作

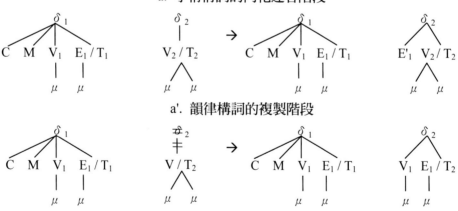

a. 小稱構詞的同化連音階段

a'. 韻律構詞的複製階段

〔註30〕 客語-ui 與-iu 韻中，主要元音與介音的關係，參見 Hsu（2004）相關的討論。因客語介音的問題非本文重點，故對此不做深論，只提出相關的問題點。

b. 小稱構詞的弱化階段

$$\delta_1 \quad \delta_2 \rightarrow \delta_1 \quad \delta_2$$

C　M　V₁ E₁ / T₁　　E' V₂ / T₂　　C　M　V₁ E₁ / T₁ —　　E' V₂ / T₂

b'. 韻律構詞的削減階段之一

$$\delta_1 \quad \delta_2 \rightarrow \delta_1 \quad \delta_2$$

C　M　V₁ E₁ / T₁　　V₁ E₁ / T₂　　C　M　V₁ E₁ / T₁ —　　V₁ E₁ / T₂

c. 小稱構詞的長音節階段

$$\delta_1 \quad \delta_2 \rightarrow \delta_3$$

C　M　V₁ E₁ / T₁ —　　E' V₂ / T₂　　C M V₁ V₁ E₁ / T₁₊₂

c'. 韻律構詞的削減階段之二

$$\delta_1 \quad \delta_2 \rightarrow \delta_3$$

C　M　V₁ E₁ / T₁ —　　V₁ E₁ / T₂　　C M V₁ V₁ E₁ / T₁₊₂

d. 韻律構詞的削減階段之三/正常單音節階段

$$\delta_3 \rightarrow \delta_4$$

C M V₁ V₁ E₁ / T₁₊₂　　C　M　V₁　E₁ / T₁₊₂

　　階段（a、a'）並無前後之分，而是都有可能，但可看出的是這個階段仍可保持正常的兩個音節，故而音拍的模組相同，且小稱構詞的同化連音階段亦為一種複製階段，只是非複製韻基，而是複製韻尾輔音的發音部位，[註31] 不過在 （a'） 階段的小稱詞並非一種「演變」關係，較有可能為「轉換」關係，因為我們較難說明這個階段的語音是如何從前者演變成後者。階段（b、b'）亦無前後之分，此時小稱音節時間格為一個音拍長，且與前一詞根結合緊密（以

[註31] 一般而言，以語料出現的情形來判斷，小稱詞複製韻基的模組強於複製韻尾輔音部位的模組，故而在韻律構詞中，著重在複製韻基的基模探討。

「—」表連結）。階段（c、c'）的韻律構詞削減階段之二與小稱構詞的長音節階段同模，其中弱化階段的小稱音容易在此階段消失或被同化，並抵補於長音節的元音延展，而小稱的聲調徵性亦被保留在長音節之末。到了階段 d 則完全同模成正常單音節，音節形式經過重新分析，已不同於初始階段，畢竟長音節在漢字當中，屬較有標的形式，故而會漸趨音系中較無標的單音節形式演變。但部分語詞韻尾高調的語音現象（非屬基本調），原應也屬音系中的「有標」階段，不過卻逐漸「固化」成音系中「無標」的小稱模式。因小稱詞在部分詞彙中仍具有小稱意，為了與原先正常音節區辨意義，小稱形態雖不見了，聲調的徵性卻轉移到詞根音節之末，其他不具小稱意但具有小稱音徵性的語詞，其「韻尾高調」的模式已成為區域方言中海陸腔「慣性」的語音現象。不過，對基本調為降調的詞根來說，聲調模式則會呈現為：HMH，此亦為有標的格式，在語流之中，相鄰但不同調型的三個單位 [HMH] 就較難成為變體當中較無標的正常音節模，推測這類小稱聲調的發展速度會較其他類調值來得慢。〔註32〕

　　另外要說明的是在這些模組當中，我們並沒有再對前一節提及過的元音弱化與滑音的生成另製模組，若其生成應在 b'階段或之後。詞根若為閉唇輔音韻尾時，因語流關係，並不會與舌尖、舌根輔音韻尾呈現完全平行的演變模式，但大致上仍可看出一種總的模組演變趨勢。

　　從構詞角度來看，小稱音變跨越構詞的界線，亦即小稱詞與語詞的最末詞根產生互動；但小稱音的形成有時卻與句法有關，當不同音節數的語詞或短語句形成有意義的小稱詞時，是整個短語具有意義才足以形成小稱詞，雖然牽涉到小稱音變的只有底線的部分，如：「杯仔」（杯子）、「兩杯仔」（兩小杯，意指少量）、「半晝暗仔」（約下午兩三點）、「有較熱兜仔」（有比較熱一點點）……等等。

　　從音韻角度來看，造成小稱詞語音產生變化的卻與語詞中最末詞根的韻基形式有關，也或與小稱的高調徵性及小稱前身具有弱化的央元音有關。

〔註32〕　新屋海陸腔的小稱音變會隨著基本單字調調值的不同而有不同的演變速度。對於此點，我們於第四章有較多的說明。事實上，在發音人當中，僅有一位（AA28）不會呈現 [HMH] 的小稱形式，而是 [MMH]，與正常音節模較接近，因只發現一位青年層的發音人有此現象，僅供參考，暫時不列為正規的小稱模式來探討。

　　另從連讀變調、語流變調的觀點來看，小稱的高調徵性對小稱音變的形成也扮演重要的因素，如下所示：（只列舉聲調的變化）

單字調：小稱調	連讀變調	語流變調	小稱變調
陰去　凳 ten[11]：凳+仔[LL+HH]（椅子）		→[LLH]	→[MH]（上聲）
陽去　帽 mo[33]：帽+仔[MM+HH]（帽子）		→[MMH]	→[MH]（上聲）
陰入　鴨 ap[5]：鴨+仔[H+HH]（鴨子）	→[M+HH]	→[MH]	→[MH]（超入）
陽入　藥 ȝiok[2]：藥+仔[M+HH]（藥）		→[MH]	→[MH]（超入）

　　原先歸屬於不同調類的詞，如「凳、帽」，但成為小稱詞調時，因小稱音為高調，語流中，小稱的聲調節縮成為單字音節模升、高調形式的小稱變調，且與原來單字調的調類歸屬不同，使得原來歸屬在不同調位的語詞卻因小稱變調而與基本調產生調位的中立化現象，即：陰去→上聲，陽去→上聲；而「鴨、藥」的基本單字調也歸屬於不同的調類，但在小稱詞調時，因「鴨」為高入，符合海陸音系連讀變調的環境，故而先執行連讀變調，而後語流變調，使得小稱調節縮至詞根當中而成單字音節模的小稱變調，並與原來單字調的調類歸屬不同，也使得原來歸屬在不同調位的語詞卻在小稱變調的環保局之下中和成另一個新的聲調，即：陰入→超入，[註33] 陽入→超入。

　　另從小稱聲調的調值來看，四縣客語與海陸客語的基本聲調具有對應關係，調值分別往相反的方向發展，但在小稱詞的調類或調值方面則無法對應，四縣歸上聲（調值 31），海陸歸陽平（調值 55），其演變過程在歷史源流方面的原因我們無法得知。可以確定的是，小稱詞的語音走向不同於音系的變化格局，也因而小稱的語音容易產生不同的變化，在語音的同化連音現象發生時，四縣與海陸的小稱語音形態與音節結構卻也分別往不同的方向演變。大體上，四縣客語小稱詞的語音同化連音現象發生時，語音上仍能保有近一個完整的音節長度，且語音形式固定，也不容易影響到詞根的變化，同時，小稱的聲調不符合四縣音系連讀變調的後字環境，也或許因小稱調為中降調，較不容易產生語流

〔註33〕　因小稱變調而形成超出基本調範疇的另一入聲調 25，在此以「超入」稱之。

變調；〔註34〕但新屋海陸客語的小稱音爲高調，隨著語流的變動而逐漸縮短音節長，甚至融入至詞根之末，詞根音節結構內的成分也重新分析成帶有小稱徵性的另一音節結構，除了與音系的連讀變調環境有關之外，小稱的高調徵性應是扮演語流變調的主因，此亦符合漢語方言中，小稱變調多數以高調（含高平與升調）爲主要變化的方向。

小稱詞在客語內部次方言間的表層結構中，看似有相同或不相同的音韻行爲與相同或不相同的規則變化，是因在深層結構中各有其演變的規律性。在支撐這些規律性的背後，小稱聲調的調值與音系中的連讀變調規則，應扮演重要的關鍵，此或導致不同調值的小稱詞，其音變模式便往不同的方向發展，四縣客語小稱詞爲中降或低降調，其同化現象就不同於新屋海陸客語小稱詞高平調的變化。〔註35〕如此的變化或無法從語音實驗中找出變因，但參考金華方言的兒化變調（朱加榮 1992），可以看到金華方言的兒化詞，因爲語素合併而在聲調方面產生音變現象，也就是說兩個語素擠入一個音節而引發音變行爲，這是反應在聲調上的變化。新屋海陸客語的小稱詞，也是兩個語素擠入一個半或一個音節之內（亦即形成三個音拍或兩個音拍單位），就新屋海陸方言系統內部而言，在小稱聲調維持不變的前提之下（原則上是調值不變，但音長縮短或消失），或許可以做出這樣的解釋：小稱詞因爲無法單獨存在或獨立運用，若小稱音變在聲調方面不發生變化時，那麼就容易在其他方面的語音產生不同程度的同化或弱化，甚至消失，而新屋海陸客語在小稱音高維持高調不變的情形之下，語流上，聲、韻較容易弱化、消失，或發生合音行爲，並朝漢語方言小稱變調普遍的高平或高升調模式而演變。

〔註34〕 新屋四縣也有極少數的親屬稱謂詞具語流變調現象，如面稱或旁稱「大哥、二哥、大姊、二姊、大姑姑、小姑姑」等時，分別爲「大哥仔」[tʰai⁵⁵ ko⁵⁵³]、「二哥仔」[ŋi⁵⁵ ko⁵⁵³]、「大姊仔」[tʰai⁵⁵ tse⁵⁵³]、「二姊仔」[ŋi⁵⁵ tse⁵⁵³]、「大姑仔」[tʰai⁵⁵ ku⁵⁵³]、「細姑仔」[se⁵⁵ ku⁵⁵³]（「三哥」時，「哥」則多半爲正常調[ko²⁴]，而無小稱音），這些非正常的語音現象均表愛稱的語用功能，其他的小稱韻律詞大致上仍維持原有的後綴式小稱音 [e³¹]。相關討論參見 4.3 節。

〔註35〕 小稱的高調性質或爲促使小稱產生音變的關鍵點，但這是一種非強制性（optional）而非必用性（obligatory），因爲我們從新屋海陸與新竹海陸的小稱比較當中，即可知後者的小稱調值雖爲高平調，但並不循新屋海陸腔小稱音變的模式而行。在後文，我們會說明具有相同語音條件的兩個方言點，爲什麼會有不同的小稱變化。

從上述構詞與音韻的角度來看，造成小稱音變的關鍵點在於小稱詞是否具有共同的小稱高調現象，以及最末詞根與小稱的互動關係，此外，漢語音系單字音節模的無標形式的強勢規範，正是驅使小稱韻律詞中的最末詞根與小稱之間，從雙音節演變到單字音節模時，中間產生不同的變體。故而小稱音韻的變遷與構詞層面的關連，實不可切分來看待。

至於小稱的「高調」徵性為什麼會成為新屋海陸腔小稱節縮至詞根的制約條件？要進一步回答這個問題，必須透過下一章的方言比較以瞭解小稱聲調的歷時性發展。

3.3　本章小結與問題的未決

本章從共時層面探討新屋海陸腔的小稱詞。3.1 節首先從語意演變與詞法功能來界定小稱詞，並提出新屋海陸腔小稱詞具有多樣性的語音形式與類型，語音形式主要有三類型：（1）疊韻，以構成詞幹的後加成分，包括重複韻尾的自成音節鼻、邊音；（2）小稱變調，包括升調、本調高調、促化式——中塞式、舒化式——特高升調、元音延展等，各小類主要為小稱詞形消失後的一種補償作用；（3）單音節後綴式，包括央元音式 [ə⁵⁵]、四縣音式 [e⁵⁵]。這些語音形式並透過 PRAAT 的聲學分析來驗證，以呈現小稱共時性的混雜面貌，並初步瞭解小稱的相關問題點。

在小稱詞 PRAAT 的聲學分析當中，我們印證並初步解釋小稱各式變體的存在性，分別從調域、疊韻、焦點、變調、中塞式、類推或殘餘等六個方面瞭解小稱音變的一些問題。其中，焦點可為小稱焦點或詞根焦點，因而造成小稱調的拉長或縮短，可以預期的是在小稱調急速拉高並縮短時，在韻尾前或韻尾後均容易滋生緊喉音；小稱變調的結果，可能導致原先不同基本調的詞根，但在小稱變調的表現中卻與另一基本調形成調位的中立化；從中塞式小稱詞的分析當中，觀察到小稱演變的過程性，文中所舉的小稱詞從原先的三音節過渡到二音節時，詞根即被具有滑音性質的阻隔音阻斷，又為了要讓韻尾的小稱音拉高，而使得詞根在音高的第二段預期性的先拉高，以做為預備發小稱音，進而表小稱音，之後形成單字音節模的升調形式；在類推或殘餘的分析當中，我們的假設是：新竹或新屋的海陸腔在更早時期的高平調與升調中，至少有過小稱詞或小稱音，這個假設可經由第四章進一步證實。

在 3.2 節，我們著重從共時理論觀點，分析構詞與小稱音變的過程性與合音機制。一開始先分析音節結構，我們主張小稱音變的四個演變階段：兩個正常音節→一個半音節→一個長音節→一個正常音節，過程中，致使小稱形態消失，並使詞根音節中的成分重新分析成帶有小稱高調徵性的詞根；另外，從韻律構詞的角度，我們先對詞根韻基部分複製基模，再對輕音部分的基模單位減少一音拍以成殘音步，進而再減少一音拍以成正常單音節。整體來看，小稱的音變模式如下所示：正常雙音節的無標階段→非正常音節的有標階段→正常單音節的無標階段，其中，漢語音系中單字音節模的規範則具有強大的約束力。透過共時層面的理論分析，我們可從中看出小稱音變的大致樣貌，小稱語音在多樣性的變化當中卻仍能理出部分音變的規律性。但我們仍需解釋以下的一些問題，以瞭解小稱各式變體產生的真正原因，以及小稱音變的整體格局。

（一）在上述立論當中，小稱音變的始源為什麼是從後綴形式 [ə⁵⁵] 開始，而非其他階段？又同為另一後綴形式的疊韻型小稱 [VC⁵⁵]，兩者之間的關連為何？

（二）小稱音變體現在聲調的歷時方面，具有什麼樣的制約性？

（三）在 3.1 節提及小稱的語音形式會因小稱音長的縮短而可能在中或後帶有喉塞音。「高調加喉塞尾」或「高調加喉塞音」，這和小稱音的發生起源是否具有關連呢？此類語音的呈現是否同時和生理、心理均具有關連？

（四）是什麼動因造成新屋海陸腔小稱詞產生音變？在眾多變體當中，雖可推演部分變體之間的音變過程性，但有沒有可能一些變體其實是出自於方言接觸？

（五）在小稱合音變調之後，我們如何辨別小稱的單字音節模與基本調可能形成調位或音位的中立化問題？這也是一個極待考證的小稱構詞音變的歷史問題。

（六）對於小稱語意、語音方面可能產生的語法化輪迴現象，也無法經由上述理論得到較好的解說。

本文在小稱的共時研究當中，採取語音性而非音位性的分析，是因為我們可以在眾多的變體當中，漸漸理出音變的苗頭與音變的可能過程。至於一些無法解決的問題，我們仍要透過其他方式來加以分析詮釋。

　　在共時平面中，雖然我們試著從不同的方法與理論來詮釋小稱音變，而且也似乎可以得到合情合理的演變過程，但我們仍不能忽略其他可能造成小稱音變的變數，況且在人名、親屬稱謂、地名等當中的小稱詞，大多為單字音節模或長音節階段的形式，此「看似」反映較早的小稱形式，而這部分也無法從共時層面的分析當中來理解，要探討相關的問題實牽涉到海陸客語小稱音的歷史來源。對於小稱的種種問題，我們將從下一章的歷時層面繼續探索。

第四章 新屋海陸腔小稱詞的歷時層面探索

本章主要從小稱的語意、語音演變來探究小稱變體間的歷時源流，含括時間層與空間層的關連，以及小稱顯現在語意、語音與構式方面的語法化輪迴。共分四節，4.1 節先瞭解小稱顯現在語意、語用方面的語法化歷程，並針對小稱多層次變體的來源做初步的推演；4.2 節探討新屋海陸腔高調的性質與來源，並從方言比較談起，目的在於釐清小稱變體間的層次關係，尤其是「高調」小稱的性質與來源，含括小稱中立化的歷史音變問題；在瞭解小稱語音各式變體間的大致樣貌與來源之後，4.3 節另解釋跳脫主流音變格局的小稱音，並解析小稱語音的語法化輪迴現象，包括語音、構式與語意互動之下語法化輪迴的形成；4.4 節為本章小結與本章對歷時音變的啟示。

4.1 多層次變體與語法化輪迴

「變體」（variants）指的是一種語言形式在某種內部音變或外部社會環境之下，形成兩種或多種形式的交替使用。（Labov 1984、陳松岑 1999、戴維・克里斯特爾編 2000：378）Labov（1984）雖從社會語言學的角度，系統的考察變體的各個層次及層次之間的關係，但也不排除結合內部音變來考察變體。因而本文以「多層次變體」（multi-stratum variants）的角度來探討這些不同的變體形式，形式之間或為時間層的演變關係（如新屋海陸腔疊韻型與變調型小稱之間的變化過程），或為空間層的競爭關係（如新屋海陸腔後綴型小稱ə與 e 的互

競關係），亦或時、空之下的互協關係（如臺灣四海話的形成或新屋海陸腔小稱特色的形成）。本節先從 4.1.1 節語法化輪迴的角度先審視小稱的語意演變與小稱的形式交替，並指出方言中「指小」與「小稱」的關連；4.1.2 節則討論小稱多層次變體體現在空間層與時間層方面的歷史源流，有關小稱高調的源流因牽連到內部音系、地緣關係、以及漢語方言變調型小稱普遍的高調形式，因而對於小稱高調的源流另於 4.2 節討論。

4.1.1 小稱的語意演變與形式交替

　　Jurafsky（1996）從語言普遍發展的觀點，將小稱詞語意、語用的演變以輻射型呈現，其中心範疇為「child」，此通常為歷時源流的中心意。如下所示：

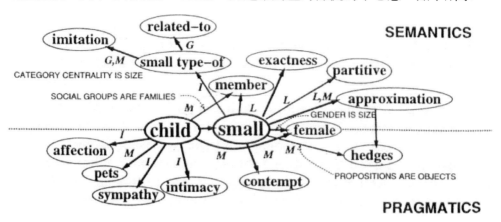

　　漢語方言小稱的語意、語用演變，大體也循輻射模型而發展，但語意的歷程演變則是單向性的。曹逢甫（2006），曹逢甫、劉秀雪（2008）參考眾多學者對漢語方言小稱類別的討論，將小稱詞的語意、語用演變與語法上的語法化歷程整理成六個階段，我們以此為分類的基準，如下所示：（F 階段的助詞在目前的研究中，只在少數的漢語方言之中發現）

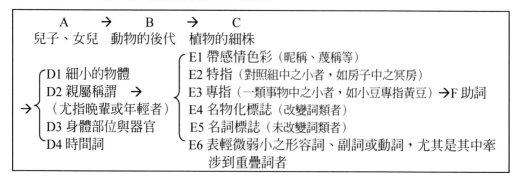

　　我們先來瞭解新屋海陸腔小稱詞「仔」六個階段的語法化歷程。〔註1〕（在此暫不論小稱詞的語音形式是否已與前一音節節縮，均以「仔」表小稱，斜體部分表筆者另行加上去的項目，若是語境之下才出現的詞彙，另特別指出）

階　段		語意、語用演變、語法功能	舉　例
A		兒子、女兒	倈仔（兒子）、妹仔（女兒）（「仔」在此不具後代意）
B		動物	兔仔（兔子）、鴨仔（鴨子）、貓仔（貓）、豬仔（豬）、鳥仔（鳥）、鶯仔（鶯）、燕仔（燕）、白頭鶴仔（白頭翁）
C		植物	竹仔（竹子）、豆仔（豆子）、瓜仔（瓜）、樹仔（樹）、芳仔（指植物上之刺）
D	D1	細小之物（不特別指稱個中較小者）	刀仔（刀子）、索仔（繩子）、秤仔（秤）、日誌仔（日誌）、月曆仔（月曆）、郵票仔（郵票）、極樂仔（陀螺）、手扣仔（手拷）
	D2	親屬稱謂	阿舅仔（小舅子，比「阿舅」（舅舅）輩份小）、阿叔仔（小叔，比「阿叔」（叔叔）輩份小）、阿姑仔（小姑，比「阿姑」（姑姑）輩份小）、細心舅仔（童養媳）、心舅仔（童養媳，「心舅」則爲「媳婦」）、孫仔（孫子）、外甥仔（外甥）
	D3	身體部位與器官	腰仔（腎）、腸仔（腸）、手指尾仔（小指）、毛辮仔（辮子）
E	E1	帶感情色彩	妹婿仔〔註2〕（女婿，具輕視意；或爲妹婿，無輕視意）、兄弟仔（兄弟）、大貨仔（大哥——或具有輕視意）、阿山仔（外省人——具歧視意）、番仔（原住民——具輕視意）、細妹仔（女孩，未成熟之女性）、學生仔（學生）
	E2	特指	師仔（徒弟，「師」則指「師父」）、和尚仔（道士，「和尚」則指「和尚」）

〔註1〕 本章將小稱語意方面的語法化（4.1 節）與語音方面的語法化（4.3 節）分立說明，是因：（1）小稱語意的演變通常伴隨語音的變化，但小稱語意方面的語法化歷程較不會牽涉到外來層次的問題，因所列詞彙中，除非特別說明者，疊韻型與變調型小稱多可兼用，分述語意與語音的語法化現象，並不會形成衝突；（2）小稱語音方面的語法化現象則牽涉到外來層次的問題，故而我們需在 4.1.2 節及 4.2 節中先釐清小稱語音的層次問題，後在 4.3 節中總結小稱語音方面的語法化輪迴。

〔註2〕 「妹婿仔」，三位發音人有不同的概念：一位於榔槺村，認知爲「女婿」，具輕視意；一位於新生村，認知爲「妹婿」，無輕視意；一位於新屋村，不加「仔」，說法爲「妹婿」。由於此三位的母語均爲道地的海陸腔，故均採用。相同的語詞或概念，有時會因個人或家族認知上的不同而採取不同的見解或採用不同的詞彙形式。再請教其他發音人，除第一種情形少見外，其他兩種情形都分別有人接受。但大體大家都可接受「妹婿」的說法爲「妹婿」或「老妹婿」；「女婿」大多爲「婿郎」的說法。

E4	名物化標記（改變詞類者）	形容詞	戇 A/戇仔 N（傻/傻子）、冰 A/冰仔 N（冰的/可食用的冰）、酸 A/酸仔 N（酸/芒果或桑椹）
		動詞	塞 V/塞仔 N（塞/塞子）、釘 V/釘仔 N（釘/釘子）、擋 V/擋仔 N（擋/腳踏車的煞車擋）、釣 V/釣仔 N（釣/釣具）、磅 V/磅仔 N（磅/磅秤）、包 V/包仔 N（包/包子）、撲 V/撲仔 N（揮動/蝴蝶）、𢯪 V/𢯪仔 N（撈、摸/縫隙）
		名量詞	領 QV/領仔 N（領/領子）、盒 Q/盒仔 N（盒/盒子）
		數量詞	一張/一張仔（一張/語境之下指單張的沙發椅）、一梗/一梗仔（一梗/語境之下指單隻的橫木）〔註3〕
		序數詞	第三/第三仔（第三/老三，語境之下指排行第三的人，不同於「第三个」（第三個））
E5	名詞標記（未改變詞類者）	名詞	族譜仔（族譜）、樹仔（樹）、柏德仔（肖楠）、布仔（布）、句仔（句子）
E6	表微弱小之形容詞、副詞或動詞，尤其是其中牽涉到重疊詞者	數＋量詞＋仔	一滴仔（一點兒）、兩杯仔（兩小杯，意指少量）
		形容詞＋仔	烏烏仔（有點黑黑的）、白白仔（有點白白的）、賁賁仔（有點厚厚的）、戇戇仔（有點傻傻的）
		動詞＋仔	笑笑仔（有點兒笑）、摸摸仔（稍微摸一摸）、釘釘仔（稍微釘一釘）
		副詞＋仔	漸漸仔（漸漸地）、普通仔（還不錯）、慢慢仔（慢慢地）
		時間＋仔〔註4〕	半晝暗仔（約上午十點左右或下午兩三點）、臨暗仔（傍晚）、半晝仔（近中午）、該暫仔（那一陣子）、該泊仔（那一陣子）、頭下仔（剛才）、頭先仔（剛才）、加一下仔（等一下）、幾日仔（幾天，非疑問詞）
		動詞性短語〔註5〕	有較熱兜仔（有比較熱一點點）、打平過仔（沒賺沒賠）
		反身代詞	佢自家仔（此詞出現在語境當中為：「……，佢自家仔啦」）（（談論小孩玩耍一事）……，他自己一個啦）

〔註3〕數量詞與序數詞為語境之下出現的名物化小稱詞，原則上具有指涉關係，為語境之下的「專指」，在這裡，暫且把這類小稱詞置在名物化標記的類別之下，語意上帶有表小意。

〔註4〕時間詞在曹逢甫、劉秀雪（2008）的表中雖歸在 D4，但我們從文獻當中找不到適切的例子，在此，時間詞的小稱表現較屬於表微弱小之時間副詞，故而暫且將其歸在 E6。

〔註5〕短語形式的小稱表現多位於句尾，其是否為語法化歷程當中的 F（助詞）階段，則可再斟酌。

　　除此之外，我們發現一些語詞無法放到上述的模式之中，暫且另歸一類 E7，如下所示：

階段		語意、語用演變、語法功能	舉例		
E	E7	表不同語體的說法（此為隨意體或口語體）	*方位＋仔*	奈位仔（哪裡）、這位仔（這裡）〔註6〕、壁角仔（角落）	
			地名＋仔	犁頭洲（地名正式說法）/**犁頭洲仔**（地名隨意說法）、北勢（地名正式說法）/**北勢仔**（地名隨意說法）	
			動詞	承租仔（此詞出現在語境當中為：「……，頭家又愛承租仔」）（（談論耕田一事）……，老闆又喜歡承租）、食夜仔（吃晚餐，此詞出現在語境當中）	

　　上述提及的「一張仔」、「一梗仔」、「第三仔」、「承租仔」、「食夜仔」、「族譜仔」等等，這些詞對應於四縣較無相應的說法。新屋海陸腔小稱詞分布的詞彙環境比四縣腔普及，這一觀點或不如一般的認定，因若不認為海陸腔基本調為高平、升調的部分詞彙即帶有小稱時（通常這一類詞對應於四縣具小稱詞形），則會認為四縣小稱的詞彙分布多於海陸。（相關論述見後文 4.2 節）推估這一類詞在新屋海陸腔產生小稱詞的原因是經由小稱變調後，泛化類推到其他類詞的結果，包含語境當中產生的小稱變調。

　　小稱詞並非只是構成名詞的成分，它也可以出現在形容詞、動詞、量詞……等之後，另外也可加在重疊形容詞或重疊動詞之後，語意上會帶有「一些、一點」表加強或減弱語意的程度。〔註7〕重疊形式的語意與附加小稱詞的語意可從三方面來談：第一、重疊形式本身帶有加強程度的意味，小稱詞則帶有小意，如「烏烏」，比「烏」還要黑一些，而「烏烏仔」意指「有一些黑」，較「烏」不那麼黑，黑的程度也不及「烏烏」，可見小稱詞「仔」在這裡發揮了作用，上述詞「黑」的程度等級排列分別為：「烏烏」＞「烏」＞「烏烏仔」；第二、重疊形式本身帶有加強程度的意味，而小稱的作用在於表示約略的用語，如「肥嘟嘟仔」表「胖胖的樣子」；第三、重疊形式本身帶有弱化或短暫貌的語意（或

〔註6〕此二詞若省略「仔」並不會影響到語意，或為隨意體與正式體用法上的區別。

〔註7〕有關重疊形式表短暫貌、嘗試貌、加強或減弱語意程度的相關論述，臺灣閩語參見 Tsao（1996），臺灣客語參見羅肇錦（1990）、Lai（2006）。

帶有小意），亦即重疊形式的語意相較於原型，程度稍弱（或與語詞本身的語意有關），如「輕輕」，因而這類詞也容易帶上小稱，如：輕輕→輕輕仔，二者語意均弱於「輕」，甚至有些重疊形式較不單說，通常需加小稱詞才構成詞彙，如「漸漸」少說，較常以「漸漸仔」來表示。

漢語方言的小稱詞，形態與語音方面的表現多所不同，例如，子、囝、仔、兒、崽……等等，且呈現了形態上的交替現象，例如，臺灣閩南語「桌仔」（桌子）、「桌仔囝」（小桌子）；北京普通話「桌子」～「桌兒」、「小桌子」～「小桌兒」……等等。為什麼有不同的形態交替現象？這或許牽涉到「語法化輪迴」的概念，小稱詞在語法化的過程當中，形態隨著時間而褪色、淡化，當人們普遍性不自覺時，就很容易再重新啟用一個新的形式來表達小稱的概念，這個新的形式不管與舊的形式是否相同，但它們最後往往在形態與功能上的演變會趨向於分工。如，閩南語的小稱「仔」與「囝」，「仔」的前身本為「囝」（連金發1998，曹逢甫、劉秀雪2001），分工之後，「仔」已完成一輪的語法化現象，且傾向於成為語法功能詞，而「囝」則普遍帶有小意，且為新一輪的小稱詞。

客語小稱的詞彙形態普遍採用「仔」。〔註8〕以新屋海陸腔來說，小稱的語音與語意逐漸弱化〔註9〕，但同時也可見不同的形態表達指小意〔註10〕，例如「鴨仔」（鴨子）與「鴨子」（小鴨）、「細鴨仔」（小鴨）與「細鴨子」（較小的小鴨）的對比關係。位於詞頭的「細」（小）與位於詞尾的「子」均為指小，然而，這些是新的形式嗎？我們比照 3.1 節對小稱的定義，可以看到這兩種形式並未普及到現有的小稱詞彙，現有的小稱詞「仔」部分仍帶小稱意，如「阿舅仔」（小

〔註8〕 黃雪貞（1995）、葉瑞娟（1998）均採用「兒」字。客語小稱本字是否為「兒」仍有爭議，因為這牽涉到漢語方言小稱的來源問題，本文暫以「仔」表示。語言之間具有類同的小稱語意演變，但卻不一定為同源關係，就漢語方言有眾多的小稱語音形式來看，語音形式之間是否具有相同的來源仍有待進一步探究。有關東南各地小稱詞為單源還是多源的爭論亦可參見曹志耘（2001）。

〔註9〕 從第三章研究所示，小稱詞音位、調位的呈現方式，本文雖傾向採「□ᵗᵗ⁵」的形式，但詞彙上仍會以下標法來顯示「仔」，以免與單字詞的語音、語意混淆。有關小稱語音的語法化輪迴，因需先釐清一些時間層與空間層的演變或競爭關係，含括方言的比較，故這部分留待最後的 4.3 節來討論。

〔註10〕 以不同形態來表達指小意，此並非因語音逐漸弱化而產生的，此由臺灣四縣或新竹海陸腔的小稱系統可看出。

舅子)、「心舅仔」(童養媳),有些則已不帶小稱意,但也未見另一形式的產生,如「樹仔」、「竹仔」,但這一類的詞語多半可以用「大」或「細」(小)來指稱較大或較小者。詞頭的「細」為修飾性的形容詞,詞尾的「子」則具有指稱「小稱後代」的名詞性意義。比較新屋客語「細」、「子」、「仔」具有小意的程度關係如下:

細雞子(仔)＜雞子(仔)＜細雞仔＜雞仔＜大雞仔

括弧中的「仔」為新屋四縣的說法,「雞子」為正式體,「雞子仔」則為隨意體,比較容易隨著語境而產生,如「捉幾隻(細)雞子仔來畜。」(捉幾隻小雞來養)。相對的,在新屋海陸,我們較難找到與之相對應的說辭,或許是因為「子」為升調,若小稱詞「仔」已與前詞根合併時,則較不容易看出「仔」的痕跡。可以看出的是「仔」指稱動物時為通稱,「細」則用於帶有比較時指稱較小的修飾語,亦或用於強調,如「細雞子」一般指稱「小雞」,非特指小雞中的小雞,不過,在語境中具比較的情形之下,亦可指小雞中的小雞;另「細心舅仔」意指「心舅仔」,當「細」具有強調意時,視語境而可特別強調「細心舅仔」的身份地位。另外,新屋四縣「XX 子仔」的用法並不普遍,較常在語境之下出現,且「仔」有時帶有蔑稱,如「細綜子仔」,正常之下不會有如此的說法,但在某種語境之下可帶有蔑稱意,因為正常的粽子不該是小小的。

回到前面所提的一個問題,「子」具有指稱「小稱後代」的名詞性意義,那麼,它會是小稱的新形式嗎?要瞭解這個問題,我們必須再去瞭解方言中真正的指小與小稱的差別,同時也可參考指小與小稱語意在非漢語方面的表現。以下先看「子」的情形。

當小稱詞逐漸泛化到其他詞類,使得指小的語意愈來愈模糊時,方言中通常會再產生另一小稱詞來指稱真實的小意,而舊有的小稱在部分語詞中仍具有指小的語意功能,但因為普遍泛化或近於「通稱」,與實際「指小」的另一詞產生分工。客方言中,最為普遍的小稱詞通常以「仔」表示,但相對的也會有一「子」來表示實際的指小語意。「仔」的語意、語用演變與語法上的語法化輪迴符合五個基本階段:A→B→C→D→E,而實際指小的「子」似乎為新一輪的小稱詞,在此,我們先觀察新屋海陸腔的「子」在語意、語用與語法的演變上,是不是也能符合這五個基本階段:

階　　段		語意、語用演變、語法功能	舉　　例	
A		兒子、女兒	供子（生小孩）、滿子（最末的兒子）、兩子爺（兩父子）、兩子哀（兩母子）、長子（第一個兒子）	
B		動物	鴨子（小鴨）、牛子（小牛）、貓子（小貓）、豬子（小豬）、鳥子（小鳥）	
C		植物	果子（水果）、打子（結子）、椰子（外來詞，文讀）	
D	D1	細小之物	粽子（客家人的粄粽如果做成像一口粽時，因比正常的「粽仔」（粽子）小，稱之為「粽子」（小粽子））、遮子（小雨傘）、棋子（文讀）	
	D2	親屬稱謂	（無）	
	D3	身體部位與器官	（無）	
E	E1	帶感情色彩	孽子（文讀，應是「孽」起作用而非「子」）	
	E2	特指	利子（利息，比本金少）	
	E3	專指	（無）	
	E4	名物化標記	形容詞	白A／白子N（文讀）（白的/指基因突變呈白色狀的物種）
	E6	表微弱小之形容詞、副詞或動詞，尤其是其中牽涉到重疊詞者	（無）	
	E7	表不同語體的說法（此為正式體）	地名＋子	下庄子（文讀、正式體）、社子（文讀、正式體）

以上，「子」似乎也符合語意演變的五個階段，只是能產性不高，「子」較能產於 B 動物階段，D1 細小之物階段次之，部分語詞與臺灣華語相同，屬文讀層。比照 3.1 節我們對小稱的定義，嚴格說起來，「子」還不具小稱泛化的現象，我們把這種能產性不高，又較能產於 B 動物階段的語詞（亦可參考是否存在「□仔」與「□子」的語意差，尤以後者必須具有實際的指小作用），以「指小詞」來指稱。然而，我們的問題是，「指小詞」是後起語法化輪迴現象的初始階段嗎？對於這個問題，我們先做保留。客語屬東南方言的一支，與當地少數民族語具有互動關係，故而以下我們比較非漢語方言中通稱、指小與小稱的作用之後，再來定奪指小與小稱的問題。

中國大陸少數民族語較北方官話來說，大致上具有詞序相反、修飾語在後等語法特色，且動物名稱在語意方面的分類中，性別、大小的指稱性均相當豐

富，這些特性在某一程度上與東南漢語方言較接近。以哈尼語為例，哈尼語是屬於漢藏語系藏緬語族南部語群緬彝語支的一種語言，分布也較廣。哈尼語在動物的性別上分通性、陰性、陽性、騙性幾類，其中，通性為單式語素或前加 a 詞頭，具有構詞作用並能區別詞類。在大小的區別中，後綴式的「母」[ma^{33}] 可表「陰性、大、生育過」，後綴式的 [za^{31}] 表示「子、小、下輩」，亦或有大、中、小三級的區分，除大小、雌雄之外，哈尼語動物名詞還有一些比較特殊的附加意義，這些附加意義可做為一部分名詞的區別性義素，例如部分動物可分成未生育過的（或未下過蛋的）與生育過的（或下過蛋的）。（李永燧、王爾松 1986：31-33，李澤然 2001：184-219，羅肇錦 2006b）

客語具有與少數民族語類同的語法特色，包含與北方官話相較之下的詞序相反（如「鬧熱」（熱鬧）、「雞嫲」（母雞）、修飾語在後（如「雞嫲」（母雞）、「雞僆仔」（未下過蛋的小母雞）），在動物名詞的分別上也具有陰、陽性之分，如「雞嫲、雞公」（母雞、公雞）；生育、未生育過，如「雞嫲、雞僆仔」（母雞、未下過蛋的小母雞）；大、次中、次小、小之分，如「雞嫲/雞公、雞僆仔/雞谷仔、雞牳、雞子」（母雞/公雞、未下過蛋的小母雞/未配種的小公雞、未長大之中雞、小雞，其中後兩者未有陰陽之分），而「雞仔」（雞）為通稱或總稱，實際的指小詞則以「雞子」（小雞）稱之。

客語「子」與哈尼語後綴 [za^{31}] 的語意與語法功能較接近，「za^{31}」亦表「兒子」，而客語小稱「仔」反而接近哈尼語動物名詞中表通性的單式語素或前加成分的「a」，哈尼語的「a^{31} ȵi^{55}」則表「小孩」（李永燧、王爾松 1986：31-33），「a」雖為前綴式的通稱，但也具有表小的意義。 [註11] 那麼，非漢語方言的小稱是不是也具有語法化輪迴的演變？還是語言當中本就具有不同的指小語素？

〔註11〕 「a」或相當於漢語方言中的「阿」，但「a」較「阿」的使用範圍較廣。「a」詞頭普遍存在於藏緬語族的許多語言之中，依汪大年（1992）分析，認為其來源是多方面的，在親屬稱謂中，與漢語方言同具有表達親暱感情的語用功能，此似乎與小稱有著某種共通的愛稱行為。同時，詞頭「a」與漢語方言的小稱詞具有相同的構詞功能，表名物化、轉換詞類，或純構詞作用。只是我們不確定「a」早期的語意是否與漢語方言的小稱詞相同，也具有「小」或「後代」的語意，以「a」顯示的語意來看，似乎也歷經某種語法化演變的途徑，這部分還需進一步探討。對「a」詞頭來源的說法，有一派學者認為和人稱代詞有關，關於人稱代詞的相關論述，於第五章討論。

「指小詞」為輪迴性的亦或為共存性小稱現象？若為共存性小稱，通稱性「小稱詞」與實際指小詞的詞彙環境分布，語意上並不會形成衝突或對立，就如同客語的小稱詞「仔」與指小詞「子」，當兩者同帶有「指小意」時，各有各的詞彙分布環境。從漢語方言的發展來看，同一語言之中或可帶有不同性質的「指小」詞形，且其一指小詞會逐漸泛化成所謂的「小稱」，並與不同語意的「指小詞」分工。但非漢語方言中的小稱詞是否具有泛化，並走上與漢語方言小稱詞相同的發展路線而形成語法化輪迴現象？這部分仍需擴大漢語方言與非漢語方言的小稱或指小比較，才能做最後的定奪。

對於客語「仔」在某些語詞當中仍具小稱意，並泛化到其他不具小意的語詞之中，又「子」不與「仔」的指小意衝突，同時「子」具有不少的外來層次，本文暫且將指小的「子」視為小稱新一輪語法化輪迴的初始現象，這種現象未來會不會陸續泛化到其他詞當中，則必須視語言內部系統的發展或外部環境的刺激而定。雖然「子」在古籍中早已存在，只是做為客語「小稱詞」並呈現泛化傾向的「子」字，應屬舊詞新用的新形式小稱詞，不過沒有完全取代舊有形式的「仔」，使用上也未及「仔」普及，或較適合稱之為「類小稱詞」。〔註12〕

4.1.2 多層次變體來源的初步檢視

對於不同形式的小稱交替現象，以及不同類型的小稱音變，我們應如何看待之間的關連與來源問題？會只是單純的自由變體嗎？從不同的變體當中我們可以窺知什麼樣的訊息？

我們整理了第三章有關新屋海陸腔小稱詞的類型及其分布環境，如下所示：

小稱類型		分 布	舉 例		備 註
疊韻型	VC	各韻均有可能	凳仔	ten^{11} en^{55}	所舉二例的分布非絕對性
	N	-N	凳仔	ten^{11} n^{55}	
	l	-t	鐵仔	$tet^{5>2}$ l^{55}	
變調型	升調	基本調非高平調	帽仔	mo^{24}	帽，基本調為中平
	高平調	基本調為高平調	羊仔	$ʒioŋ^{55}$	

〔註12〕 指尚未發展成熟的小稱詞，其「成熟性」或不容易劃分，原則上將以前述「指小詞」的定義為參考準則，其「能產性」則參照一般漢語方言小稱詞出現的詞彙分布是否具語法化歷程的五個階段，及其各次類階段而定。

	中塞式	入聲韻爲多，亦有舒聲韻	藥仔	ȝio²²ʔok⁵	
	特高升調	基本調非高調爲多	妹仔	moi↗	實際調值比[25]還高
	元音延展	各韻均有可能	妹仔	mooi¹¹⁵	
後綴型	ə	入聲韻爲多	鴨仔	ap⁵˙² ə⁵⁵	
	e	各韻均有可能	柑仔	kam⁵³ me⁵⁵	

在這樣多層次的小稱變體當中，各類型之間非絕對性的互補分布，部分變體是屬於自由變換的，如多數語詞均可爲疊韻型或變調型小稱，部分則是屬於條件式的小稱變體，如自成音節鼻音的小稱詞只出現在詞根爲陽聲韻之後。不過在眾多變體之間並不會造成語意上的對立。以下從平行性演變、地緣性關係、歷史音韻演變等三方面來檢視多層次變體的性質與可能的來源。

（一）小稱詞顯現的不平行演變關係

新屋海陸腔小稱詞，第一點不平行演變的關係表現在小稱詞的分布環境。[e⁵⁵] 爲明確的外來形式暫不討論外，小稱在詞根調值方面的分布環境則透露了幾點特色：（1）後綴式小稱詞的分布環境在調值爲高平、升調中較少出現，如「羊」[55]、「狗」[24] 表層中不具後綴式小稱詞形（在海四話中或允許後綴式小稱詞「e」出現）；（2）[ə⁵⁵] 分布在入聲韻爲多；（3）成音節鼻音小稱只出現在詞根爲陽聲韻之後；（4）成音節邊音的小稱只出現在詞根爲舌尖入聲韻之後。對於（1）的特色與相關的問題，我們另於 4.2 節討論；（2）的特色牽涉到韻尾的發音方法，韻尾收塞音時即形成一道阻塞，使得 [ə⁵⁵] 較不容易在語流當中消失或聲調節縮到前一字的詞根之中，亦或相較於詞根爲陰聲韻、陽聲韻的疊韻型小稱，入聲韻產生疊韻型小稱的能力也較其他二者的速度來得慢，故無論從語流或音理上，較之疊韻型小稱，[ə⁵⁵] 出現在入聲韻爲多，不過，詞根爲入聲韻的詞仍具有單音節模小稱變調的變體形式：□²⁵；（3）與（4）的特色，明顯是受到韻尾形式的影響而產生的，其中舌尖塞音與邊音的發音部位較接近。從小稱變體在詞根調值方面的的分布環境來看，部分變體出現的環境受限於詞根的音韻條件，因此，對於小稱詞顯現的不平行演變關係，不能忽略音韻條件的相倚性。

第二點不平行演變的關係表現在變調型小稱的不同次類樣貌。音韻詞最末詞根的基底與表層聲調，有時會表現的不一樣，基底聲調爲基本調時，表層聲

調則分別可能有升調、高平調、中塞式、特高升調、元音延展等樣貌，亦或長音節、正常單音節模的韻尾高調形式。也就是說不具後綴式小稱詞的詞根本身帶小稱音時，調值會隨著詞根基本調調值的不同而改變，亦或致使詞根音節結構重新整合。原則上，單字音模的小稱變調，表層的聲調結構均爲韻尾高調的格局，只是，爲什麼會有如此多的次類樣貌？從前章的聲學分析中，發現有些變體具線性音變的關連，但我們發現這些次類小稱卻又可分見於不同漢語方言的小稱之中，是巧同？亦或是語音演變的自然趨勢？我們必須有較好的解釋。

（二）海陸客語的地緣

地緣性可從兩方面來觀察，一從原鄉海陸客語的周遭地緣，二從新屋客語的周遭地緣。

從原鄉的地緣來看，臺灣的海陸客主要是來自於今粵東地區的海豐、陸豐、陸河三縣的客家人，兩岸海陸客的語音系統十分接近。（潘家懿 2000）但我們在相關的語料文獻中並未發現與新屋海陸相同的疊韻型小稱或變調型小稱。相關文獻中的資料如下所示：〔註 13〕

（70）海陸客及相關地緣的小稱詞比較

語　料	兒　子	女　兒	補充說明
《客語陸豐方言》〔註 14〕	[laĭ-tsɛ]，[laĭ-tsê]	[moĭ-tsɛ]，[moĭ-tsê]	一般名詞不加小稱詞，即使在口語的例句中也不出現
《客英大辭典》〔註 15〕	𡟓子[lài tsú]	妹仔[mòi tsái]	一般名詞不加小稱詞

〔註 13〕 文獻、字典均屬書面語，書面語對小稱詞的處理可能有兩種方式：（1）以音位化處理，是故，即使存在變體，在書面語中也看不出來；（2）不記錄小稱，有兩類情形：（a）實際情形即無小稱；（b）有小稱但小稱已傾向於無意義的語法功能詞，故不記錄。但在此仍列出相關語料以供參考。

〔註 14〕 《陸豐》所收相當口語性的例句當中亦無小稱詞的標示。《陸豐》所記錄的是一百多年前的海陸方言，算是現存保留原鄉口音較古的資料。（Schaank 1897）

〔註 15〕 《客英》所收之字音爲廣東地區的客家話，序言中雖未明確言明資料是採自哪一個方言點、哪一種方音系統，但從廣東地區客語次方言包含梅縣、四縣、海陸、饒平、大埔、豐順、五華……等等，再加上成書之初，編者並無企圖對所有的客語次方言統一一套語音系統，僅說明此字典對於在廣東說客語的人士有很大的幫助，顯示這本辭典適合不同腔調的人士使用。（MacIver 1992、賴文英 2003a）

廣東惠東客話〔註16〕		妹雨 [moiˇ iˊ]	構成小稱性質的後綴有兩種： 〜雨[iˊ]、〜仔[tsaiˇ]〔註17〕
臺灣四縣腔	倈仔 [lai⁵⁵ e³¹]	妹仔 [moi⁵⁵ e³¹]	一般名詞具小稱詞：名詞＋[e³¹]
新竹海陸腔	倈仔 [lai³³ ə⁵⁵]	妹仔 [moi¹¹ ə⁵⁵]	一般名詞具小稱詞：名詞＋[ə⁵⁵]

　　比較相關的方言點，廣東海豐客語的小稱詞為「tsʅ³⁵」，惠東、紫金的小稱詞一般用「小□」表示，動物多用「tsai³⁵」，〔註18〕說明海陸原鄉鄰近地區的小稱現象即已存在差異性，與新屋海陸的小稱音也具差異性，而且我們也不能據此判定原鄉才是較早的形式，畢竟兩地客家話均已歷經不同的演變，何者演變較劇則是難以定論的。

　　如果再擴大原鄉地區的區域範圍來比較，新屋海陸客語小稱詞的語音現象在某些程度上，分別相似於大埔客語的 35 調、粵語的 35/55 調、贛南于都禾丰、葛坳一帶的疊韻形式、粵北土話的舒化式、中塞式小稱，以及其他漢語方言小稱變調成高或升調的形式，但卻沒有一種方言的小稱類型可以與新屋海陸腔的小稱詞完全吻合，我們也很難解釋新屋海陸腔小稱詞不與原鄉相同，反而與原鄉周遭較遠地區的不同方言點分別類同。

　　從新屋客語的周遭地緣來看，由於筆者曾往返新屋鄰近地區的觀音、楊梅、湖口等地，其中的海陸腔也可聽到疊韻形式的小稱詞。原鄉地區既然沒有相同的小稱語音形式，則新屋與鄰近地區相同的小稱語音現象應視為共同創新或波浪擴散所致？因臺灣新竹海陸通行腔較無等同的小稱現象，又海陸客幾乎集中

〔註16〕　語料參見周日健（1994）。雖然臺灣南部客語也存在「i」的小稱音，但南北距差大，故排除影響性。這裡僅列出原鄉周遭及臺灣客語通行腔海陸、四縣的語音現象。

〔註17〕　依周日健（1994）分析，「雨」相當於梅縣客語的「e」韻，除了做為後綴，也可做為中綴，如「燕雨」（燕子）、「妹雨」（女兒）、「梳雨」（梳子）、「男雨人」（男人）；「仔」做為後綴，亦可構成名詞，有的表示小稱，有的表示某種感情色彩，如「後生仔」（年輕人）、「凳仔」（小板凳）、「姑仔」（小姑母）。「雨」與「仔」在詞彙中的分布條件，表現在語意方面的差異似乎不是很明確，因為「雨」、「仔」均可構成名詞的後綴，只是後者較傾向於指小或指小的延伸意。相較於臺灣四縣及海陸客語，「雨」、「仔」則均以相同的形式「仔」表示，只是四縣與海陸的小稱音不同。

〔註18〕　參見張為閔（2008）。

在北臺灣，今桃園縣內以觀音、新屋、楊梅為主，三地之交通往來並非密集，且周遭環境當中，以中壢為較繁榮之市區（中壢地區的語言已混雜太多語言於其中，含華語、閩南語、客語，或其他工業區的外來語），而新屋海陸腔分布的地緣性仍具有某種程度的一致性，因而我們排除鄰近地區的擴散影響，其來源是否為共同創新則有待進一步釐清。

此外，不同變體共存於同一方言系統之中，這種共時層面的語言現象，較有可能屬於多層次變體，問題是我們如何釐清時、空之間的變化關係？從周遭地緣的關連性與各方言的小稱形式，可以推測的是，周遭的地緣關係，無論從原鄉地或新生地來說，對新屋海陸腔疊韻型或變調型小稱的形成，影響均應不大，對其來源，我們將從不同的角度繼續探討下去。〔註19〕

（三）歷史音韻演變的角度

文獻中，若以歷史音韻演變的角度來審視，我們較難遇到一方言可同時允許多種語音形式為自由變體的小稱詞。〔註20〕新屋海陸腔小稱詞的語音從 [A] 演變到 [C] 時，中間可能存在不同的變體，這些變體又正好分別與不同的方言之間反映著某種「類同」現象，或許這代表各漢語方言小稱詞之間可以有語音演變的關連性，只要其中一式變體固化下來並成為優勢的主導力量，便有可能形成今日不同方言的小稱音，例如粵北土話的中塞式小稱形成當地方言固有的特色之一，而新屋海陸腔的中塞式小稱則尚未形成固有的特色。畢竟，小稱的語音演變受到太多內、外因素的制約，因而會有不同的演變規律，以及不同的演變方向、速度與結果。

首先是疊韻產生的語音解釋。先比較相關方言點的情形，粵北土話的促化式──中塞式小稱（庄初升、林立芳 2000，庄初升 2004）、吳語湯溪方言、金華方言的鼻尾型小稱韻母變化（曹志耘 2001），這些小稱變體與疊韻型或元音延展型小稱其實都有某種的關連性，因為小稱的樣貌原則上會與最末詞根的韻母有關，只是粵北土話其一為「中塞式」小稱特色，湯溪方言、金華方言選擇

〔註19〕 相關論述以及海陸原鄉周遭的大埔客語或粵語的小稱變調是否可能為影響的來源語，於 4.2 及 4.3 節繼續探討。

〔註20〕 鄭張尚芳（1980、1981）在探討溫州方言的小稱詞時，發現從雙音節到單音節模的小稱變調過程中，也出現不同音節長的變體現象。

保留原有單音節式成音節鼻音小稱，並將其掛在詞根韻末，成為「鼻尾型」小稱特色。其中，詞根主要元音跨音節或延展的部分則可視為某種形式的「疊韻」現象。至於新屋海陸客語，以重複詞根韻基為其小稱特色，之後小稱的形態消失但選擇保留原有後綴式小稱的高調徵性於韻末，亦或形成「中塞式」小稱變調。由上說明，不同方言本具有不同形式的小稱詞，但演變的過程或結果，卻可能產生相似的變體形式。〔註21〕如下所示：

主要特色+附加特色

粵北大村土話	袋 t^hu（一般的袋子）→t^huʔʉ˩（口袋）	中塞式+ʉ疊韻
湯溪方言	細刀兒 sia$^{53\text{-}33}$ tə-əŋ^{24}（小刀兒）	鼻尾型+ə疊韻
金華方言	兔兒 t^hu-ũ^{55}	鼻尾型+u疊韻
新屋海陸	兔 t^hu^{11}→兔仔 t^hu^{225}~t^hu^{11} u^{55}	u疊韻+尾高型
	妹 moi^{11}→妹仔 moi^{225}~moi^{22}ʔoi^5	oi疊韻+中塞式

由此看來，疊韻型可與中塞式及元音延展型小稱產生語音演變的關連。以新屋海陸「妹仔」（女兒）為例，為了尾音從詞根低音狀態到表小稱的升調，銜間處的聲調容易產生落差，因而在轉折處容易產生滑音性質的阻隔音，第三章以語音實驗證實過的「妹仔」即存在 moi^{11}ʔoi^{55}、moi^{11}ʔoi^5、mooi^{115}……等不同的變體形式〔註22〕。為了尾音短促性的急拉高以表小稱，除了在詞根中間可能會產生阻隔音之外，在韻末之後也可能產生帶一短促的緊喉音，例如 [mooi^{115}] 在發音時為連續性的，中間無阻隔，但調值 [5] 卻是短促的，因而容易產生後塞式的小稱音 [mooiʔ^{115}]，這個階段可視為進入正常單音節模的前一階段。後塞式小稱容易發生在舒化韻之末，這是因為入聲韻本已帶有短促的阻隔結尾音。在此我們忽略音變可能的起源點與其他可能的中間變體，將「妹仔」的疊韻型、變調型小稱及之間的變體關係推演如下（「妹」單字基本調為 [moi^{11}]）：

〔註21〕　這裡暫不考慮各方言小稱的最初來源，僅就語料的呈現而討論。在某一方面來說，方言之間的差異現象同於優選理論的主張，主要在於語言或方言間對相同的制約但卻各自採取了不同的等級排列。

〔註22〕　此處「妹」的實際調值並未到 [11] 那麼低，或調位化成 /moi^{225}/ 以表小稱，同時也可與基本單字調區分。

本音＋疊韻小稱　　中塞式變音　　後塞式變音　　　長音節　　　　正常音節

妹仔 moi^{11} oi^{55}→妹_仔 moi^{11}ʔoi^5→妹_仔 mooi?^{115}→妹_仔 mooi^{225}→妹_仔 moi$^{25\sim24}$（女兒）

　　到目前為止，漢語方言的小稱詞是否同源仍有待考證。不論小稱詞歷史音韻演變的起源為何，可以確認的是，即使漢語方言的小稱來源不同，從各方言小稱的語意、語音演變來看，卻可以往較一致性的路線來發展，小稱的語音不是簡化就是往高調型的小稱變調來發展。又，即使漢語方言中的小稱來源相同，其語音演變卻也呈現出「同中有異、異中有同」的繽紛現象。不管同源或不同源，小稱詞已隨語法化演變而逐漸成為語法功能詞，做為一個以語法功能為主要的後綴詞來說，語音容易產生變化，尤其是「隨遇而安」式的演變，亦即不是跟著詞根韻母走，就是隨著內部小稱系統的音韻規則在走。當方音中具有不同變體時，要選取哪一變體階段為其音韻特色則有所不同，若以「音位化」的方式處理，則其他的變體便「不存在」，殊不知在這些變體當中即可能存在語法化輪迴的現象。以新屋海陸腔的情形來說，若其「韻尾高調」的長音節形式為一特色且與基本調具有辨義作用，則有標形式的中塞式或後塞式變音，因與其他變體不存在辨義作用，也不存在環境分布的條件限制，在演變過程中停留的時間點，往往可能只是「曇花一現」，故而也容易被忽略。

　　新屋海陸腔有 -p、-t、-k 三個入聲韻，入聲韻的小稱音變也可見中塞式的變體形式，因入聲韻尾本已帶有阻塞音，當之後的小稱音節欲與詞根音節節縮時，語流中便容易使原有詞根的入聲韻尾產生弱化，成為滑音性質的阻隔音，而原先的入聲韻尾則轉移至帶有小稱聲調徵性的詞根韻末。以下，我們忽略音變可能的起源點與其他可能的中間變體，將中塞式與單音節模小稱變調的變體，顯示如下：

本音	變音 I	變音 II
葉 ʒiap^2	葉_仔 ʒia^{22}ʔap^5	葉_仔 ʒiap$^{\underline{25}}$（葉子）
鐵 tʰiet^5	鐵_仔 tʰie^{22}ʔet^5	鐵_仔 tʰiet$^{\underline{25}}$（鐵）
藥 ʒiok^2	藥_仔 ʒio^{22}ʔok^5	藥_仔 ʒiok$^{\underline{25}}$（藥）

　　新屋中塞式小稱的進一步演變為單音節模升調形式的小稱變調（即上例中的「變音 II」）。但同具中塞式小稱的粵北大村土話，卻不選擇相同的路線來演變，而是選取入聲韻尾的消失，其音變過程為：中塞式→後塞式→舒化的特殊

式→舒化的普通式，這些正是代表不同階段變體的整合與演變；又如，粵北石陂土話具有喉塞韻，但在小稱音變當中，屬於舒化式或促化式混合的自由變體類型，並無特別的分布環境，如「竹、谷五~」有時分別讀 tʃøʔ²³、køʔ²³，有時則分別讀成 tʃø³³、kø³³（庄初升 2004：240-265），反映入聲韻到舒聲韻的中間兼用體階段。在 1.2.1 節曾提及新屋饒平客話的部分入聲字，其入聲韻尾消失並成舒聲韻的升調模式，從詞彙來看，我們懷疑入聲韻尾的消失或反映與粵北土話類同的小稱音變現象。〔註 23〕

　　至於變調型小稱，其特色在於無論詞根的基本調為何，其尾音必為高調，致使一些調類產生中立化或形成新調位的現象（見 4.2.1 節）。我們發現在語篇或語境之下，小稱普遍以變調型居多，在詢問詞彙或句子時，小稱也不乏以疊韻型或變調型出現〔註 24〕，例如發音人 AA65 在所收 92 小稱詞中，疊韻型或變調型小稱高達 79 詞（約 86%）；發音人 AA28 在所收 63 小稱詞中，疊韻型或變調型小稱高達 61 詞（約 96.8%）。這些變體的產生或為語流、語體環境造就的一種共時層連帶關係，加之第三章的實驗語音分析，更加確知疊韻型、中塞式、元音延展、正常單音節模等小稱變體間具有線性或並存性音變的關連。

　　然而，仍有某些詞的小稱音變不同於其他小稱詞的走向，小稱音韻詞通常可兼具小稱變調與單音節後綴式，但某些詞卻只能為小稱變調而不容許後綴式的小稱詞，前者如一般詞彙「塞仔」/「塞仔」（瓶塞、塞子），後者如人名全稱「黃香妹仔」，另有某些小稱詞只能在語境中出現，而且只能為小稱變調，如名物化的數量詞「一張仔」（語境之下指單張的沙發椅）、名物化的序數詞「第三仔」（語境之下指排行老三的這個人）、動賓複合詞「食夜仔」（吃晚餐，語境之下出現）……等等。從歷史音韻演變的角度來看，似乎較少見到類似的語音變化，對此，我們將於 4.3 節從小稱語音、構式與語意互動的語法化輪迴觀點另做解

〔註 23〕　這部分需擴大饒平與周遭方言，如詔安話的比較才能有較好的定論，因觀看饒平語料的表現，產生聲調變異的入聲韻字，多數較屬於漢語方言中普遍存在的小稱音韻詞。因非本文討論重點，在此只點到相關問題點。漢語方言部分字入聲韻尾的消失是否與小稱音變有關，這倒是耐人尋味的一個問題。

〔註 24〕　詞彙、句子、語境三種語體之中，少數字的小稱音為單音節後綴式的ə，若以大約數來推測，語境之下較少出現ə。三種語體最大的差別在於，語境中出現的某些小稱音韻詞只能為小稱變調，且無法以後綴式小稱出現在詞彙、句子之中。

釋，因為在下一節，我們必須先釐清有關「高調」小稱變體的源流關係，之後才能為小稱語音的層次關係做較完整的定位。

新屋海陸腔的小稱詞正處在不同變體的競爭當中，變體之間部分具音韻變化條件的相倚性，其中又以小稱的高調徵性、詞根的韻母形式、語流變調與漢語音系單字音節模的無標形式為重要依歸，說明疊韻型小稱或變調型小稱似乎應屬後來的演變，而非存古現象；只是，這樣的特徵從自身系統來看為前無可溯，又非屬周遭地緣的影響，故而又似乎屬早期存古的發展。跳脫自身系統的格局來分析，贛、粵地區的方言也分別存在著某些類似的小稱語音現象。究竟這是一種存古？接觸關係？亦或共同的創新？從移民史角度，贛、粵之間本就具有密切的移民關係，若如此，則又似乎跳脫太遠了，而贛、粵不同方言點反映出的小稱類型，卻又集合成新屋海陸腔小稱詞總的特色。另外，我們還必須瞭解在形成疊韻型小稱之前，有無小稱的存在？若有，形式為何？若無，也要解釋為什麼無？因而這也牽涉到臺灣海陸腔小稱詞的來源。從前述 4.1.2（二）節原鄉海陸腔相關語料的顯示，從中也難判斷新屋或新竹海陸腔的前身是否帶有一般的小稱詞，而且新竹與新屋的來源地大半相同，卻各自發展出不同的語言特色，更何況原鄉的海陸腔長期處在閩語區，又受大陸普通話推行影響，其變化或比臺灣海陸腔更劇。從漢語方言普遍帶有小稱詞，且臺灣海陸通行腔的新竹海陸腔也帶有小稱詞來看，本文主張新屋海陸腔的前身是具有形態的小稱詞，且帶有高調的徵性〔註 25〕，這種高調徵性的小稱，應與新竹海陸客語的小稱同源。只是對於新屋海陸腔後綴式小稱與疊韻型小稱之間的關係，我們在後文仍會做一合理的詮釋。

各方言系統內部各有其能力產生個別性規律，亦或由外部系統產生的共通性規律共同運作著，各方言又各自主導規律發展的速度與方向，故而造就不同方言的小稱格局。只是我們需為新屋海陸腔反映出不協調的小稱變調，以及本節提出的問題做出較完善的解釋，包含新屋和新竹海陸腔小稱詞的差異性原因。以下，我們先來瞭解新屋海陸腔高調的性質與來源，其中牽涉到與周遭地

〔註 25〕 本文主張臺灣海陸腔的前身具有小稱詞，且帶有高調的徵性，以此為出發點可以較好解釋為何新屋與新竹同具有高調型的小稱，且新屋小稱的發展，本身為何具有不協調性。相關的說明，整理於 4.3 節。

緣類同的小稱變調，如大埔客語、粵語等，故而下節將從方言比較的觀點來瞭解方言間小稱變調的時、空關連。

4.2 新屋海陸腔高調的性質與來源：從方言比較談起

新屋海陸腔表層中的高調包含基本調為升調的上聲 [24]、高平的陽平 [55]、高入的陰入調 [5]，另外具有非基本調的特高升調 [25]（或 [225]）與超入 [25]。我們於第三章曾提及部分語詞基本調為高調時，因其調值為高平或升調，推測早期帶有後綴式小稱詞，但今表層已不見小稱詞形，是因小稱的高調徵性節縮至基本調中。對於新屋海陸腔高調的性質與來源，文中選取與原鄉海、陸豐客語鄰近的大埔客語、粵語來比較，同時也比較相關的梅縣客語、「四縣」〔註26〕客語、臺灣東勢客語等，以說明大埔客語（[35] / [55]）與新屋海陸客語（[25~225] / [55]）的升調與高平調小稱，兩者形成的機制與動因屬於不同性質，而粵語與新屋海陸客語升調與高平調小稱詞的形成機制與動因雖屬於類同性質，但實際內容不相同，同時說明漢語方言中，小稱變調普遍高調的形成機制與動因可以是殊途而同歸的。4.2.1 節先從不同的層面來瞭解新屋海陸腔高調的性質與來源；之後 4.2.2 節與 4.2.3 節，分別從大埔客語與粵語小稱變調形成的機制與動因談起，以瞭解大埔、東勢客語特殊 35 與 55 調的相關問題，並從新屋海陸腔小稱調位的中立化及調位常模化的過程性來審視粵語的小稱變調，以說明新海陸腔高調的性質與來源並非在原鄉受到大埔客語或粵語影響而產生的，同時探討漢語方言小稱變調後，普遍往高調模式發展的不同機制。

4.2.1 新屋海陸腔的高調

有關小稱變調形成的機制與動因有各種可能。我們的問題是：為什麼大部分漢語方言的小稱變調最終傾向於高調形式？而這樣的高調形式可以為小稱的來源做出什麼樣的解釋？漢語方言的小稱變調既然傾向於高升、高平

〔註26〕　臺灣的「四縣」客家話，包括今興寧、鎮平、平遠、五華等四縣，本節統一以「四縣」概括臺海兩地的四縣，不同於前述「四縣」僅指稱位於臺灣的四縣腔。亦參見 4.2.2.3（二）的說明。

調，那麼，第二個問題便是：方言中小稱變調的高升（或特高升調）或高平調形成的機制與動因是否相同？以下，分別從對稱性原則、地緣性原則、連讀變調、親屬稱謂詞、聲調系統等五個方面來瞭解新屋海陸腔高調的性質與來源。

（一）小稱詞顯現的對稱性與不對稱性

第一點不平行演變的關係表現在調類的分布。新屋海陸腔小稱音的表現與詞根基本調不同者，普遍出現在基本調為陰平 [53]、陰去 [11]、陽去 [33]、陰入 [5]、陽入 [2] 等字群之中，不平行演變的關係則較多表現在陽平 [55]、上聲 [24] 的字群之中（調值均為高調）。比照與海陸腔最相近的四縣腔，四縣腔的小稱詞分布在各調類之中。因此，對於海陸腔不對稱性的部分，我們可以有合理的懷疑與解釋。一個可能的關鍵為：四縣腔小稱詞的調值屬降調，非處於系統連讀變調的後字環境，而海陸腔小稱詞的調值屬高平調，處於上聲變調與陰入變調的後字環境之中。然而，同為高調的上聲、陽平，普遍不見後綴式小稱詞，而陰入卻普遍具有小稱詞，這也是不對稱性的演變關係。

第二點為平行演變的關係，表現在小稱詞泛化的情形。新屋海陸腔小稱詞分布在不同的詞類當中，含名詞、形容詞、副詞、動詞……，以及重疊詞等，並不會因為小稱詞不出現在陽平、上聲字中而受到影響。（此點也不同於大埔客語小稱詞的分布環境，見 4.2.2 節）

從前述兩點，我們發現小稱詞第三點不平行演變的關係表現在調值的分布。陽平、上聲之所以普遍不具有小稱詞形，是因為它們同屬於高調，這為前述的不對稱關係做了音變環境的條件解釋。但一個問題來了，陰入也是高調，卻為何有小稱詞形？要解釋這個問題則牽涉到下面第三部分海陸腔連讀變調規則的運作。

第四點不平行演變的關係表現在後綴式小稱詞 [ə⁵⁵] 的分布。這或許是個關鍵點，因為這牽連到[ə⁵⁵]是早期的還是晚期的語音現象？以及 [ə⁵⁵] 與其他小稱變體間的關連性？其中顯現一個現象：[ə⁵⁵] 的分布以入聲韻較多，在高平與升調當中則極少出現，似乎 [ə⁵⁵] 的出現環境有其音韻條件的限制，但又非絕對性。另外，入聲韻也可以 [e⁵⁵] 的形式出現。分別如下所示：

（71）新屋海陸腔高調但表層不具後綴式小稱詞形舉例

單字調	小稱調
鵝 ŋo⁵⁵	鵝 (仔) ŋo⁵⁵（鵝）
羊 ʒioŋ⁵⁵	羊 (仔) ʒioŋ⁵⁵（羊）
狗 keu²⁴	狗 (仔) keu²⁴（狗）
蛙 kuai²⁴	蛙 (仔) kuai²⁴（青蛙）
鐵 tʰiet⁵	鐵 (仔) tʰiet⁵（鐵）

（72）新屋海陸腔高調且表層具後綴式小稱詞形舉例

單字調	小稱調
鵝 ŋo⁵⁵	鵝仔 ŋo⁵⁵ e⁵⁵（鵝）
鵝 ŋo⁵⁵	鵝仔 ŋo⁵⁵ o⁵⁵（鵝）
禾 vo⁵⁵	禾仔 vo⁵⁵ o⁵⁵（稻子）
網 mioŋ²⁴	網仔 mioŋ²⁴⁾³³-oŋ⁵⁵
鴨 ap⁵	鴨仔 ap⁵⁾²ə⁵⁵（鴨子）
塞 tsʰet⁵	塞仔 tsʰet⁵⁾²ə⁵⁵（塞子）
塞 tsʰet⁵	塞仔 tsʰet⁵⁾²le⁵⁵（塞子）
日 nit⁵	日仔 nit⁵⁾²l̩⁵⁵（日子）

　　上述二類，我們發現在以海陸腔爲母語的不同發音人當中，即存在不同的認知，個別發音人的語料也呈現不一致性，例如，有些發音人容許新屋海陸腔高調可帶有小稱詞，如「禾仔」[vo⁵⁵ o⁵⁵]（稻子），有些則不容許，如「鵝」[ŋo⁵⁵]，有些或容許詞根韻尾拉長以表小稱音，如「鵝(仔)」[ŋo⁵⁵⁵]，但發音人對這些詞彙絕不會只固定一種形式來表達，如，也可用 [vo⁵⁵⁵] 或 [vo⁵⁵] 來表示「稻子」。上述情形可以從兩方面解釋高調具後綴式小稱詞形的情形，也就是在第三章曾提到過的「類推」或「殘餘」的問題：（1）小稱詞從普遍的現象類推到不對稱的部分，使得小稱詞的表現全面較具對稱性，因而產生像上例當中高調且具有後綴式小稱詞形的現象，但這比較難解釋原先不對稱性的部分從何而來，且小稱詞形不具一致性；（2）小稱詞從原有的對稱性演變到不對稱性，因而產生像上例高調但不具有後綴式小稱詞形的現象，但這較難解釋語言的演變爲何會從全面的對稱性演變到少數的不對稱性，除非這和系統本身的語音環境有關。（語音環境的說明於以下第三點及第五點說明）

因此，我們可以合理的假設，新屋海陸腔部分語詞的高調至少帶兩種層次，即表層與基底相同的單字調，以及表層的小稱變調，只是在目前的變化中，兩者傾向於相同的形式。另外，表層中的升調或另帶有第三種層次，即由小稱變調引起的調位中立化，此時表層不同於基底，這部分擬於下面第三點說明。問題是原有的小稱是以何種形式存在呢？是有形的 [ə⁵⁵] 亦或其他？還是無形態的小稱？要探討這個問題則牽涉到下面第五點的討論——聲調系統與小稱的調值。

（二）新屋客語的地緣

新屋海陸客語的地緣當中，除了新屋弱勢的豐順客語不具通稱性小稱詞外（因另有專指小的「子」，如「豬子」（小豬）、「牛子」（小牛）等，出現在動物為多），其他方言具通稱性小稱詞，如，通行臺灣的四縣客語以及新竹地區的海陸客語均有小稱詞，是故，我們排除了弱勢豐順腔在小稱詞方面可能的影響。

新竹海陸腔基本調為高調方面的表現同於新屋海陸，亦即語詞基本調為高調時通常不具有後綴式的小稱詞形，部分語詞表層中的高調至少也應帶兩種層次：單字調與小稱變調。新屋地區甚至帶有第三種層次：調位中立化的小稱變調。對於新竹與新屋海陸腔兩者的高調體現在小稱系統中的不對稱表現，應當有所解釋。（有關原鄉地區的地緣，參見前述 4.1.2 節）

（三）連讀變調產生的調位中立化

新屋海陸腔的連讀變調規則顯現出一種不對稱性，即陰入字普遍可透過後綴式小稱詞而運作陰入變調，但上聲字通常無法透過小稱詞運作上聲變調，或有少數的例外字如「網仔」（參考 3.1 節 PRAAT 的相關分析）。如下所示：

單字調		小稱變調
狗 keu²⁴	→	狗 (仔) keu²⁴（狗）
蜆 han²⁴	→	蜆 (仔) han²⁴（蜆）
網 mioŋ²⁴	→	網仔 mioŋ²⁴⁻³³-oŋ⁵⁵ / 網 (仔) mioŋ²⁴（網子）
鴨 ap⁵	→	鴨 (仔) ap⁵⁻² ə⁵⁵（鴨子）
鐵 tʰiet⁵	→	鐵仔 tʰiet⁵⁻² ə⁵⁵（鐵）

「凳」的單字調為[ten¹¹]，以「土人感」來說，「凳仔」[ten²⁵] 與「等」[ten²⁴] 語音上是有差別的，儘管它們語流中的音長相差不多（前者的音長或近於長音節 [ten²²⁵]）。不同的變體現象其實已透露出很重要的訊息，即一種音變的苗頭

——調位中立化的問題。也就是說，當單字音模的基底與表層不同調時，表層的聲調最終會與單字詞的基本調（上聲）形成中立化。如下所示：（在此我們先忽略音變的起源點及其他可能的中間變體）

基底單字調	表　　層　　小　　稱　　調		
陰去　妹 moi^{11}	妹$_仔$ moi^{115}→	妹$_仔$ moi$^{25\sim225}$ / moi↗（女兒）	
陰去　凳 ten^{11}	凳$_仔$ ten^{115}→	凳$_仔$ ten$^{25\sim225}$ / ten↗（椅子）	→□^{24}
陽去　帽 mo^{33}	帽$_仔$ mo^{335}→	帽$_仔$ mo$^{25\sim225}$ / mo↗（帽子）	（上聲）
陽去　樹 ʃu^{33}	樹$_仔$ ʃu^{335}→	樹$_仔$ ʃu$^{25\sim225}$ / ʃu↗（樹）	

有關連讀變調與小稱變調呈現出的調位中立化問題，在一些方言點也可觀察到（包括後文 4.2.3 節即將提及的粵語），如潘悟云（1988）分析浙江青田方言的小稱變調，指出當「兒」還是詞尾時，「兒」與前字音節組成連調形式，後來縮減為一個韻尾，故而聲調也隨之縮減掉，此時前字的連調形式發展成為小稱變調。此外，青田方言還有兩個小稱變調，分別為 [（3）55] 與 [224]（均非屬基本調），但 [（3）55] 當中，許多詞的小稱變調已經混入陽平 [33（4）]，此即透露出語音中立化的過渡期，也就是說一些詞與基本調相同，但也有一些詞似乎又與基本調仍保有差異。新屋地區的小稱變調也正是如此，正處於演變中的過渡地帶，並逐漸與其中的基本調產生調位中立化的現象。

（四）親屬稱謂詞

我們也可從親屬稱謂詞的語音變化當中，來觀察小稱變化的不同。以下比較新屋四縣腔與海陸腔幾組親屬稱謂詞體現在小稱方面的不對稱性：

（73）新屋四縣腔與海陸腔親屬稱謂詞比較

方　言 詞　彙	新屋四縣		新屋海陸	
	非小稱形式	小稱形式	非小稱形式	小稱形式
A 姑姑/ 小姑	阿姑 a$^{24>11}$ ku^{24}	阿姑仔 a$^{24>11}$ ku^{24} e^{31}	阿姑 a$^{24>33}$ ku^{53}	阿姑$_仔$ a$^{24>33}$ ku^{535}
B 舅舅/ 小舅子	阿舅 a$^{24>11}$ kʰiu^{24}	阿舅仔 a$^{24>11}$ kʰiu^{24} e^{31}	阿舅 a$^{24>33}$ kʰiu^{53}	阿舅$_仔$ a$^{24>33}$ kʰiu^{535}
C 阿姨/ 小姨子	阿姨 a^{24} ʒi^{11}	阿姨仔 a^{24} ʒi^{11} e^{31}	阿姨 a$^{24>33}$ ʒi^{55}	阿姨（無後綴小稱） a$^{24>33}$ ʒi^{55}

				2	阿姨_仔 $a^{24>33}$ $\mathrecal{ʒ}i^{55}$-i^{55}/$\mathcal{ʒ}i^{555}$
				3	阿姨仔〔註27〕 $a^{24>33}$ $\mathcal{ʒ}i^{55}$ $ə^{55}$
				4	（阿）姨仔 （$a^{24>33}$）$\mathcal{ʒ}i^{55}$ e^{55}
D	叔叔/ 小叔子	阿叔 a^{24} $\int uk^2$	阿叔仔 a^{24} $\int uk^2$ e^{31}	阿叔 $a^{24>33}$ $\int uk^5$	1	阿叔（無後綴小稱） $a^{24>33}$ $\int uk^5$
					2	阿叔_仔 $a^{24>33}$ $\int uk^{\underline{25}}$
					3	？
					4	？

上表可從縱橫兩方面來分析：縱向來看，新屋四縣在 A、B、C、D 四型中，無論語意或語音方面，均一致性的成平行演變關係，反之新屋海陸只有 A、B 二型成平行演變；橫向來看，A、B 二型一致性的成平行演變關係，但 C、D 二型則無。故而不對稱點在於海陸 C、D 二型的小稱形式，C、D 二型的詞根調在海陸腔中均為高調形式。C1 與 D1 均無後綴式小稱詞形；C2 與 D2 則與海陸 A、B 二型的性質較接近，使用也較為普遍；C3 型較少見，且幾無對應的 D3；C4 多半出現在發音人善於四縣且也善於海陸的情形之下，此種類型可視為外來成分，但卻幾無對應的 D4 型。

之前提及入聲韻的小稱詞較其他陰聲韻、陽聲韻字容易具有單音節後綴式小稱詞 $[ə^{55}]$，是因入聲韻本身即為阻塞音，語流中的 $[ə^{55}]$ 則不易被詞根同化消失。從另一角度看，入聲韻因韻尾含有[-響度]的徵性，因而較不容易產生同具響度的疊韻型小稱，亦即無法產生疊韻 VC 型中的 C 型小稱。反觀陰聲韻、陽聲韻韻尾均帶有響度，語流中不易形成阻礙，故而容易形成同具響度的疊韻型小稱。若音理上，小稱 $[ə^{55}]$ 的出現較具音韻條件的限制（但非絕對性），那麼，我們可以合理懷疑在疊韻型小稱出現之前，應有過 $[ə^{55}]$ 的小稱形式，且殘留在入聲韻為多。

不過，在親屬詞「阿叔_仔」中，反倒比較沒有 $[ə^{55}]$ 的小稱語音現象，而是

〔註27〕 此型出現在非以海陸腔為母語的發音人之中，以及出現在背景為新竹移至新屋居住的發音人之中。除後者較少產生「e」外，相同的發音人也會產生其他類型的變體。

以音節節縮爲主，對此，我們將於 4.3 節探討，因爲這主要和語詞語意屬性的親密原則有關，由此導致親屬稱謂詞的小稱現象容易節縮成單音節模的小稱變調。

以上的觀察分析顯示一種現象，即海陸腔小稱韻律詞末字詞根基本調爲高調時，起著某種制約作用。「姨」與「叔」的基本調，前爲高平，後爲高促，在稱謂詞時，表層中應帶有小稱音。當「阿姨仔」與「阿叔仔」的小稱高調普遍與詞根節縮合併時，因詞根與小稱同爲高調，故而容易節縮成一個單位的高調，語音方面則會逐漸與非小稱的「阿姨」、「阿叔」同音，由此造成語意的中立，但是，我們曾於前文說過，語言當中的語意從原先的對立關係到中立的演變爲較有標的（marked），故而 C1 與 D1 型相較於 C2 與 D2 型也較少出現。因方言間的不對稱性，加之系統內部也呈現出不對稱性，故而才會造成海陸的 C、D 二型具有不同的變體類型並相互競爭，至於 C3 的 [ə⁵⁵] 或可視爲後期進入的外來成分，這個成分則有可能來自於新竹海陸腔普遍表小稱的 [ə⁵⁵]，產生的理由之一是爲了辨義作用，理由之二是爲了內部系統縱向關係與外部系統橫向關係的對稱性，故而小稱詞在詞形、語意、語音的發展具「天秤效應」，也就是語詞隨著時代的變遷，系統中小稱的發展受到內部規範與外來環境的牽制影響，總有其演變的平衡性，其過程爲大致爲：早期的對稱性→不對稱性→晚期的對稱性/不對稱性→……。〔註28〕故而體現在小稱語音形式的變化，也受到內、外因素的影響而變動著。

（五）聲調系統與小稱的調值

從以上四點的分析，因小稱變調而形成的調位中立化不是「調類」在起作用，而是歸因於詞根與小稱的調值。無論調類爲何，表層詞根音節的韻尾總以高調表小稱，即使是單音節後綴式的小稱詞也必是高調，在語流之中才有可能形成表層語音調位的中立化。另外，從形成中立化的過程性來說，基底的詞調值也有限制，須爲低平的陰去或中平的陽去，在後接高調的小稱時，正好可以形成 LLHH 或 MMHH 的聲調類型，當小稱高調的徵性節縮至詞根末時，語流上即逐漸與上聲調 MH 形成中立化。過程如下所示：

詞根調　＋　小稱詞調　音節節縮＋[+H]徵性節縮＋中立化　表層聲調

〔註28〕　在此列出新竹海陸腔的「小姨子」與「小叔」的讀法以供參考，分別爲：「阿姨仔」[a³³ ʒi⁵⁵ ə⁵⁵]、「阿叔仔」[a³³ ʃuk⁵˃³ ə⁵⁵]。語料參考徐兆泉（2001）（音標改寫成 IPA）。

陰去 LL ＋	HH	────────────────►	MH（上聲）
陽去 MM ＋	HH	────────────────►	MH（上聲）

　　從上述各點的觀察與先前對小稱高調的 PRAAT 聲學分析當中，我們有理由認爲，詞根基本調爲升調或高平調時，應該也歷經類同的演變過程，才形成今日表層與基底同調值的現象，而且這一類小稱變調的速度應最快。如下所示：

詞根調 ＋	小稱詞調	音節節縮＋[+H]徵性節縮＋中立化	表層聲調
陽平 HH ＋	HH	────────────────►	HH（陽平）
上聲 MH ＋	HH→上聲變調 MM＋HH ────		MH（上聲）

　　此外，詞根基本調爲降調時，小稱聲調再怎麼節縮，因爲沒有等同的調位可以中立化，所以仍可以外顯的保有小稱高調的徵性，並與基本調有所區別，因而以「超陰平」稱，預估這一類小稱變調的速度最慢。如下所示：

詞根調 ＋	小稱詞調	音節節縮＋[+H]徵性節縮	表層聲調
陰平 HM ＋	HH	────────────────►	HMH（超陰平）

　　海陸腔的七種聲調類型當中，還有入聲調的情形。陰入因爲先執行了陰入變調，形成與陽入具有相同的環境，因而不論是陰入或陽入的小稱變調，其表層聲調調值均相同。如下所示：

詞根調 ＋	小稱詞調	音節節縮＋[+H]徵性節縮	表層聲調
陰入 H ＋	HH→陰入變調 M＋HH ────		MH（超入）
陽入 M ＋	HH	────────────────►	MH（超入）

　　問題是陰入字也可以高調的單字調形式存在，如「鐵」[H]＝「鐵仔」[MH]。若如此，陰入變調規則不運作時，或因基本調爲高調即帶有小稱的高調徵性於其中，也就是說基本調爲高調時（HH、MH、H），表層帶有小稱詞，其中 H 的小稱性質不同於語流變調形成的 HH、MH，或因如此，基本調爲 H 時，其小稱調多數仍爲 MH 的形式。〔註29〕

────────────

〔註29〕　在眾多例子當中，實際上，似乎只少數字具有兩可的現象，如：「鐵」，變調、高入均可，且語意相同；「桌」，變調、高入均可，但語意或有差異，變調時指稱一般的桌子，高入時則指稱較大的桌子，不同發音人對此詞語意的見解或有不同。多數的陰入字仍會循陰入變調而成爲小稱變調，不過若另外詢問發音人能不能說成陰入的「鴨」、「竹」時，則發音人也接受，語意大多不變。

　　我們可以從變調規則或節縮原則來整理調位中立化或常模化的過程：（1）陰入變調，陰入字大多選擇後接小稱詞而產生連讀變調，此時小稱高調徵性節縮至詞根之末，並與陽入字的小稱變調中和成一新的聲調，但少數也可不加小稱詞而不變調，此時為高入的基本調形式；（2）上聲變調，上聲字後接小稱詞時連讀變調，且小稱高調徵性節縮至詞根之末，此時詞根表層與基底的調值同於上聲，從 PRAAT 的分析結果，發現這部分詞的確存在中間過渡的上聲變調階段，如「網仔」：MM+HH→MMH→MH；（3）節縮原則，陽平字為高平調，詞根高平調後接小稱高平調時，同為高平，因而小稱的高平容易節縮至詞根之中（非異化現象），亦即：HH+HH→HHHH→HHH→HH，同樣地，上聲字為高升調，詞根的高升調後接小稱高平時，相鄰的三個高調徵性容易合併成一個高調，亦或先歷經上聲變調，而形成表層與「上聲」同模的小稱調，亦即：MH+HH→MHHH / MMHH→MHH→MH。故而正確的說法應該是：海陸腔基本調為高調時，部分語詞的表層帶有高調性質的小稱音，而新屋海陸腔小稱詞的高調徵性，對小稱變調的形成，實扮演重要的制約角色。

　　在原鄉海陸客語的鄰近區域當中，粵語與大埔客語的變調型小稱向來被認為極具特色，對其他的鄰近方言也可能造成某種影響力，故而以下兩節，我們要去排除鄰近大埔客語與粵語的變調型小稱對新屋海陸腔小稱變調影響的可能性，且說明三地變調型小稱且往高調發展的形成機制是屬於不同的類型，但卻均與連讀變調或語流變調直接或間接有關，同時嘗試理解漢語方言的變調型小稱，為何殊途而同歸，並普遍以高調的形式來呈現。

4.2.2 大埔客語的 35 與 55 調

　　本節從不同於以往的視野切入分析，以瞭解大埔客語「小稱」的可能來源。

　　大埔客語具有特殊的 35 調（董忠司 1996，羅肇錦 1997、2000，江敏華 1998，張屏生 1998，江俊龍 2003、2006，曹逢甫、李一芬 2005），其來源至今可說還沒有一個明確的定論。本節擬從語言的對稱與不對稱性、周遭的地緣性、梅縣四縣與大埔客語的聲調系統、連讀變調規則等四個方面來討論，同時也對前人不同的論證提出問題點。本文認為原先的大埔客語即不存在小稱詞或小稱調，特殊 35 調的形成較有可能是因地緣上的語言接觸加上內部系統的運作而產生的。方言間的聲調系統中，我們發現了太多過於「巧同」或

「互補」的現象，例如，大埔客語同於梅縣客語的陰平變調，而梅縣客語的陰平變調又同於四縣客語的陰平單字調。較有可能的現象爲，當四縣客語陰平單字調 [24] 後加小稱詞「Y^{31}」，亦或梅縣陰平連讀調 [35] 後加小稱詞，進入到大埔客語的系統之中時，大埔客語只接受符合系統內部規則的 35 調，並使得特殊 35 調與原來陰平單字調形成語意上的對立，但不接受系統本來就不存在的小稱詞形態。

本節關心的議題有二：（一）由「接觸鏈」（the contact chain）導致語言鏈變的可能性，此點擬從地緣接近的三種客方言聲調系統來觀察，並以「標記理論」（theory of markedness）等相關論證來佐證；（二）內部音變與外部接觸成分之間互協變化的機制，方言的演變可因自身選取內部或外部規律的不同而採取不同的途徑來發展。

4.2.2.1 特殊 35 調的來源說與問題的呈現

大埔客語特殊 35 調的來源，歷來大約有五種說法：（1）董忠司（1996）、張屏生（1998）超陰平調說；（2）江俊龍（1996、2006）小稱構詞調說；（3）羅肇錦（1997）平分三調說；（4）江敏華（1998）小稱詞脫落說；（5）曹逢甫、李一芬（2005）小稱詞脫落＋語法化輪迴說。前四種說法，已有不少文章討論過，在此我們僅對較有爭議的「小稱構詞調說」、「小稱詞脫落說」、「小稱詞脫落＋語法化輪迴說」三種說法來回顧並提出相關的問題。

「小稱構詞調」是以詞根單字聲調的變化做爲表達小稱的手段，並不認爲前身具有小稱詞形。例如，南部吳語部分方言的小稱採變調的手段，其中，湯溪方言的小稱變調不管本音的單字調是什麼調類，一律讀做高平調 [55]。（曹志耘 2001）在大埔客語小稱變調的形成機制中，江俊龍（1996、2006）即持小稱構詞調的觀點，並認爲此保有原始客家話的單音節形式。當「小稱構詞調」在方言中發展成健全的體系時，我們便較難去復原小稱「可能」的基底結構，因此，對於這樣的一個機制與動因，我們必須擴大方言比較並採取更謹愼的方法來做進一步的確認。不過，語言當中利用聲調屈折來區別詞性、表達不同概念的手段卻也比比皆是。

語言中有一種非平行演變的關係，小稱詞亦然。例如，漢語方言普遍具有小稱現象，但也有少數方言不具有小稱現象，如南部吳語的浦城方言（曹

志耘 2001）、廣東豐順客語（高然 1998、1999a, b）、新屋豐順客語（賴文英 2004a）等。大埔客語的「小稱變調」大部分分布在陰平調的轄字範圍，以語言中的小稱表現來說，分布在陰平調而較少出現在其他調類之時，它的演變過程通常要以音韻條件為依歸，以符合語音演變的事實，亦或在詮釋方面要能合情合理。江敏華（1998），曹逢甫、李一芬（2005）即從各種現象來考證東勢客語小稱的形成是先經由「連讀變調」，後經小稱「丟失」而形成。其中曹、李更進一步從語法化輪迴的角度切入解釋，並將小稱變調的形成過程推演成如下的六個步驟：

（一）小稱詞 Y 的添加引發了陰平與去聲的連讀變調

$$N^{33}+Y^{31} \rightarrow N^{35}+Y^{31}$$

$$N^{52}+Y^{31} \rightarrow N^{55}+Y^{31}$$

（二）小稱調泛化到其他非陰平、去聲的調

（三）小稱詞語意繼續泛化與虛化

（四）小稱詞 Y 脫落

（五）小稱調 35/55 漸失其標誌小稱的作用

（六）有些小稱詞因為不被認為是小稱詞所以回歸原調，有些因為具有區別語意等功能而被保留下來。

大埔客語的小稱之所以能丟失，除了輕聲性質的小稱容易丟失之外，丟失的小稱調比較有可能是中降調的小稱詞，因為這可以解釋東勢客語為何在單字詞處於非連讀變調環境的降調、低調或入聲調之中，看不到任何小稱徵性的遺留，那是因為小稱丟失了，如「李」[li³¹]（李子）、「鴨」[ap³¹]（鴨子）、「葉」[ʒiap⁵]（葉子）……。然而，這樣比較難解釋的是原先具有語意對立的小稱與非小稱詞，為什麼會選擇丟失小稱而形成語意上的合併，如「鑽」[tson⁵³]兼表名詞性的「鑽子」與動詞性的「鑽」……，以及眾多語詞在漢語方言中一般具有小稱詞，而大埔客語卻不具有小稱現象，尤其是親屬稱謂詞。因此，筆者對大埔客語的小稱來源另有看法──從內、外觀點來論，大埔客語的小稱變調較有可能是因地緣上語言接觸而產生的，且因內部系統自身的調節，只移轉符合變調規則的 35 調，而把不屬於內部形式的小稱詞剔除。以下我們先來瞭解特殊35 調的形成與接觸鏈、標記理論的關連。

4.2.2.2 接觸鏈與標記理論

語音演變有所謂的「鏈移」（或鏈變，chain shift），指的是一個音變引起另外一個音變的連鎖變化（Hock 1991）。本文主張語言演變當中存在「接觸鏈」（the contact chain）的關係，指的是語言或方言之間連環式的接觸影響，加之語言內部系統的運作，接觸的成分會本土化（nativize）成系統的一部分而可能不察，而本土化的成分又可能成為另一方言的接觸成分，形成環狀相扣。這種接觸的動力主要來自於優勢語干擾（substratum interference，字面義或譯為底層干擾）（Thomason、Kaufman 1988），指的是說話者對目標語的學習或習得並沒有完全的移轉。

例如，梅縣、四縣、大埔客語三者之地緣性環環相扣，聲調系統與連讀變調規則也存在著奇妙的連環關係，除了語言之間具有同源關係外，筆者懷疑某些聲調現象屬於語言接觸鏈，影響變化的原則為：A→B→C→……。以基本調調值的接近度來看，三者之聲調系統接近（可能為同源關係，此亦可看出三方言之密切關連性）；以連讀變調規則來看，優勢梅縣客語的陰平變調正好為四縣的陰平單字調，而四縣的陰平單字調又正好為鄰近大埔客語的陰平變調；梅縣客語的陰平單字調正好為四縣的陰平變調，而四縣的陰平變調又正好為大埔客語的陰平單字調（可能為接觸鏈關係），大埔客語特殊 35 調的來源較有可能和「接觸鏈」有關。其關連如下所示：

梅縣客語陰平變調 [35] →四縣陰平單字調 [24] →大埔客語陰平變調 [35]
梅縣客語陰平單字調 [33] →四縣陰平變調 [11] →大埔客語陰平單字調 [33]

依標記理論（theory of markedness），大埔客語的「小稱」現象分布在陰平調的轄字範圍，以語言中的小稱表現來說，小稱分布在陰平調而較少分布在其他調類，這是一種非平行性的演變關係；若大埔客語原先即存在小稱詞，那麼原先具有語意對立的語詞就不太會消失的無影無蹤，而只剩下陰平調的區別。小稱語詞語意從對立到非對立的演變，以及小稱在調類分布環境的限制來看，這些都是較不尋常的有標（marked）現象。因而大埔客語較有可能受鄰近方言相似的 35 調影響而移轉到自身的系統當中，一來是因為符合內部聲調系統的連讀變調，二來亦可形成語意上的分別，語詞語意從非對立到對立的演變為較無

標的（unmarked）發展。外來的小稱詞之所以無法進入系統，一來不符合系統內部的語法系統，二來特殊 35 調已與本字調形成語意上的分別，更無需移借小稱詞形。

　　以下針對大埔客語特殊 35 調的來源，從內、外觀點來進一步分析解釋。「內外」的含意指的是從「接觸鏈」當中可觀察到的內部音變與外部接觸成分之間互協變化的機制。

4.2.2.3　大埔客語特殊 35 調來源的內外說

　　本節從不對稱性、地緣性、梅縣四縣與大埔客語的聲調系統、連讀變調規則等四個方面來討論大埔客語特殊 35 調可能的內、外來源。

（一）小稱詞顯現的不對稱性

　　語言雖然存在不對稱性關係，但總能以較圓滿的詮釋法來圓融不對稱的部分。第一點不平行演變關係表現在大埔客語的小稱詞為什麼只出現在陰平字？若是陰平變調加上小稱丟失或可做出解釋，但去聲調單字詞的小稱變調，以內部系統平行性的演變關係，應出現高平 [55] 調的小稱變調為多，實則以基本調[53]出現，為什麼會有不平行的演變關係？這些都是較不尋常的現象。

　　第二點不平行演變關係表現在小稱詞泛化的情形，大埔客語小稱詞出現的轄字量只一、二百字，較一般漢語方言小稱詞的轄字量少之又少，這種情形不是殘餘便是新興，若為新興的現象，通常應該會陸續泛化到其他詞類或調類之中，故而較有可能是一種殘餘，曹、李對此也做了很好的解釋，並認為小稱調泛化到其他非陰平調的轄字當中，但其中的「轄字」卻存在一些問題點。首先，曹、李指出小稱從陰平泛化到其他調類的字，如「後、馬、鳥、柱、尾、姨」等均有小稱變調，並認為這些非來自於陰平調，故為一種泛化。事實上，除了「姨」為陽平調之外，其他字在客語中均讀成陰平調，因為「部分古全濁上、次濁上聲字讀成陰平」是客語很重要的一條規律，代表較早的語言現象，「鳥」雖為全清聲母，但客語白讀音亦讀成陰平，且大埔客語的「阿姨」或「小姨子」，經查閱語料均為「阿姨」，「姨」聲調為 [113] 並無小稱現象，二者同詞形且同音。其次，江俊龍（2003）呈現的語料中，高平調 [55] 是否具小稱現象，其實是可以再商確的，如「正」（剛（到））、「正」（乍（看很像））、「爛」（（衣服）破（了））……等詞的高平調恐怕為短語或語境之下連讀變調而導致的（從所示

的語料當中，似乎存在「語境」，且正可能為連讀變調的環境），且這些字在其他具小稱現象的客方言來說，並不會形成小稱，也較難形成小稱，其中「污」[man⁵⁵] 在其他具小稱現象的客方言中也沒有形成小稱詞。〔註30〕另外，仔細查閱江俊龍（2003）的語料，除了「長筴豆」之「豆」「看似」為具有小稱性質的 [35] 調外，其他像是「地豆」（花生）、「豌豆」、「蠶豆」等之「豆」聲調為 [52]，所以具小稱調的「豆」恐怕也是個例外，而非殘餘現象。〔註31〕

第三點不平行的演變關係亦表現在曹、李文主張的第六點：「有些小稱詞因為不被認為是小稱詞所以回歸原調，有些因為具有區別語意等功能而被保留下來」。以「阿姨」與「小姨子」來說，語料查閱的結果，二者詞形均為「阿姨」，且「姨」聲調也都為陽平 [113]，照理「小姨子」的語意具有小稱意，與「阿姨」在語意上應具有區別，但大埔客語此二詞在詞彙與語音的表現上卻無法區分，難到只因「姨」非陰平字〔註32〕？若其前身有一小稱詞並形成「阿姨」與「阿姨仔」的區別，那麼小稱詞不該就完全脫落而不留痕跡，尤其這是個親屬稱謂詞，較其他類詞彙來說，似乎更不應該從原先的對立關係逐漸失去對立。

（二）大埔客語的地緣性

我們參考廣東省地圖與江俊龍（2003）大埔客語的地緣簡介來說明相關的地緣現象。廣東省大埔縣位於省境內東北部，東連福建、南接豐順、饒平兩縣，西鄰梅縣、北與福建永定相接。東勢客語經相關的論證後，說明較有可能來自於大埔高陂鎮（江俊龍 2003，曹逢甫、李一芬 2005），高陂鎮位於縣境南部，韓江中游東岸，南鄰桃源及豐順縣，為當地陶瓷的集散地，做為集市已有 200 多年的歷史。交通來說，高陂鎮享有韓江水運之利，上過汀、梅，下抵潮汕出

〔註30〕 雖然我們不能從方言比較來判別某方言是否具有等同的小稱詞，但藉由相關方言的情形（尤其是「血緣」與「地緣」關係均很相近的方言），不失為輔證的方法，而且也可以呈現方言或語言系統內的普遍性原則。

〔註31〕 筆者除了查證書面的相關語料之外，亦請教東勢發音人，發現：(1)「阿姨」意指「阿姨」與「小姨子」，且語音相同，不具小稱意；(2)「爛」、「污」與「長筴豆」之「豆」調值均為 [53]。是故，若少數字出現調值 [55]，若非語境之下產生的去聲變調，最有可能就是不自覺受到優勢的四縣音影響而來，畢竟東勢客語與四縣客語在語流中的聲調表現非常相近，而大埔客語也與梅縣客語的聲調系統（含連讀變調）相近。

〔註32〕 其他為陰平調的親屬稱謂詞均有語意上的對立，如「阿姑」、「阿舅」等，「姑」、「舅」本字調為陰平，小稱變調時則為特殊的 35 調。

海，水陸相輔四通八達，為大埔南方的重鎮。

　　由此，我們可以看出大埔高陂鎮是個交通往來發達的城市，相對的，高陂客語在交通便利、經濟繁榮的情形之下，語言或多或少應存在接觸上的變遷。其中，西緊鄰客家的大本營——梅縣，梅縣地區的繁榮情形更不在話下。至於梅縣與「四縣」的關係，清朝有所謂的「一州三府」：廣東嘉應州、惠州府、潮州府和福建的汀州府，清代的嘉應州掌管四個縣——興寧、鎮平、平遠、五華，所以從嘉應州移民來臺灣的客家人叫做「四縣客家人」，高陂客話應容易受到鄰近梅縣或四縣客話的影響而產生某些變異。另外，大埔與豐順二縣毗鄰，同為潮州府，整體的聲韻特色近於鄰近的閩西客話，但在小稱詞方面，本文則認為大埔客語與豐順客語相同，〔註33〕亦即無小稱詞亦無小稱調，高陂與東勢客語的「小稱變調」則是後起的接觸現象，且此種接觸現象存在已久。這部分我們在以下的聲調系統與連讀變調的比較當中，可間接證明接觸的可能性，同時可說明為何小稱只出現在陰平調，且至今較無法泛化到其他調類。

（三）從梅縣、四縣、大埔客語的聲調系統來看

　　以下先來比較高陂、東勢、梅縣、四縣客語的聲調調值：

（74）聲調比較表

	陰　平	陽　平	上　聲	去　聲	陰　入	陽　入
高陂（江2003）	33	13	31	52	2	5
東勢（江2003）	33	113	31	52	2	5
梅縣（黃1995）	44	11	31	53	1	5
四縣（羅1990）	24	11	31	55	21	55

　　我們發現四種方言的聲調調值很接近（調值上的接近或反映某種同源現

〔註33〕　豐順客語人士移民至臺灣桃園的不同地區之後，各自產生了不同的變化，其中新屋豐順客語聲調調值受周遭海陸腔的影響而近「海陸腔化」，但小稱詞未受影響，與原鄉相同均無小稱詞；然而，觀音高姓的豐順客語則受周遭四縣腔的影響而趨「四縣腔化」，連小稱詞也都受到影響而產生與四縣趨同的 [e⁵³]。從原鄉豐順與臺灣豐順客語的小稱發展，又觀音豐順的部分詞語具小稱、部分詞語則不具小稱，加之地緣上的方言比較等等，在在都顯示觀音豐順客語小稱詞的形成機制與動因，是屬於典型語言接觸影響的例子。（參見賴文英2004a）

象），去聲除四縣爲高平外，其餘均爲高降，陰平除四縣爲升調外，餘爲中平。高平、高降、升調、中平這四種調型，正好牽扯到所謂大埔客語「小稱變調」的情形。尤其筆者在初聽東勢客語時，除了東勢客語的聲、韻特色偏於閩西客語之外，語流中聲調的表現則與四縣非常雷同，且高陂、東勢、梅縣三者均因連讀變調而各產生兩種新的調值：[35] 與 [55]，這兩種「新」調值正爲四縣的基本調，下面我們再來比較三處方言的變調規則。

（四）從連讀變調規則來看

連讀變調規則中，尤要解決的是陰平變調與去聲變調的問題。〔註34〕（高陂與東勢客語的變調規則相似，以下以東勢爲例）以下引述，東勢客語來自江俊龍（2003）、梅縣客語來自黃雪貞（1995）、四縣客語來自羅肇錦（1990）：

（75）東勢陰平變調

[33]→[35] / ____{[113]、[31]、[2]}

（陰平調在陽平、上聲或陰入前要變成[35]調）

（76）梅縣陰平變調

[44]→[35] / ____{[11]、[31]、[53]、[1]}

（陰平調在陽平、上聲、去聲或陰入前要變成[35]調）

（77）四縣陰平變調

[24]→[11] / ____{[24]、[55]、[5]}

（陰平調在陰平、去聲或陽入前要變成陽平調[11]）

這裡有幾個現象可以注意：

（A）東勢與梅縣的陰平變調接近，差別只在於去聲環境的有無。

（B）東勢的陰平變調正好是四縣的陰平未變調，即：

陰平 + {陽平、　上聲、陰入}

35/24 + {113/11、31/31、2/21}

（斜線前表東勢陰平變調；斜線後表四縣陰平未變調）

（C）梅縣陰平變調環境所具有的徵性正好與四縣陰平變調環境的徵性互補，即：梅縣陰平字在後字聲調徵性爲 [-高] 時，陰平變調；四縣

〔註34〕　東勢另有陽平變調（陽平調在另一陽平調之前要變成陰平調），與本文較無關不另談外，這裡只比較陰平變調與去聲變調。

　　　　陰平字在後字聲調徵性爲 [+高] 時，陰平變調。

三種方言的連讀變調呈現奧妙的連環關係。漢語方言中，A 方言的連字調有可能變成 B 方言的單字調嗎？也就是說梅縣、四縣與東勢客語的陰平單字調與陰平連讀調有如下的關係：

　　　　梅縣客語陰平字的連字調[35]　＝　四縣客語陰平字的單字調[24]
　　　　四縣客語陰平字的連字調[11]　＝　東勢客語的陰平字單字調[33]

以及如下的關係：

　　　　梅縣客語陰平字的單字調[33]　＝　四縣客語陰平字的連字調[11]
　　　　四縣客語的陰平字單字調[24]　＝　東勢客語的陰平字連字調[35]

　　雖然調值上 [11] 與 [33] 有所差別，但都同爲平調中的非高平調。上述具有地理空間關係的三種方言，我們推測具有 A→B→C 或 A→C 的接觸鏈關係，而且是雙線發展的格局，如下所示：

（78）梅縣、四縣、大埔客語的接觸鏈關係

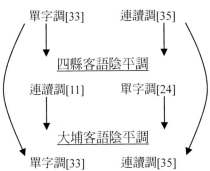

　　這裡也不排除大埔客語的陰平調（含連讀調）直接受梅縣客語的影響，而產生系統接受的 35 調，但一樣也不接受系統本就不存在的小稱詞形態。

　　梅縣客語爲客家的大本營，爲周遭地區相對的優勢語，較容易影響四縣、大埔，四縣相對於大埔客語亦爲優勢語，也容易影響大埔，地緣上，三者正好呈現接觸鏈的連環演變關係。〔註35〕

〔註35〕　此種接觸鏈關係或許可以提供聲調演變另一種思考的方向：次方言間的調類之所以調值互異，一部分或與連讀調有關，而這也可以解釋爲什麼有時候連讀調才是本調的可

再來瞭解去聲變調的情形，四縣客語去聲為高平，無去聲變調，且無高降調，梅縣與東勢客語的去聲為高降，變調後才有高平調。比較如下：

（79）**梅縣去聲變調**

[53]→[55] / ____ {[31]、[53]、[11]、[1]}

（去聲調在上聲、去聲、陽平或陽入前要變成去聲調[55]調）

（80）**東勢去聲變調**

[53]→[55] / ____ {[31]、[52]、[2]、[5]}

（去聲調在上聲、去聲、陰入或陽入前要變成去聲調[55]調）

梅縣與東勢客語的去聲變調，差別只在於後字為陽平或陽入時的變調與否，其餘相同。顯示，梅縣、東勢客語的去聲變調與四縣客語的去聲調，語流中傾向於趨同。

從上述四點論證，我們的假設是原先的大埔客語即不存在小稱詞〔註36〕，同於鄰近的豐順客語。大埔客語自身系統的高降調並不因為外來具有小稱詞的詞根聲調為高平而受到影響，仍維持系統內部無小稱詞的高降調，但小稱 35 調的形成則與自身及四縣、梅縣客語的陰平單字調、陰平連讀調有密切的關連性，加之自身系統內部規則的運作，使成為今特殊之 35 調。也就是說大埔客語同於梅縣客語的陰平連讀調，而梅縣客語的陰平連讀調又同於四縣客語的陰平單字調，當四縣客語陰平單字調 [24] 後加小稱詞「Y^{31}」，亦或梅縣陰平連讀調 [35] 後加小稱詞，進入到大埔客語的系統之中時，大埔客語只接受符合系統內部規則的 35 調，而不接受系統本來就不存在的小稱詞，並形成 35 調與原來陰平單字調語意上的對立。至於高陂後來產生的單音節後綴形式的小稱詞「ə」則是後起的，為曹逢甫、李一芬（2005）所論語法化輪迴的新興現象。配合上述梅縣、四縣、大埔客語的接觸鏈關係，我們便可把特殊 35 調的衍生過程整理如下：

能，以及次方言間的調類演變通常呈現整齊而一致的變化原因。然而這只是初步的假設，非本文主題，故只提相關問題以利後續研究。

〔註36〕 雖無通稱性小稱詞，但另有專指小的「子」，如「豬子」（小豬）、「牛子」（小牛）等，出現在動物為多。

（81）大埔客語特殊 35 調的衍生過程

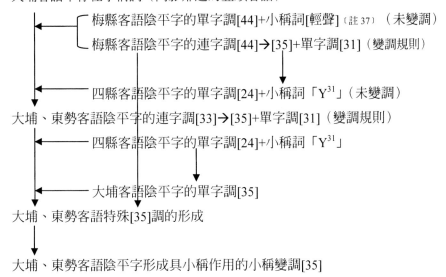

大埔客語不存在小稱詞（同於鄰近的豐順客語）

梅縣客語陰平字的單字調[44]+小稱詞[輕聲]〔註37〕（未變調）

梅縣客語陰平字的連字調[44]➔[35]+單字調[31]（變調規則）

四縣客語陰平字的單字調[24]+小稱詞「Y³¹」（未變調）

大埔、東勢客語陰平字的連字調[33]➔[35]+單字調[31]（變調規則）

四縣客語陰平字的單字調[24]+小稱詞「Y³¹」

大埔客語陰平字的單字調[35]

大埔、東勢客語特殊[35]調的形成

大埔、東勢客語陰平字形成具小稱作用的小稱變調[35]

4.2.2.4　小結

　　總結原先的大埔客語即不存在小稱詞，與鄰近的豐順客語相同，特殊 35 調的形式是後來經由接觸加上內部系統規則的運作而進入系統之中，並形成與其他本字調語意上的區別。當然，我們無法為語言或方言之間的接觸鏈關係找到直接的語言證據，但透過標記理論說明大埔客語特殊的 35 調應非純內部音系產生的，加之地緣比較發現鄰近方言之間聲調調值及變調系統的過於接近性，或為同源現象，但大埔客語特殊的 35 調較有可能因外部成分的進入之後，由內部音系加以調和而生成，此亦符合語詞語意從非對立到對立演變的無標發展。本文或可證明區域中的語言對應存在「接觸鏈」的關係，此也可為大埔客語特殊 35 調的來源找到較好的解釋，當然，歷史上存不存在接觸鏈關係，可能需要更多的語料來支持。今將本節論證整理如下：

　　（一）若大埔客語原先即存在小稱詞，那麼原先具有語意對立的詞就不該消失的無影無蹤，而只剩下陰平調的區別，依標記理論，小稱分布在陰平調的

〔註37〕 歐陽覺亞等人在 2005 年編著的詞典當中，梅縣客家話聲調的調值與黃雪貞（1995）標示類同，但小稱詞的標示不同。黃以「兒」[e] 輕聲表示，歐陽等人則以「欸」音 [ê³¹] 表示，後者與今之四縣客語較相同。

調類環境，以及小稱語詞語意從對立到不對立的演變屬較有標的（marked），均非屬常規的發展。

（二）若大埔客語特殊 35 調的形成，是因連讀變調進而小稱脫落才形成的，站在方言內部系統的平行性演變，也應同具特殊的 55 單字調才是，但卻不然。且此類詞在客方言中，也較不容易產生小稱詞，語料中 55 調出現的環境似乎多為語境下的連讀調，亦或受區域優勢語干擾而形成特殊的 55 調，且狹字量極少，說明特殊 35 調的形成，非純內部系統滋生。

（三）由鄰近豐順客語不存在小稱現象，亦可輾轉證明大埔特殊的 35 調較有可能為後來進入系統之中的。原鄉豐順不帶小稱詞到臺灣兩地豐順客語並各自產生不同的變化來看，新屋豐順聲調系統趨於海陸腔化，小稱詞卻進不來系統之中，但觀音豐順的部分詞彙則受四縣客語影響而逐漸帶小稱詞。方言的接觸演變，可因自身選取的規律不同而採取不同的路徑來發展。

（四）若說臺灣豐順客語是屬於方言島的接觸現象才可能產生如此的變化，那麼，對於非屬方言島但具有地緣性關係、且政經發展具有優、弱關係的梅縣、四縣、大埔客語來說，三者間的聲調調值與連讀變調系統具有如此契合的相似性，應非屬巧同。且大埔客語相對於大本營的梅縣客語來說，也可以是另一種方言島的形式。

（五）大埔客語之所以有能力移轉鄰近方言相似的 35 調，一來是因為符合內部聲調系統的連讀變調，二來亦可形成語意上的分別，依標記理論，語詞語意從非對立到對立的演變為較無標的發展。外來的小稱詞之所以無法進入系統，一來不符合系統內部的語法系統，二來特殊 35 調已與本字調形成語意上的分別，更無需移借小稱詞形。

（六）移轉可以具有選擇性，大埔客語特殊 35 調的移轉是屬於長期的接觸影響（或為常規性的借用關係（borrowing routines），見 Thomason 2001），梅縣、四縣、大埔客語之間部分聲調與變調系統的「接觸鏈」關係即為如此。

（七）是不是有可能直接移轉自周邊粵語特殊的 35 調呢？答案是不太可能。粵語特殊 35 調的形成與多種調類有關，大埔客的小稱變調沒有道理只移轉陰平調而不移轉其他調類，且粵語基本調 [35] 為陰上調非陰平調，而粵語小稱變調的變調規則也與陰上調 [35] 無關。另，粵語的小稱變調較有可能經過了類似於兒化的階段（Chao 1947），非屬於小稱構詞調。（有關粵語小稱變調

的論述，參見 4.2.3 節）

大埔客語特殊 35 調的來源，至今可以說還沒有一個明確的定論，本文試從新屋海陸腔高調來源的討論，探討大埔客語影響的可能性，結果兩者並無關連。從某一方向來說，大埔客語特殊 35 調的形成仍和接觸來源語及目的語的連讀變調有關。既然新屋海陸腔高調的形成並非從原鄉的鄰近大埔客話而來，那麼鄰近強勢粵語影響的可能性又是如何呢？

4.2.3 中立化的小稱變調對粵語 35 與 55 調來源的可能啓示

爲什麼漢語方言的小稱變調多數都不約而同的走向高、升調爲多？我們發現，漢語方言中的小稱詞，凡是合音變調型的，幾乎以高平、升調爲多，平田昌司（1983）主張在眾多的漢語方言之中，小稱變音分布得最廣泛、也佔最多數的是高升、高平調，雖也有降調（以高降爲主），但只是少數。像是第一章提及的粵語、粵北土話、浙江方言的義烏話和湯溪話、東勢大埔客語……等等，其小稱變調均爲高或升調。另外，Ohala（1983、1984、1994）主張一種高調理論，包括高調與弱小間具有討好的相關性，且高調與細小親密之間具有一種生物學的關係，而這種關係不但跨語言、甚至跨物種而使用高調，朱曉農（2004）進而將此理論應用在小稱變調多種形式（高升、高平、超高調、喉塞尾、嘎裂聲、假聲等），以及不同功用（從親密到輕蔑）的解釋。朱認爲東南方言中的變調小稱，以高平或高升爲多，進而主張小稱音的高調現象有著「共同的來源」，但此處非指共同的歷史來源，而是指相同的生物學原因，猶如作者文章題目所示：〈親密與高調〉，其理據是出於由憐愛嬰兒所產生的聯想。「小稱高調」具有非歷史方面「共同的來源」，並成爲漢語方言小稱合音變調主要的趨向。

以下，我們再來看粵語小稱高調的形成機制，與東勢客語或新屋海陸客語是否相同？結果發現三地小稱變調的形成機制是不同的，但粵語與新屋海陸客語兩者小稱變調的形成模式應較爲接近。從新屋海陸腔因小稱變調而形成調位中立化的現象來看，此或能爲粵語小稱高調的形成機制做出合理的解釋。

之前提過，當「小稱構詞調」在方言中發展健全時，我們便較難去體現小稱詞可能的過渡階段。因此，一般都普遍認爲粵語小稱變調 35 與 55 調的形成機制是透過聲調屈折來體現的，也就是小稱構詞調，如麥耘（1990）、李新魁（1994）等。但也有一些學者主張粵語小稱變調的前身帶有形態標記，如 Chao

（1947）即主張粵語小稱詞經過了類似於兒化的階段。Jurafsky（1988）也認爲小稱詞具形態標記乃是漢語方言的普遍現象，並從粵語次方言的比較當中，指出小稱詞發展的不平行性，這種不平行性主要表現在小稱變調升、降調的不同，以及小稱變調是否伴隨音段的改變，作者認爲這些是小稱後綴的殘留表現，因而構擬出粵語小稱詞的前身爲具有形態的綴詞，且這個綴詞較有可能爲鼻音，之後綴詞丟失，並透過聲調改變來派生小稱。然而，曾經存在過的小稱形態，之所以會丟失總有某些原因存在才是，同時也要爲憑空消失的小稱後綴但在聲調當中卻做了某種程度的保留做出形成機制的合理詮釋。

　　粵語的聲調看似複雜，但變調規則較其他漢語方言而言則較單純，只有高平變調與高升變調。（張洪年 2000）特殊 35 調的形成，主要是基本調非高調時（亦即非高升、高降、高平 [註38]）詞彙變調，而且傾向於名物化，變調規律如下所示：（參考李新魁 1994）

（82）**粵語的高升變調規律**

　　{[33:]、[13:]、[22:]、[21:]}→[35:]

（83）**粵語的高平變調規律**

　　[53]→[55] / ___ {[53]、[55]、[55]}

　　[55]→[53]~[55] / ___ {[22]、[11]、[13]、[33]}

　　以新屋海陸腔小稱高調形成的機制與動因來說，粵語丟失的小稱形態標記較有可能也是一個帶有高調徵性的小稱，一來符合人類普遍以高調表示親暱關係，二來也符合音節節縮，因小稱聲調[+H]徵性節縮至前一詞根，加上非高調後接高調時，在語流變調之中容易節縮而讀爲升調，進而與基本調形成調位的中立化，亦即形成今之表層聲調，而這也可以解釋粵語特殊 35 調的形成規律。小稱變調之所以能使一些調位傾向於中立化（LL、LH、MM、MH→MH），其動力最主要還是在於這些詞彙的變調形式仍能表達著某種共通

〔註38〕　這裡非高調的定義似乎與前述的新屋海陸腔不同，是因方言中，高降與高平二調有時具有密切的變調關係，如梅縣客語、大埔客語、粵語等之變調與基本調的關係。新屋海陸腔的高降、高平二調則具有辨義作用，屬於不同的性質。另，方言中如果同時具低升與高升調時，則前者往往非屬高調，後者則屬高調，因而將粵語低升調 [13] 劃歸爲非高調，高升調 [35] 劃歸爲高調，此也是依 Jurafsky（1988）所訂。

的小稱概念。

　　粵語特殊 35 調的形成由來已久，所以不容易像新屋海陸腔可以從中發現中間變體共存的階段，所幸我們在早期粵語的文獻當中，似乎還可見到粵語變調的某種過渡階段。Chao（1947）將粵語小稱變調記成 [25]，並說明 [25] 調的標示似乎與 [35] 基本調具有某種細微的差別，但這兩種聲調又傾向中立化成 [35]。這應該也是一種過渡階段的表徵。另外，張洪年（2000）從早期粵語的相關文獻〔註 39〕中指出高升變調是先降而後高升，似乎與今日的高升變調不完全一樣。這種「先降而後高升」的聲調現象或許已透露出小稱後綴音在節縮至詞根音時的長音節階段，而這種演變的行爲模式正和新屋海陸腔小稱變調的模式類同。也就是說粵語與新屋地區海陸客語小稱變調的形成，應均與語流變調或連讀變調有關，儘管粵語與新屋海陸腔的變調系統不全相同，但卻往相同的方向演變。

　　由上，我們可以清楚的下一個結論，即新屋海陸客語、大埔客語、粵語三者的小稱變調不存在接觸影響的關係。

　　瞭解了新屋海陸高調的小稱現象與中立化的小稱變調情形，我們大致釐清新屋海陸腔各式小稱變體的時、空關係，接下來，對於各式變體的小稱語音，便能較好區辨出語音之間的層次關係，以及因小稱語音、構式與語意的互動關係，而形成的語法化輪迴。

4.3 小稱語音、構式的語法化輪迴

　　愈加瞭解漢語方言的小稱音變，就愈加覺得「小稱」在歷時的音變當中起著重要的地位，在構詞與音變的關連中具有謎樣而難解的背景因素。如果說對某些現象，從共時層面的地緣性與歷時層面的音變角度都無法獲得較完善的解釋時，那麼，我們還可以從什麼樣的角度切入探討呢？以下我們從 4.3.1 節先釐清小稱語音的語法化輪迴，再從 4.3.2 節語詞語意屬性的親密原則來解釋小稱音變當中，跳脫主流音變的變體情形。

〔註 39〕　所謂早期粵語的相關文獻依據張洪年（2000）所示，指的是由 J. Dyer Ball 編撰的粵語教科書 Cantonese Made Easy（CME）中提供的語料，含 1888 與 1907 年前後兩個版本，此書對一百多年前的粵語提供較好的參考語料。

4.3.1 小稱語音的語法化輪迴

在釐清小稱語音的語法化輪迴之前，我們先整理之前提到過的幾個問題：當 [A] 為後綴型小稱 [ə⁵⁵]、[B] 為疊韻型小稱、[C] 為變調型小稱時，（1）新屋海陸腔在最早之時，存不存在小稱詞？（2）現存的變體當中，[A] 與 [B] 之間的關連為何？時間層的關連又為何？〔註40〕（3）各漢語方言不同的小稱類型，為什麼看似可以集合而成新屋地區海陸腔小稱詞總的特色？

我們從前述的研究當中主張：（1）新屋海陸腔在最早之時，存在小稱詞；（2）現存的變體當中，[A] 早於 [B]，但兩者之間並非語音演變的關連，也非地理空間的關連，而是各為雙線音變的起源，只是在時間層的發生方面，[A] 早於 [B]；（3）各漢語方言的小稱類型之所以可以看似集合而成新屋地區海陸腔小稱詞總的特色，大部分變體的形成是因語言自然演變的趨勢所致，而新屋地區的演變正處在變化中的階段，並同時受內、外因素影響而呈現繽紛的變體現象。經由前述研究，茲將主張的理由整理如下：

（一）後綴型小稱

儘管從現有的文獻、語料當中，顯示原鄉周遭海陸腔「小稱詞」的存在與否，即已存在不一致性，但以漢語方言普遍具有小稱形態來說，我們暫時主張臺灣海陸腔的前身具有小稱詞。〔註41〕又，新竹地區的海陸腔為臺灣海陸客語的通行腔，與新屋地緣接近，從新屋、新竹兩地移民的共同源流與發展來看，新竹海陸腔存在小稱詞，我們也有理由認為從原鄉移民至新屋的海陸腔，在最早之時，應和新竹一樣存在小稱詞，形式上或與新竹形式相同，且小稱聲調同具有[+高]的徵性，非一開始就是疊韻型小稱。另外從小稱語音產生的語音環境與演變速度來看，[ə⁵⁵] 的分布以詞根入聲韻的詞為多，於音理上，它的出現環境具有相當的音韻條件，入聲韻在產生疊韻型小稱時，較陰聲韻與陽聲韻的詞根來說，受限較多，也因而詞根為入聲韻時，小稱變化速度較慢，說明 [ə⁵⁵] 較有可能為早期的形式，並殘留在入聲韻為多。但從小稱變體在詞彙的分布情形來看，[ə⁵⁵] 較少出現於親屬稱謂、指人愛稱等等，也較少出現於自然語體之中，

〔註40〕 這裡的時間層關係指的是在方音系統當中，誰為早期的變體形式？而後來的變體又是透過何種機制來形成的？

〔註41〕 在此以漢語方言呈現出的普遍性當做其一的參考點，而非絕對性。

之所以如此是因爲 [ə⁵⁵] 在這一類詞的演變速度較快，這部分可從 4.2.1（四）節與下文中得知，主要和語意屬性的親密原則有關。

（二）疊韻型小稱

從地緣性來看，新屋與新竹地區的海陸腔，其來源大致以惠州府屬的海豐、陸豐爲主，原鄉與新竹地區均不存在疊韻型與變調型小稱，說明疊韻型小稱較有可能爲新生地生成的。語音當中，透過重疊（reduplication）策略來生成小稱現象，爲自然的演變行爲，只是我們也要說明新屋這個區域爲什麼有如此的能力來生成疊韻型小稱。疊韻型小稱形成的一個原因，應和新生地本就存在高調徵性的小稱有關，但那個小稱詞的語音並不穩定，加上「ə」的語音性質本就帶有弱化現象，「ə」消失的同時也促使疊韻型小稱的生成，並產生不同的變體，進而形成變調型小稱。新竹與新屋的小稱都維持原來的高調特徵，這樣也較好解釋臺灣海陸腔的各地變體，爲何至始至終都同具有高調徵性的小稱。

（三）變調型小稱

新屋海陸腔的小稱詞，一開始也不太可能是變調型小稱。從新屋的地緣與新竹地區來看，不存在變調型小稱，而鄰近原鄉地的大埔客語與粵語，雖存在小稱變調，但經由 4.2、4.3 節的論證，三地小稱變調的性質具有差異性，且漢語方言的小稱變調，普遍都是屬於後來的變化。不過，我們在後文會去說明新屋與新竹海陸腔小稱詞的演變爲何具有差異性。

到目前爲止，綜合三、四章的討論，我們可以將新屋海陸腔小稱詞的演變區分成兩條發展的路線，[A] 與 [B] 的發展路線也都可在第三章 PRAAT 的語音實驗中找到相關的變體來輔證。因而雙線音變的發展格局，大體如下所示：（T 表時間層的演變，t 表具變數的聲調）

$$
\begin{array}{llll}
\text{T1} & \text{T2} & \text{T3} & \text{T4} \\
\text{A}: \square \ ə^{55} & & \rightarrow \square\text{-}ə^{5} & \rightarrow \text{C}: \square^{t^{5}} \\
& \text{B}: \square \ \text{VC}^{55} & \rightarrow \square\text{-VC}^{5} & \rightarrow \text{C}: \square^{t^{5}}
\end{array}
$$

以上只是時間層的雙線演變關係，事實上，還包括一些外來層的空間變化，如新竹海陸的「ə」與四縣的「e」。雖有以上三點的綜合論述，我們也不能忽略新竹海陸腔小稱詞 [ə⁵⁵] 仍具有一定的影響力，這個影響力可能導致新屋海陸腔的小稱詞 [ə⁵⁵]，一方面維持早期的小稱形式並進行變化著，但另一方面卻又

受到新竹外來成分的影響（包括少數從新竹移居至新屋發展的人士），所以這是一種內、外之間的制衡關係，內、外又可能剛好同形。另外，我們也發現一些詞不循上述兩條路線發展（如下頁表中 W 詞群的變化），又非屬外來層變化。對此種跳脫主流音變的小稱變體情形，我們必須結合語法化輪迴的觀點與語詞語意屬性的「親密原則」來探討相關的問題點，以下從詞群的觀點先來瞭解小稱語音的層次關係。

　　語詞的語法化通常容易伴隨語音的弱化，小稱詞亦如是。新屋海陸腔的小稱詞，語音 [A] 或 [B] 早於語音 [C]：[A] 或 [B]→……→[C]，〔註42〕語音 [C] 弱化並固化下來，在某些語詞中或保有小稱意。部分語詞的語音無法回至 [A] 或 [B]，而部分語詞的語音則可以 [B] / [C] 或 [A] / [B] / [C] 並存兼用，有趣的是前者往往以人名、親屬詞彙爲多，如人名全名爲「XX 妹仔」時只有語音 [C]，絕不會有語音 [A]，類似的語音現象還有人名愛稱「阿忠仔」、親屬稱謂「阿舅仔」（小舅子）等，亦或地名「犁頭洲仔（地名隨意說法）」，〔註43〕時間、方位詞「頭先仔」（剛才）、「奈位仔」（哪裡），以及語境之下才會出現的小稱變調，如數量詞「一張仔」（語境之下指單張個人座的沙發椅）、序數詞「第三仔」（老三，語境之下指排行第三的人）、動賓複合詞「食夜仔」（語境之下爲「食夜仔過後來去看戲」（晚餐過後來去看戲），語意上與「食夜」（吃晚餐）相同，若欲細分，前者可視爲較具隨意體的性質）〔註44〕。這些詞相較於四縣是較特殊的，四縣比較不會產生等同的小稱詞。雖然四縣在親屬稱謂、人名愛稱、地名方面也可以

〔註42〕　[A] 至 [C] 或 [B] 至 [C] 中間會牽涉到不同的變體，參見第三章。

〔註43〕　也有少數地名兼具兩種形式，如「下庄仔」[ha⁵³ tsoŋ⁵³ ə⁵⁵] / [ha⁵³ tsoŋ⁵³⁵]，若爲「下庄子」時則是晚近的文讀體。

〔註44〕　依 Labov（1984）的社會語言學調查，「語體」（如，隨意體與正式體）也是導致語音產生變異的社會因素之一。本文在調查詞彙時（以詢問的方式），並未刻意去區分隨意體或正式體的說法，但採集的結果是，語體的出現以「隨意體」爲多。因筆者詢問過兩者的差別，如地名「犁頭洲」與「犁頭洲仔」有何差別時，多數發音人認爲前者爲正式體，後者爲隨意體。（即前者較屬於文讀音，後者屬於口語音。我們可以比較前項註釋與第三章的註釋 61，發現即使是小稱的文讀音也存在不同的層次，分別有「ə」、「子」與「不存在小稱音」等三種情形。其中，「子」與「不存在小稱音」爲晚近的文讀音，主要爲臺灣華語影響所致，「ə」的出現並非均屬文讀音，主要視文體或語境而定。）

帶有後綴形式的小稱詞〔註45〕，但新屋海陸腔的小稱詞相較於四縣則具有三大特色：（一）小稱形式的體現較不具一致性；（二）小稱詞運用的普遍性，詞彙方面的分布較四縣腔更勝一籌；（三）大部分語詞當中的最末詞根傾向於以高調結尾表小稱，並逐漸失去小稱形態。

對於新屋海陸腔各類詞彙小稱的語音現象，推測小稱體現在共時層面中的詞彙環境，至少具有四種層次類型（語音層爲：原生後綴式 A2、原生疊韻型 B、變調型 C、外來後綴式 A3），包括時間層與空間層的演變：

（84）小稱語音體現在詞群中的四類層次

語音層次〳詞群層次	後綴式 *[+H]	後綴式 A2	疊韻型 B	變調型 C	後綴式 A3
Ⅰ：W 詞群（C）	*[+H] ─────────────────────────────→ C				
Ⅱ：X 詞群（B/C）	*[+H] ──→ （A2）　／　B ──────────→ C				
	*[+H] ─────────────→ B ──────────→ C				
Ⅲ：Y 詞群（A2/B/C）		A2 ────────────────→ C			
		B ─────────────────→ C			
Ⅳ：Z 詞群（A2/A3/B/C）		A2 ──────────→ C　／　A3			
		B ───────────→ C　／　A3			

說明：「箭號」爲演變的大方向，故而忽略中間其他較細微的可能變體。*[+H] 爲構擬的小稱，其特色在於早期的小稱詞具有高調的徵性，也或與 [A2]、[A3] 同形。[A2] 爲早期的後綴式小稱 [ə⁵⁵]，[A3]爲後期外來成分的後綴式小稱，包括新竹海陸的 [ə⁵⁵] 與四縣移轉進來的 [e⁵⁵]。（以下以 A 含蓋 *[+H]、A2、

〔註45〕　不過，新屋四縣也有極少數的親屬稱謂詞具小稱變調現象，如面稱或旁稱「大哥、二哥、大姊、二姊、大姑姑、小姑姑」等時，分別爲「大哥仔」[tʰai⁵⁵ ko⁵⁵³]、「二哥仔」[ŋi⁵⁵ ko⁵⁵³]、「大姊仔」[tʰai⁵⁵ tse⁵⁵³]、「二姊仔」[ŋi⁵⁵ tse⁵⁵³]、「大姑仔」[tʰai⁵⁵ ku⁵⁵³]、「細姑仔」[se⁵⁵ ku⁵⁵³]（「三哥」時，「哥」則多半爲正常調 [ko²⁴]，無小稱音），這些非正常的語音現象均表愛稱的語用功能，其他的小稱音韻詞大致上仍維持原有的後綴式小稱音 [e³¹]，如「柑仔」[kam²⁴ e³¹]。但此處的音節節縮似乎不是最末詞根音節與小稱的節縮的現象，而是重疊稱謂的聲調先變調爲 HH+HM（「哥、姊、姑」等三字的本字調分爲 MH、ML、MH），後再節縮成 HHM，如「大姑姑」音 [tʰai⁵⁵ ku⁵⁵ ku⁵³]→[tʰai⁵⁵ ku⁵⁵³]，但無論如何，此也可支持親屬稱謂詞是屬率先節縮成小稱變調的詞群。

A3）我們可以發現，語詞當中已經不存在只能有[A]的語音階段，若容許 [A] 存在，必也可以同時容許 [B] 或 [C] 的語音形式（如詞群 III、IV 存在 [A]，但也存在 [B] 或 [C]），但反之則不然（如詞群 I、II 存在 [B] 或 [C]，但不存在 [A]）。小稱語音形式以詞群 II [B] / [C] 兼用階段的能產性較高，在部分詞彙中具固化的傾向。以下從詞群的角度對各層次做一說明。

層次 I（W 詞群）：W 詞群只存在 [C] 的語音形式而不容許 [A] 存在，[C] 已固化，在聲調調值的表現上則與基本調無異，固化的 [C] 並逐漸類推到其他類詞群當中。語音上，弱化的 [C] 在語詞中或仍具小稱意或不具小稱意，前者如人名全稱正式體的單音節模小稱變調「XX 妹_仔」，或語境中才出現的單音節模小稱變調「第三_仔」（老三），二詞均仍帶有「小」意，但一樣為語境中才出現的單音節模小稱變調「食夜_仔」（吃晚餐），則不帶有實際的「小」意。

層次 II（X 詞群）：X 詞群中，或無法確知小稱的演變是否歷經後綴的 [A2] 階段，但語詞已不存在 [A] 階段，通常只能為 [B] / [C] 並存兼用，且能產性最高。如「妹仔」（女兒）、「杯仔」（杯子）的小稱音，兼具疊韻型或變調型小稱。

層次 III（Y 詞群）：Y 詞群中，即使 [A] 變做 [C] 或 [B] 變做 [C]，此類詞群中容許 [A / B / C] 兼用。由於 Y 與 Z 詞群的界線已模糊不清，又入聲字較容易殘留後綴式的[ə⁵⁵]，故推估此類詞群以入聲韻詞為多。例如，發音人 AA65，〔註46〕因發音人普遍以疊韻型或變調型小稱為主，[ə⁵⁵] 出現的環境以詞根為入聲字較多，站在個別發音人的立場，此較屬於殘留的後綴式 [ə⁵⁵]。〔註47〕

層次 IV（Z 詞群）：[A3] 雖為外來成分，其一的語音形式或與 [A2] 同形，[A3] 包含 [ə⁵⁵] 或 [e⁵⁵]。〔註48〕 [ə⁵⁵] 因為在鄰近地區新竹優勢腔的干擾之

〔註46〕 在發音人 AA65 所收 92 小稱詞中，疊韻型與變調型小稱高達 79 詞（約 86%），[ə⁵⁵] 韻則只佔 13 詞（約 14%），13 詞中，詞根為入聲韻者即佔了 11 詞（另 2 詞為陽聲韻字），不過，詞根為入聲韻的小稱變調模式卻也佔了 17 詞之多。

〔註47〕 這裡舉的例子以年齡層當做考慮的因素，「年齡層」雖也是導致語音變異的一種社會因素之一，但本文並未以此當做主要的方法。若年齡層中，年長者保留較多的後綴音 [ə⁵⁵]，而青年層保留較少，則推估 [ə⁵⁵] 早於疊韻型小稱。因本文調查的中、老年者，[ə⁵⁵] 音出現的頻率不具一致性，故而不以此當做絕對性的參考。例如，AA85 出現 [ə⁵⁵] 的比例較 AA65 少，AA28 則更少出現 [ə⁵⁵]。

〔註48〕 之前提及過，[ə⁵⁵] 或 [e⁵⁵] 有可能出現在各種韻尾之後，但使用上不及 [B] / [C]。

下，[ə⁵⁵] 兼有內部形式與外部形式的可能，例如前節出現的「阿姨仔」（小姨子），「仔」為 [ə⁵⁵] 音，因發音人非當地世居者，推測 [ə⁵⁵] 為後期外來的成分，但此例發音人也可兼具其他變體；而 [e⁵⁵] 則是由當地次強勢的四縣腔影響而來，不管母語為海陸或四縣腔者，均有可能產生 [e⁵⁵] 小稱變體，如「帖仔」[tʰiap⁵﹥² e⁵⁵] 一例，是從發音人 AA28 的語料中取得，﹝註49﹞ AA28 並不善於四縣腔，且小稱詞多以疊韻型或變調型小稱為主，例外或少數的 [e⁵⁵] 為後期外來成分，但此例發音人也可兼具疊韻型及變調型小稱。Z 詞群在語音 [A] 變做 [C]，或語音 [B] 變做 [C] 後，容許外來成分的 [A3] 與內部生成的 [A2]、[B]、[C] 兼用。詞群 IV 幾乎可兼融所有類型的小稱形式。茲將各式小稱的語音層次關係，體現如下：（以下不列入「子」。虛線表「作用於」；●━━ 表「發展關係」；━━━ 表「演變關係」）

（85）新屋海陸小稱語音形式的內、外作用力

　　　　外部作用力：指的是外部新竹海陸腔[ə⁵⁵]與新屋四縣腔[e³¹]的影響，以及[ə⁵⁵]
　　　　　　　　　　與[VC⁵⁵]的相互作用
　　　　內部生成力：指的是內部[ə⁵⁵]與[VC⁵⁵]的生成並演變成變調型小稱

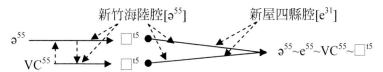

　　[B] 或 [C] 屬早期新形式的小稱，並在某些詞群中固化，但在部分詞彙中又未完全取代舊有形式的 [A2]（因為仍允許並存兼用的情形），而後起的新形式 [A3] 也無法完全取代 [B] 或 [C]，新舊形式在 Y、Z 詞群中相互競爭，甚至可能跨入 X 詞群之中，早期新形式的 [B]、[C] 已泛化並幾乎可擴散到所有的詞彙當中。從語法化輪迴的語意觀點來看，它不是因為舊有形式逐漸失去表小功能而產生另一新形式來表小，因而似乎不能視為典型語法化輪迴的現象，但卻可以是小稱語音形式的語法化輪迴，且兼有時、空層的因素，同時也與語體或詞群的語意屬性有關。小稱的新、舊形式無法完全共存，但新形式的 [B]、[C] 幾乎可以取代所有舊形式或其他新形式，並造成某些詞當中，舊的形式無

───────────────

﹝註49﹞ 在發音人 AA28 所收 63 小稱詞中，只有 2 詞的小稱為 [e⁵⁵]，且詞根為入聲韻（詞根為入聲韻者計 24 詞），其餘為疊韻型或變調型小稱。

法回流使用，而其他後起的新形式也無法完全取代，是故為小稱語音形式的語法化輪迴。從語音的角度看，[A2] 為第一層，[B]、[C] 分別為第二層、第三層，而後期外來的 [A3] 則是第四層，〔註50〕至於構擬成分的 *[+H]，本就帶有「虛擬」成分，〔註51〕故不列在語法化輪迴的層次之中。新屋海陸腔因語法化輪迴而重新啟用的新語音形式小稱，或屬內部演變較舊的層次（如 A2 與 C 或 B 與 C 的關連），亦或屬外部疊加的新層次（A3），內、外之間形成拉鋸關係。新、舊形式是不是同一文字其實不是很重要，因為漢語方言中的小稱詞常以假借方式選取合適的字來表示，例如，[A2] 到 [C] 與 [B] 到 [C] 的階段，實屬不同的層面，但卻都習慣用同一字「仔」來表示，在新舊語音形式的交替方面，常代表相同的語意或語法功能，只是在多形一義中（多形，可指語音上的多形或形態上的多形），或具有不同的層次關係。〔註52〕

接下來要說明一個問題：單音節模小稱變調的 [C] 晚於單音節後綴式的 [A]，其理據為何？尤其 [C] 在某些詞彙當中已完成演變，並不允許 [A] 的存在。[A]、[B] 分別從內部音變來說，均可演變成 [C]，但由於優勢的新竹腔仍具主導作用，故也不排除 [A2] 與 [A3] 同形，而造成彼此的界線模糊不清，所以這是雙向性的拉鋸關係，[A2] 要消失弱化的同時，又受到 [A3] 的影響而持續保有原來的語音現象。也就是說，一方面內部系統 [A2] 弱化演變成 [C]，或 [A2] 消失的同時也生成 [B]、[C]，另一方面外部系統的 [A3] 又持續干擾內部系統的變化，故而造成一般詞彙當中 [A/B/C] 並存的情形，不過卻有一些詞不允許 [A] 存在，尤其是人名當中的小稱表現，對此，除了前述的論證，以下我們另從小稱構式與語詞語意屬性的「親密原則」來探討這一類小稱變調生成的理論依據。

〔註50〕 各層之下可再細分，參見 3.1 小稱的語音形式與類型。因非屬較穩定的形式，故不細論。

〔註51〕 有關「構擬」（reconstruction）「*」帶有虛擬的概念，參見 O'Connor（1976）。本文在此並非構擬原始客語或海陸客語的小稱，而是構擬在臺灣的海陸腔中，最早存在的後綴式小稱徵性。

〔註52〕 若為語音上的多形，除了「e」及部分的「ə」視為外來的層次之外，其他語音形式可視為內部的成分；若為形態上的多形，除「子」之外，其餘可視為同形。

4.3.2 親密原則於小稱構式中的作用

在構式語法（construction grammar）的框架來說，一種構式即表達一種概念，或同時帶有一個或一個以上的語言訊息，構式中的每一個語言成分意義或功能的總和不見得與整個構式的意義相等。（Goldberg 1995、2006）小稱構式「X+仔」（X 可爲名詞、動詞、副詞、形容詞、量詞、時間詞、方位詞……）即構成小稱的概念，儘管有些詞彙已逐漸失去小稱的含意，那是因爲牽涉到語法化的概念。小稱詞在初期具有「小」或「兒子」、」女兒」的含意，這樣的概念陸續類推到其他詞彙當中，隱喻著與小稱有關的相關概念，進而普遍泛化到名詞或其他詞類當中，並成爲名詞化標記的特色之一。新屋海陸腔的小稱詞，較之於四縣腔，甚至更廣泛的類推到其他詞彙當中，成爲一種普遍的語音現象。

新屋海陸腔的人名全稱正式體當中，「XX 妹仔」的小稱語音形式，只存在小稱變調而無疊韻或單音節後綴式小稱，此「看似」反映更早階段的小稱現象。但本文經由前章的共時分析與本章的歷時分析等等，並不認爲小稱變調反映較早的語音現象，只能說新屋海陸腔小稱變調的形成已有相當長的一段時間，加上原鄉周遭方言與今周遭方言也都沒有類似的語音發展，即便是原鄉鄰近的粵語或大埔客語的小稱變調，也都不是互相影響而來的，故而較有可能的解釋是，這是內部系統所擁有的特色。又，新屋與新竹的海陸腔具有共同的原鄉來源（均以海豐、陸豐爲大宗），但新屋海陸腔小稱特色的形成是如何與新竹海陸腔的小稱形成差異性？不論從語流、歷史來源或理論的分析當中，單音節後綴式的小稱詞應該才是新屋與新竹海陸腔早期共通的語音形式，只是新屋早期的語音形式或與今新竹海陸腔的 [ə⁵⁵] 相同。然而，我們仍要對前述四類詞群（W、X、Y、Z）的小稱變體，以及人名全稱或語境當中的某些詞彙只能容許正常音節模的小稱變調做出合理的詮釋。

曹志耘（2001）指出吳語湯溪方言變調型的小稱以稱謂、人名居多。若如此，小稱變調應是小稱眾多變體層次當中的一環，只是爲什麼在稱謂、人名中，小稱語音形式的演變會較不一樣，而且是以變調型爲主，對此，我們將以語意屬性當中的「親密原則」來解讀。

語意屬性的「親密原則」（intimate principle）會對小稱構式中的語音形式產生影響，進而影響構式中成分的變動，進一步可能造成泛化、類推的效應。

〔註53〕對於漢語方言中，變調型小稱以稱謂、人名居多的現象來說，語意屬性予人的親密度，將是決定人名或親屬稱謂詞當中的小稱詞，率先節縮成變調型小稱。

小稱構式帶有小稱的概念，但「X」成分又主導中心語意的走向。新屋海陸腔小稱構式的語意屬性是否表達予人的親密性，或親密程度如何，容易牽連小稱構式的變動。若爲親密性關係就容易體現在詞根與小稱詞的音節節縮，但若爲非親密性關係時，小稱詞的表現手法就可能兼有節縮與後綴式兩種形式，其中節縮的形式應是由前者類推泛化而來。就如同前節提及小稱語音體現在四類詞群中的層次類型，層次之間的小稱構式一直處於變動著，語音的變化與構式的變動相互牽連，並與語詞語意屬性的親密性有關，因而也導致語音與構式的語法化輪迴。如下所示：（在此不區分小稱的語音類型，以「X+仔」、「X仔」表小稱構式變動的兩大類型；*表構擬；雙箭號表具雙向類推演化的能力；虛線表類推的方向）

（86）小稱構式的語法化輪迴與親密性的關連

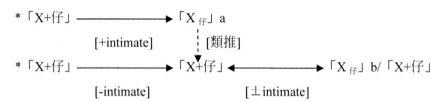

我們可以看到，上圖中顯示了雙向類推的方向性，此似乎違反語法化原則當中的單向性（unidirectionality）假設，Hopper、Traugott（1993）指出單向性是語法化的「典型」特性，至於少數反例的情形，則另有其它的機制在運作。對新屋海陸腔的小稱詞而言，演變後的「X 仔」b，即使是具有[+intimate]的詞彙，可因外來成分作用力「X+仔」的加強，而同時促使內生的「X+仔」持續存在於某些詞群當中，造成語法化雙向類推的方向性。

〔註53〕語意屬性的親密關係會對小稱構式中的語音形式產生影響，進而形成變調型小稱，此並非針對所有的語言，主要針對語言中具有或即將具有變調型小稱的發展而說的，因爲漢語方言中，若有變調型小稱時，通常以親屬稱謂詞爲先。例如，臺灣閩南語大體不如此發展，是因臺灣閩南語大致上尚未發展出變調型小稱，例如人名「張仔阿義」或「阿義仔」時，小稱不與詞根節縮。

　　從另一角度來看，語詞予人概念上的親密度或相關度，反映在「X」與「仔」之間的緊密度；亦或「X」與「仔」之間的緊密度，反映了語詞予人概念上的親密度或相關度。〔註54〕例如，人名全稱「黃香妹仔」，是一個人整體性的表徵，一般來說，連名帶姓正式體的稱呼時，較不容許出現後綴式的小稱詞，〔註55〕人名當中「妹」與「仔」的語音便較容易率先節縮成一個音節，其他指人的稱呼（如：阿光仔）在變調型小稱的發展中也有類似的表現，因而小稱構式爲：「X仔」，相當於前述例（84）中的 W、X 詞群。客家女姓人名字尾多取「妹」字，具「妹仔」（女兒）或「細妹仔」（女孩）之意，後二詞在語音的表現上亦可近於單音節的「妹仔」[moi²²⁵]~[moi²⁵]（有關「妹仔」的語音及其相關變體參見 3.1 節），在此情形之下，人名字尾爲「妹」時（基本調爲[11]），容易產生小稱變調「妹仔」，並與正常單音節的基本調 [24] 同模。〔註56〕「妹」字具有客家社會文化背景方面的意義，只是這個小稱變調也許不經過舊有的形式（指單音節後綴式小稱詞），而直接從詞根基本調演變到單音節模的小稱變調。其他詞在演變的過程中，則可視語詞的予人的親密概念而選擇爲節縮式或後綴式的小稱詞。

　　再者，親屬稱謂的小稱詞「阿舅仔」、「阿姑仔」，以及指人序數詞「第三仔」（老三，在語境之下出現）或愛稱「阿忠仔」（爲口語詞的稱呼）……等，單音節後綴式的小稱詞較難進去此類詞當中，其性質亦同於人名表徵，語詞語意屬性均爲親密性，因而在小稱類型的發展過程中，這類詞也較容易發展成小稱變調，但這類詞單唸時或允許疊韻形式的拉長音。不過，語境之下才能出現的詞，如指人的序數詞「第三仔」，因不容易出現在詞彙當中，無法以詞彙形式詢問，

〔註54〕　在句法中，有所謂語詞概念的「相關原則」（relevance principle），語詞與句法中的中心語詞語意上愈相關時，就愈接近句法中的中心語詞，也愈容易與中心語詞形成語意或音韻上的結合，也就是所謂的鏡象關係。（Bybee 1985）本文所指的「親密原則」也是從語詞概念予人的觀點來談，但非從句法關係，而是從小稱構式的語意表現來看。相關論述亦可參見王寅（2006：141-145）。

〔註55〕　在客語或其他的語言當中，也常發現人名當中帶有單音節式的小稱稱呼，主要表達一種愛稱或親密關係，但在個別方音系統中時，若其小稱音變朝向節縮式的小稱變調時，則不同類語詞小稱音變的速度會有所不同，牽涉到語詞語意屬性所表達出對人的親密性關係。（亦參考前一註腳）

〔註56〕　在所問發音人當中（母語背景含四縣及海陸，年齡層含青、中、老年），人名中的「妹仔」全數同模，顯示小稱變調節縮形式的形成時間應相當久遠。

故只能以單音節模的小稱變調形式存在，推測語體中，變調型小稱的發展速度，語境大於句子或詞彙詢問的形式。

數量詞帶小稱可表名物化，如「一張仔」（單張沙發椅，語境下出現），「一梗仔」（單隻橫木，語境下出現）等，此類詞不容易出現在詞彙或句子當中，也詢問不到單音節後綴式的小稱詞。人名、指人化、數量詞名物化的小稱詞，三者仍帶有小稱意，如「妹仔」表達的是女性在社會地位中的「表小」或「愛稱」，「第三仔」中「老三」比「老大」小，「一張仔」中「單張椅」比「長形椅」小。

推測小稱因語意屬性的親密性而產生小稱變調的泛化過程大致循語法化的途徑，由人名開始，再來指人化，再來數量詞的名物化（人名→指人化→數量詞名物化）……等等，這些範疇之間若有順序性的演變關係時，當循語法化的路徑而行，亦即：PERSON>OBJECT>ACTIVITY>SPACE>TIME>QUALITY。（Heine et al. 1991：48）因而這種較具親密性關係的小稱變調，也容易出現在空間、處所、抽象或具體的語詞之中。例如，地名也是一種比較固有的表徵，如「犁頭洲仔」（具隨意點的指稱性，非正式體），以及時間詞「半晝仔」（近中午）、方位詞「奈位仔」（哪裡）、抽象性副詞「慢慢仔」（慢慢地）等，此類詞均不容易有單音節後綴式的小稱詞。不過我們在某些詞當中，仍可見到少數單音節後綴式與單音節模小稱詞並存的情形，如地名「下庄仔」／「下庄仔」，方位詞「這嗒仔」／「這嗒仔」（這裡）。〔註57〕因此當節縮的形式逐漸泛化到其他語詞時，以小稱詞的後綴式與否來區分語意屬性的親密關係，在詞群當中的分界線實已不容易切分。另外，若有環境條件的限制則為語境多於詞彙形式（語境＞詞彙或句子）。〔註58〕

小稱構式從後綴式小稱詞到節縮式的變化，牽涉到語意屬性的親密性與否，當小稱詞節縮至前一詞根並與本字調幾近同模時，依語意屬性的親密原則，有些小稱詞無法再以後綴的形式存在，並泛化到其他類詞。當音節節縮的形式泛化到一般詞彙時，其語意屬性不管具不具有親密關係，通常會使得此類詞的小稱形式可兼具後綴式小稱與節縮式的小稱變調。從小稱構式與語詞語意屬性

〔註57〕 在這樣的情形之下，筆者較傾向將這裡的後綴式小稱視為後來的文讀層。如文讀層「下庄仔」[ha^{53} tsoŋ^{53} ɔ^{55}] 與白讀層「下庄仔」[ha^{53} tsoŋ^{535}]。

〔註58〕 我們在 4.2 節分析出，詞根音韻環境也會限制小稱音變的發展速度，其中，本調為高平、升調時，小稱變調的速度最快。這是站在不同的向度來審視小稱音變的發展。

親密性的互動來看，正好可以解釋爲什麼漢語方言中，變調型的小稱詞會以稱謂、人名居多，由此形成小稱語音與構式語法化輪迴的不同層次。

4.4　本章小結與本章對歷時音變的啓示

　　本章先從語意演變的角度來分析小稱的語法化輪迴，從而指出方言中小稱形式的交替關係，以及方言中指小與小稱的關連性，究竟方言中指小與小稱是語法化輪迴的關係？亦或是語言系統當中本就存在不同的指小詞？這部分牽涉到的格局較廣，也與非漢語方言的小稱比較有關，因本文能力有限，尚無法擴大漢語與非漢語方言有關小稱的大量考察，暫就相關問題來討論，待日後擴充語料再做進一步的分析。

　　本文傾向於將大部分小稱變體的關連視爲語音演變的一種自然變化，但同時參雜外部的作用力。後綴式小稱（不含後綴式「e^{55}」）與疊韻型小稱均是內生的小稱形式，且各有各的音變路徑，最終均朝向變調型小稱發展，而疊韻型或變調型小稱則逐漸成爲新屋海陸腔小稱音的主流，但後綴式小稱在區域方言中仍具有某種程度的影響力，主要是臺灣客語的兩大通行腔——新竹海陸與臺灣四縣兩種外來成分的小稱在作用著。是故，由方言系統內部產生的規律，加上外部系統產生的共通性規律同時在運作著，致使內、外力量各自主導規律發展的速度與方向，進而互競、互協，造就不同的小稱格局。

　　在 4.2 節，我們針對新屋海陸腔高調的性質與來源做一探討，同時釐清各式變體之間的關連，主要從方言比較談起，選取的方言爲地緣上與海陸客語的形成有密切關連的大埔客語及粵語（因這兩處均有類似的小稱變調現象），另包括梅縣、四縣、豐順、粵北土話、吳語、徽語，以及臺灣四縣、臺灣觀音與新屋的豐順腔等等。結果顯示，新屋海陸客語、大埔客語、粵語三者的小稱變調均與連讀或語流變調有直接或間接的關係，不過三者的內容不同，且大埔客語的特殊 35 調，較有可能是因語言的接觸鏈關係，加上內部系統規律的運作而產生的。對於新屋海陸腔部分語詞單字調爲高調時，指出至少具有基底與表層兩種聲調，其一的表層調帶有小稱音；又，表層中的升調含蓋五種基本調的來源：LL、MM、MH，及入聲的 M、H，兩類表層中的小稱變調則不約而同走向升調的模式：MH 或 <u>MH</u>。

　　本章從三方面探討新屋海陸客語高調的性質與來源，分別為：平行與不平行演變關係、周遭地緣的語言比較分析、歷史音韻演變的角度。其中歷史音韻演變的角度含括聲調系統、變調規則產生的調位中立化、親屬詞彙的小稱變化，以及方言間小稱音韻的演變比較等等，從不同角度以論證單音節後綴式的小稱詞應為早期的形式，之後才有疊韻、小稱變調等不同變體形式，但後期出現的單音節後綴式小稱詞除「e」外，「ə」也有可能為晚期外來的，為周遭新竹優勢海陸腔的干擾影響，並與舊有的 [ə⁵⁵] 形成競爭關係，使得新屋海陸腔小稱詞的變體兼具內部音變與外來接觸的成分，新屋海陸腔早期的小稱形式或與目前新竹海陸腔同形，其內外之間的界線已不容易劃分清楚。

　　眾多變體形式另外呈現的是，小稱語音、構式與構式中的語意關係相互牽連，而形成小稱語音與構式的語法化輪迴現象，故而最後在 4.3 節小稱語音與構式的語法化輪迴當中，指出小稱的語音層具有四層：原生後綴式 A2、原生疊韻型 B、變調型 C、外來後綴式 A3，且小稱的演變也與所屬的詞群有關。層次 I（W 詞群）由早期具有高調徵性的小稱詞發展而來，不存在後綴式的小稱變調，演變速度也最快；層次 II（X 詞群）為能產性最高的疊韻型或小稱變調，此階段也不存在後綴式的小稱詞；層次 III（Y 詞群）由後綴式的小稱詞弱化、消失，但同時生成疊韻型或變調型小稱，與原先的後綴式小稱詞並存兼用；層次 IV（Z 詞群），主要為晚期外來成分的進入並與舊有形式並用，新、舊之間的後綴式小稱或為同音、或為不同音。造成小稱語音或構式具有四類層次的原因，來自於不同的向度，除了 4.2 節提及與詞根音韻條件有關之外（基本調不同時，即有不同的小稱音變速度），也與語流、語體有關，更加會因語詞語意屬性的「親密原則」而對小稱構式及小稱音產生影響，當人名全稱為「XX 妹仔」，或一些語詞在語境當中只能為新形式的小稱變調時，舊有的小稱形式無法進入，晚期較新的小稱形式也無法完全取代。從構式與構式中的語意屬性來看，「X仔」[+親密性]含括的詞類範疇有愈來愈廣的趨勢，並傾向為「X 仔」[±親密性]，如：人名全稱、指人序數詞、指人愛稱、名物化的數量詞、地名、方位詞、時間詞、抽象性副詞，以及一般的名詞、動詞等等。當小稱詞節縮至前一詞根並與本字調幾近同模時，依語意屬性的親密關係，有些小稱詞無法再以後綴的形式存在，並泛化到其他詞類之中，當音節節縮的形式泛化到語意屬性非為親密性的一般詞彙時，此類詞的小稱形式通常兼具後綴式小稱與節縮式的小稱變調。

　　另外，詞根為入聲韻的小稱詞，其演變速度與陰聲韻、陽聲韻呈現不同調的現象。大體而言，入聲韻後接 [ə⁵⁵] 的情形多過於陰聲韻與陽聲韻字，這是因入聲韻尾-p、-t、-k 為阻塞音，詞根與綴詞二音之間較無法在語流中連成一體，故而生成疊韻型小稱的速度會較其他韻來得慢，保留 [ə⁵⁵] 音也較多。但我們發現親屬稱謂詞中的入聲韻小稱詞「阿叔仔」（小叔），其小稱變調的速度又較快，且少見[ə⁵⁵]的小稱形式，與其他入聲韻的小稱詞演變不同，顯得較為特殊，此反倒更加支持小稱構式中，因語意屬性的親密原則而造成親屬稱謂詞的小稱音率先節縮。

　　由於小稱詞是漢語方言中普遍的語言現象，而漢語方言小稱的語音樣貌卻又多采多姿。新屋地區的小稱語音現象，各式變體的形成不太可能都為外來成分，但卻又是各漢語方言小稱類型的集合體，從此觀點來分析，漢語方言多樣性的小稱語音現象同出一源的可能性大於多源性；但一方言系統又允許不同的「指小詞」存在，是故，若方言選取不同形式的指小詞做為泛化的小稱詞時，則小稱來源的多源性大過於單源性。若以小稱的「音」源來看，新屋海陸腔小稱詞來自於一「音」源（即帶有高調徵性的小稱），但走的是雙線音變發展的格局，不見得具有「字」源的關係。不管如何，方言內部各有不同的規律在運作，故而有不同的小稱音變現象，而且在同源異途或異源異途的演變過程當中，多數方言朝向小稱變調的格局，且以高平或升調為多，顯現在小稱的演變，各方言又傾向於殊途同歸。

　　然而，新屋地區存在太多的方言於其中（雖如此，區域中的海陸腔仍屬通行語），這些方言是否能在差異當中相競互協？有一點可以確定的是，新屋地區早期即存在不少非以海陸腔為母語但又流利於海陸腔的人士，在當地優勢海陸腔的干擾之下，他語在移轉的過程當中，多數人應是沒有成功轉移早期後綴式小稱的語音形式，包括善於四縣的雙方言人士所形成的四縣式小稱音（即海四腔小稱音），及其他各式小稱變體的形成。大體而言，新屋海陸腔的使用者，多數仍取得共通的疊韻型或變調型小稱的音變方向。

　　本章對歷史音韻演變的啟示是：（一）漢語方言調類的演變通常有其一致性，調類的合併除了可能是調值的接近之外，也有可能為小稱變調而形成的調位中立化；（二）某一方言的連讀調或為另一方言的單字調，某一方言的單字調

亦或爲另一方言的連讀調（此也說明有的時候連讀調才是本調的可能），之間的關係或和語言的接觸鏈有關，若加上系統內部規則的運作，即可能產生大埔客語的特殊 35 調；（三）漢語方言入聲韻的弱化或消失，一部分或與小稱音變有關，粵北土話、金華方言、湯溪方言以及新屋饒平客話等可爲進一步的分析研究；（四）歷史音韻的演變，以往過於注重「音位」性的處理，而忽略一些變體的存在，殊不知變體當中即有可能反映不同的演變階段；（五）歷史音韻的變化，不能忽略雙線發展的可能，同時也不能忽略時間層與空間層帶來的互協變化；（六）小稱的演變，「音」源與「字」源的關係，有時可切分來看待，語音上，也有可能爲內部音系的生成或雙線音變發展格局的考量。

在考察方言的小稱音變時，切入的角度不同便會有不同的結果，而這一部分在歷史音韻變遷來說是很弱的一環。小稱變調的模式採取任何一種機制都有可能，方言內部系統要採取哪一種機制來運作則有所不同，原則上，音變要有合理的解釋。目前新屋地區的海陸腔，小稱變體數繁多，非由單一規律來主導變化，而是不同規律同時運作，並形成規律間的互競與擴散，導致不同的變體形成。

在混合式的小稱變體當中，我們試著釐清變體之間的層次性，包括時間層與空間層的關連，也包括小稱語音、構式與構式中語意互動而形成的語法化輪迴。從第三章的共時層面與本章的歷時層面分析中，小稱的語音現象，部分看似具有內部音變的關係，但卻不是單線發展，而是雙線發展。同時造成小稱音變力量的生成，應是各混合方言在當地優勢海陸腔的主導之下，不同的語言層次加上內部的音變層次，彼此相競互協，從而造成新屋海陸腔的小稱變體也具有不同的類型層次，層次之間形成語法化輪迴關係，並成爲語法化輪迴下的相競變體，形成區域方言中的整體特色。

第五章　客語人稱領格來源的小稱思維

　　本章延伸客語區域方言語言變體的研究，並以客語人稱代詞系統爲主體，探討客語人稱代詞系統的來源及其顯現有關小稱音變的層次問題，主張人稱領格在調值方面的表現與表親密愛稱的小稱音變行爲具有相同的成因機制。[註1]本章牽連到六個問題點：（一）客語與其他漢語方言人稱領格的屈折形式存不存在「格」的範疇？（二）客語人稱透過什麼樣的機制轉變成領格？（三）客語人稱代詞系統的表現爲何與西南少數民族語具有這麼大的雷同性，同時又與山西等地方言也具有雷同性？（四）包含臺海兩地客語，客語人稱領格的使用具有多種形式，形式之間的關連爲何？（五）客語人稱領格的調類表現在各次方言間的對應關係爲何具有不一致性？（六）人稱領格的屈折形式與小稱有何關連？

　　本章共分三節，5.1 節先看客語人稱代詞系統的來源問題，含前人的看法與問題的呈現，以及客語人稱代詞系統的共時表現；5.2 節則從理論依據來解釋客語人稱代詞的來源，主要從內、外來源的思維，以及客語人稱領有構式與小稱音變的關連來分析，同時解釋第一章提及有關客語人稱的來源問題；5.3 節爲小結。

〔註 1〕本文初稿以〈客語人稱與人稱領格來源的小稱思維〉宣讀於 2008 年第七屆臺灣語言及其教學國際學術研討會。臺北：臺灣師範大學。

5.1 客語人稱代詞系統的來源問題

　　漢語方言的人稱領格，東南方言中的表現與其他漢語方言並不一致〔註2〕，且各方言的內部表現也不具一致性，但卻與部分西南少數民族語具有共通的行為模式。對於漢語與非漢語方言人稱領格屈折形式的來源，尚存在不同的問題，因為牽涉的格局太廣，本文尚無法做出較全面的解釋，因此，以下我們針對客語人稱代詞系統的來源問題先做一瞭解。

　　客語人稱領格的來源以往約可歸為兩種看法：「合音說」與「格變說」，前者並沒有針對合音機制提出較好的說明，後者則沒有提出較好的理論依據，且不符合漢語方言普遍的語法形態。本節先從前人對客語人稱領格的不同看法，以及人稱代詞系統的共時表現來瞭解問題點。

5.1.1 前人看法與問題的呈現

（一）客語人稱的歷史來源說

　　三身代詞在客語次方言中，可因語音演變規律的不同而有不同的演變，「我、你」古為次濁上字，依漢語聲調演變規律可讀為上聲，或依客語「次濁上部分字讀為陰平」的規律，「我、你」或可讀為陰平，「佢」（他）依漢語聲調演變通常讀為陽平。以臺灣客語通行腔苗栗四縣與新竹海陸為例，三身代詞均讀成陽平，非全循上述的音變規律而行。李榮（1985：100-102）從不同的方言考證「代詞讀音互相感染」的現象，使得人稱代詞的調類易趨於一致，羅美珍、鄧曉華（1995）也認為這是一種平行演變的趨勢。故而方言中，若三身代詞聲調一致時，傳統的看法應是受「代詞讀音互相感染」的規律而呈現一致的變化。

　　站在漢語方言歷史音韻的演變角度，大都認為「佢」保有古音，即「佢」為「我」的俗字，屬於客家話的特殊詞，推測此字應是依客語的音而造出的形聲字。李如龍、張雙慶（1992：514）有關「佢」的解釋：「客家各點都說 $ngai^2$、$ngai^1$ 或 nga^2，俗寫為佢，實際上本字是我，歌韻字少數保留古讀 ai，尚有大讀 tai^5，可作旁證。」「我」在字形上，會隨著方音的差異而產生變化，客語在書寫上或以其他字形來替代，也就推動了「造字」並成為「音轉」之方言字，此種音轉體現在字形和字音上，由此造成了「佢」、「我」逐漸分工。

〔註 2〕雖說如此，但我們在山西方言、湖北鄂東等地方言也都發現類同的領格變化，相關實例，參見後文。

以上主要是站在漢語方言內部規律演變的立場來看。

（二）客語人稱領格的歷史來源說

關於客語人稱領格的歷史來源，看法上各有不同，今歸納歷來的看法與流變，主要分成「合音說」與「格變說」兩類。其中「合音說」相當於「連讀變化說」的性質，各家合音說的內容也不全相同；「格變說」則含括「詞形變化說」、「內部屈折說」、「少數民族同源說」等三種不同內容的說法。敘述如下：

A、「合音說」

董同龢（1956）調查華陽涼水井的客家話，認為三身代詞 ŋaiˊ、n̩iˊ、t̠iˊ三字所受後面字的影響，其後面如加個助詞 kieʔˇ（的），則聲調全由低升變做高平，同時 ŋai 的韻母也由 ai 變做 a，是一種字音的連讀變化。如：

　　ŋaˑ kieʔˇ（我的）　　　　n̩iˑ kieʔˇ（你的）　　　　t̠iˑ kieʔˇ（他的）

如果把 kieʔˇ換做一個別的陰入調的字或上聲字，也會有同樣的情形出現，不過不那麼一致，他們是否與「成詞」、「不成詞」或別的語法範疇有關，就所得材料中還看不出條理來。或有一個單獨的例子，即：ŋaˑ xaˑ sθn̩ˑ（我的下身）。因此，董氏本身對客語人稱領格的來源即已提出相關的問題點。

Norman（1988：227）認為客語人稱領格具有兩種形式，不論是加綴式或獨立詞，均源自於人稱與後綴的節縮（contraction）。但羅氏對於客語人稱領格合音的過程性仍沒有提出較好的說明。如下第一人稱所示：

第一人稱

	主格	領格
梅縣	ŋai^2	ŋa˧^{1}~ŋai ke^5
海陸	ŋai^2	ŋai^2 kai^5
華陽	ŋai^2	ŋa^1（kieʔ^7）

羅肇錦（1990）認為客語人稱領格的形成公式為：主格＋ia^{31}＋ke^{55}→領格，主格與「ia^{31}」合音，並調整至目前的面貌，如下所示：（羅師對客語人稱領格的來源後來又有不同的看法，見後說明）

　　ŋai^{11}（我）　＋ia^{31}　　→　　ŋa^{11} ke^{55}（我的）

　　ŋ^{11}（你）　　＋ia^{31}　　→　　ŋia^{11} ke^{55}（你的）

　　ki^{11}（他）　　＋ia^{31}　　→　　kia^{11} ke^{55}（他的）

　　鍾榮富（2001）把「ia³¹」做為所有格的後綴，與人稱形成強制性（obligatory）的合併，但作者認為以「ia³¹」為所有格後綴是不明確的，因為大部分的客方言用「ke⁵⁵」做為所有格表徵，而「ia³¹」是經由以下三條音變模式推測而來的：

$$
\begin{array}{lllll}
\text{ŋai} & + & \text{ia} & \rightarrow & \text{ŋa} \\
\text{ŋ} & + & \text{ia} & \rightarrow & \text{ñia} \\
\text{ki} & + & \text{ia} & \rightarrow & \text{kia}
\end{array}
$$

　　鍾從上述語料推知所有格後綴必然以-a 結尾；再者會使第二人稱 [ŋ] 變成 [ñ] 音者只有介音 [i]，故而將所有格後綴定為 [ia]。

　　但問題是，羅與鍾的假設無法較好說明「ia³¹」的性質與語法功能，以及人稱領格調值形成的問題，為何苗栗四縣呈現升調：ŋa²⁴、ŋia²⁴、kia²⁴；新竹海陸呈現高平調：ŋai⁵⁵、ŋia⁵⁵、kia⁵⁵。通常四縣以「ke⁵⁵」、海陸以「kai¹¹」（均為去聲）做為所有格表徵，實與「ia³¹」或人稱領格的「合音」表現牽連不大，而且也無法較好說明以下兩句領格使用上的不同：（以新屋四縣為例）

　　（87）「厥老妹」[kia²⁴ lo³¹ moi⁵⁵]（他的妹妹）〔註3〕
　　（88）「佢个書」[ki²⁴˃¹¹ e⁵⁵ su²⁴]或[kia²⁴˃¹¹ e⁵⁵ su²⁴]（他的書）

　　「ia³¹」依性質來說，較有可能為指代詞「這」（音或 [lia³¹]），比較以下兩句的使用情形：

　　（89）「佢這（个）老妹」[ki¹¹ lia³¹ （ke⁵⁵） lo³¹ moi⁵⁵]（他這（個）妹妹）
　　（90）「佢（*這）个老妹」[ki¹¹ （*lia³¹） ke⁵⁵ lo³¹ moi⁵⁵]（他（*這）的妹妹）

　　「ia³¹」為定指的指代詞，指代詞的存在與否牽連到句子語意的區別，實無法說明人稱領格的「合音」現象。

　　嚴修鴻（1998）認為客語人稱領格來源於實詞語素的詞彙合音形式。實詞語素則來源於北方方言曾經表複數的「家」，如「倻家」、「你家」、「佢家」。合音後的聲母與主格相同，韻母與聲調受「家」主要元音為 a 的影響，且聲調由陽平變陰平，至於其他地區非以-a 表領格形式或聲調非陰平的現象，則是屬後來的演變。但今之客方言已不見表複數後綴的「家」或表領格單獨後綴式的「家」，「家」如何被客語今之人稱複數取代，也是一個問題點。項夢冰（2002）

〔註3〕語用上與「佢个老妹」有所不同，且後者較少使用。

即針對此文提出反駁，認爲客語人稱領格當爲人稱單數主格後加結構助詞「个」的合音現象。

B、「格變說」

李作南（1965）認爲客語人稱領格具有三種形式，如下所示：

	主格	領格 I	領格 II	領格 III
第一人稱	ηai^2	ηa^1	$\eta a^1 \cdot ke^4$	
第二人稱	$n_i i^2$	$n_i ie^1$	$n_i ie^1 \cdot ke^4$	$n_i ia^1$
第三人稱	ki^2	ke^1	$ke^1 \cdot ke^4$	kia^1

其中，領格 I、II 屬詞形變化的「格變說」，是利用韻母和聲調的變化以構成客方言人稱代詞「格」的變化，比較如下：（「ke^4」在此可用也可不用，用時有強調領有者的作用）

（91）「□本係偓書」[$le^2 \ pu\eta^3 \ he^4 \ \underline{\eta a^1 \ \d{s}u^1}$]（這本是我的書）

（92）「□本係偓个書」[$le^2 \ pu\eta^3 \ he^4 \ \underline{\eta a^1 \ ke^4}\d{s}u^1$]（這本是我的書）

領格 III 屬連讀變化的「合音說」，此只和親屬稱謂連用，爲「你阿爸」[$n_i i^2 a^1 pa^1$]或 [$n_i ie^1 a^1 pa^1$]、「佢阿爸」[$ki^2 a^1 pa^1$] 或 [$ke^1 a^1 pa^1$] 連讀音變成：[$n_i ia^1 pa^1$]與 [$kia^1 \ pa^1$]。此似乎爲領格-a 找到來源，但卻無法說明其他或相關的語言事實，如後接親屬稱謂但非以「阿」起始時，此時 [kia^1] 的語音來源無法從合音觀點獲得解釋。

袁家驊（1989）認爲以下語料中的客語人稱領格 I 是通過詞形變化來表示的，用於一般不強調「誰的」句子裡；領格 II 是在主格的後面加上詞尾「个」[ke] 來表示的，相當於華語的「的」，用於強調「誰的」以突出領有者。如下所示：

	主格	領格 I	領格 II
第一人稱	$_\subset\eta ai$	$_\subset\eta a$	$\eta ai \cdot ke$
第二人稱	$_\subset n_i i$	$_\subset n_i ia, _\subset n_i ie$	$_{\subset\subset} n_i i \cdot ke$
第三人稱	$_\subset ki$	$_\subset kia, _\subset kie$	$_\subset ki \cdot ke$

林立芳（1996）認爲客語人稱領格的表現手法仍有待研究。第二、三人稱具有多種領格形式，說話人可任意選擇其中形式而不受任何條件的約束及限制。如下所示：

	主格	領格 I, II, III
第一人稱	ŋai^{22}	ŋa^{44}
第二人稱	ŋ^{22}	n̩ia^{44}, n̩iɛ^{44}, ŋɛ^{44}
第三人稱	ki^{22}	kia^{44}, kiɛ^{44}, kɛ^{44}

羅肇錦（2006b）比對藏緬系（羌語、景頗語、彝語、緬語）的語言，發現客語與景頗語（與彝語同支系）在人稱代詞以及人稱代詞的主格變領格時，韻母、聲調的變化均非常相似，認為客家話極可能保有西南彝語的方音，並提出五點特色：（一）「你我他」調類相同；（二）ŋai^{33} naŋ^{33}（ŋ^{33}）ʃi^{33} 與客語 ŋai^{11} ŋ^{11} ki^{11} 音接近；（三）領格有格變而且轉調；（四）複數加詞尾 $\text{t}^\text{h}\text{e}^{33}$；（五）複數除了加尾綴 $\text{t}^\text{h}\text{e}$ 之外形態也改變，客語「ŋai^{11}（我）➔en^{24} teu^{24}（我們）」與景頗語一樣。故而「少數民族同源說」亦屬於格變說的一種。

以上，對於客語人稱領格的來源，各家看法仍有分歧，存在許多值得探討的問題點。「合音說」並沒有針對合音機制提出較好的說明，包括人稱與所有格的音變機制，以及人稱領格的聲調在客語次方言間的不一致變化；「格變說」則沒有提出較好的理論依據來說服，且不符合漢語方言普遍的語法形態。

5.1.2 客語人稱代詞系統的共時表現

（一）新屋第一人稱與客語人稱的聲調問題

李如龍、張雙慶（1992）調查客贛方言 34 個點中，第一人稱除了 4 個點為 a^1 或 xaŋ^5 音外，其餘均為 ŋ 聲母，韻母非 ai 即 o，調則有陰平、陽平、上聲、去聲等四種，第一、二、三人稱在客贛方言中的表現，方言間大致上各具有相當的一致性表現。

依「代詞讀音互相感染」的原則，苗栗四縣與新竹海陸「偓、你」與「佢」的聲調趨同，但新屋海陸卻呈現「逆流」而非「順流」的現象。臺灣客語海陸腔第一人稱的走向一般唸成新竹海陸的陽平調 $[\text{ŋai}^{55}]$，但新屋海陸客語卻唸成上聲調 $[\text{ŋai}^{24}]$，甚至有少數特定族群唸成陰平調 $[\text{ŋoi}^{53}]$，也與新竹、新屋的第二、三人稱唸陽平調不同。比較如下：

（93）新屋客語人稱代詞比較

人稱-中古音	四縣	新竹海陸	新屋海陸	新屋豐順
𠊎（我）-次濁上	ŋai¹¹（陽平）	ŋai⁵⁵（陽平）	ŋai²⁴（上聲） ŋoi⁵³（陰平）	ŋai²⁴（？）
我-次濁上-文讀	ŋo²⁴（陰平）	ŋo⁵³（陰平）	ŋo⁵³（陰平）	ŋo⁵³（陰平）
你-次濁上	ŋi¹¹（陽平）	ŋi⁵⁵（陽平）	ŋi⁵⁵（陽平）	ŋi⁵⁵（陽平）
佢（他）-全濁平	ki¹¹（陽平）	ki⁵⁵（陽平）	ki⁵⁵（陽平）	ki⁵⁵（陽平）

　　我們先看上表豐順第一人稱的問題，調值「24」非歸豐順話的基本調類，此種聲調現象，究竟是詞彙擴散的殘餘現象還是方言接觸影響導致的？亦或其他因素的影響？照常理，第一人稱是基本核心詞彙，若各次方言的人稱聲調多產生相互感染的現象，那麼，當地弱勢豐順的第一人稱就不太可能是詞彙擴散殘存的現象〔註4〕，對於非正常聲調的人稱現象我們又該做何解釋呢？「佢」字聲調演變符合客語常態，「你、我」按中古音的演變，在客語中非讀上聲即陰平，亦或依「代詞讀音互相感染」讀成陽平。新屋海陸、豐順的「𠊎」照理會與「你、佢」的聲調趨同才是，但卻沒有。豐順的「𠊎」非屬基本調而自成一聲，唯一可能的解釋是，代詞的讀音容易相互感染，除了來自於自家方言的代詞之外，也容易受周遭優勢語人稱代詞的感染，也就是說新屋豐順受新屋海陸三身代詞聲調的影響而產生變化，且三身代詞聲調的走向不與其他類詞彙同步調。

　　至於新屋海陸第一人稱韻與調的走向，相較於新竹海陸、苗栗四縣二通行腔，有其獨特的風格，同時也很難說明其源流。關於此部分，我們於下文說明。

（二）客語人稱領格的表現

　　我們先來觀察本章的第一個問題：客語與其他漢語方言人稱領格的屈折形式存不存在「格」的範疇？以下先看客語內部的情形，再來比較漢語方言的情形。

　　有關客家話人稱代詞單數領格的屈折表現，各次方言間似乎具有較一致性的表現，參見於如下的方言點：（語料引自嚴修鴻 1998）

（94）客語人稱代詞領格比較

梅縣	ˏŋa、ˏŋia/ˏŋie、ˏkia/ˏkie	五華	ˏŋa、ˏŋia/ˏŋie、ˏkia/ˏkie
蕉嶺	ˏŋa、ˏŋia（<ŋia）、ˏta（<kia）	平遠	ˏŋa、ˏŋa（<ŋia）、ˏta（<kia）

〔註4〕原鄉豐順客語的三身代詞均爲陽平。

興寧	ˬŋa、ˬŋia、ˬkia/ˬkie	東莞（清溪）	ˬŋa、ˬŋia、ˬkʰia
中山	ˬŋa、ˬŋia、ˬkia	深圳（沙頭角）	ˬŋa、ˬgia（<ŋia）、ˬkʰia
揭西	?、?、ˬkia	香港	?、?、ˬkʰia
蒙山（西河）	ˬŋa、ˬnia、ˬkia	賀縣	ˬŋa、ˬŋia、ˬkia
涼水井	ˬŋa、ˬŋi、ˬti	武平（坪畲）	ˬŋa、ˬŋa（<ŋia）、ˬta（<kia）
連城（新泉）	無、ˬŋia、ˬtʃʮa	連城	無、ˬŋia、ˬkua
連城（廟前）	無、ˬŋia、ˬtʃʮa		

　　漢語方言有關人稱代詞「格」的變化，肖萍、陳昌儀（2004）考察江西境內贛方言人稱單數的代詞，發現主格、賓格存在不同的詞形，與其他漢語方言不同，認為這是源自於上古中原漢語，詞形上則受吳方言詞綴的影響和啓發。肖、陳對於人稱代詞語法現象的解釋，立場上仍持保守的態度，這可能和漢語方言語法是否存在「格」的範疇有關。李如龍（2001）則不認為漢語語法具有「格」的範疇，包含人稱領格的屈折形式，且李氏也同意嚴修鴻（1998）的看法，認為客語人稱領格的屈折表現屬於詞彙合音手段而不是語法手段。

　　從現有文獻中，我們無法下立論，客語人稱領格的屈折形式相較於其他漢語方言是否「看似」較特別？人稱領格在漢語方言的表現，我們暫以北大編之《漢語方言詞彙》（1995）〔註5〕中的語料為參考：在 19 個方言點中，領格的表現大多為人稱後加結構助詞，第一、二、三人稱領格具兩種或以上形式者各有 6、4、4 種，其中只有武漢官話、梅縣客語三身兼具兩種或以上的形式。三身代詞領格在各方言中的表現若不只一種形式出現時，通常各形式各有各的語用含意，常見的有謙稱、尊稱、限定親屬稱謂及家庭等三種語用功能。只有武漢官話三身代詞領格其一的形式註解為「用於限定親屬稱謂及家庭等」之用法。但我們從相關文獻及現有客語語料查證，梅縣及其他客方言大部分亦兼具二或三種以上的人稱領格形式，其一或其二形式也與親屬稱謂及家庭等用法有關。

　　同時，我們也以李如龍、張雙慶（1992）調查之客贛方言來比較第一人稱

〔註5〕　《漢語方言詞彙》所收有關梅縣的人稱領格表現，似乎沒有體現語言的真實性，因為我們在其他相關語料當中找到不同的表現形式，如袁家驊（1989）、林立芳（1996）等人提供的語料。在此仍暫以《漢語方言詞彙》的語料當做其他漢語方言比較的來源之一。

領格的表現，發現在 34 個點中全部各只有一種領格形式，即人稱後接結構助詞，且其中 5 個點的第一人稱主格與領格形式有別，如下所示：

廣東梅縣　　廣東清溪　　福建寧化　　廣西西河　　福建邵武

$\eta ai^2 \rightarrow \eta a^2\ k\epsilon i^{56}$　$\eta ai^2 \rightarrow \eta a^3\ e^5$　$\eta a^3 \rightarrow \eta a^1\ ka^5$　$\eta ai^3 \rightarrow \eta a^1\ k\epsilon^0$　$xa\eta^5 \rightarrow xa\eta^6\ k\epsilon i^0$

從上例第一人稱領格的變化，可以看出主格與領格的差異可體現在調變（寧化與邵武）、韻變（梅縣）或韻調變（清溪與西河）等三種類型，﹝註6﹞但從語料中觀察不出結構助詞是否可省略。

今以臺灣客語為例（苗栗四縣、新竹海陸、新屋四縣、新屋海陸），比較三身代詞的領格變化，其中新屋四縣、新屋海陸為多方言接觸區，或可提供不同的見解。如下所示：

（95）臺灣四縣、海陸客語三身代詞比較

	苗栗四縣	新竹海陸	新屋四縣	新屋海陸﹝註7﹞	語法功能	例﹝註8﹞（新屋海陸）
三身代詞	ηai^{11}	ηai^{55}	ηai^{11}	$\eta ai^{24\sim55}$		
	$\underset{.}{\eta}^{11}$	ηi^{55}	ηi^{11}	ηi^{55}		
	ki^{11}	ki^{55}	ki^{11}	ki^{55}		
結構助詞	$ke^{55}\sim e^{55}$	kai^{11}	$ke^{55}\sim e^{55}\sim kai^{55}$	$kai^{11}\sim ke^{11}\sim e^{11}$		
第一人稱屬有關係	ηa^{24}	ηai^{55}	$\eta a^{24}\sim \eta a^{24}$	$\eta ai^{24\sim55}$	具親密的領屬關係為多	吾老弟（我弟弟）
				$\eta a^{24\sim55}$		
	$\eta ai^{11}\ ke^{55}$	$\eta ai^{55}\ kai^{11}$	$\eta ai^{11}\ ke^{55}$ $\eta a^{11}\ ke^{55}$	$\eta ai^{24\sim55}\ kai^{11}$	非親密的領屬關係為多	吾/倕个老弟﹝註9﹞（我的弟弟）
	$\eta a^{11}\ ke^{55}$			$\eta a^{24\sim55}\ kai^{11}$		倕个杯仔（我的杯子）

﹝註6﹞梅縣客語亦有韻調變的形式。（參見袁家驊 1989）

﹝註7﹞新屋海陸第一人稱為高平時，可以是具強調意，也可以是不具強調意。

﹝註8﹞這部分的語料均屬自然語料。

﹝註9﹞「个」在此可以是具強調意，也可以是不具強調意。二、三人稱用法亦同。但很多情形之下，親屬稱謂前不能加結構助詞，只能是「人稱領格＋NP」。

第二人稱屬有關係	$ŋia^{24}$	$ŋia^{55}$	$ŋia^{24}$	$ŋia^{55}$	具親密的領屬關係為多	惹爸（你父親）惹銃仔〔註10〕（你的鎗）
	$ŋia^{11}\,ke^{55}$	$ŋi^{55}\,kai^{11}$	$ŋia^{11}\,ke^{55}$	$ŋia^{55}\,kai^{11}$	非親密的領屬關係為多	惹/你个老弟（你的弟弟）你个荣（你的荣）
	$ŋ^{11}\,ke^{55}$		$ŋi^{11}\,ke^{55}$	$ŋi^{55}\,kai^{11}$		
第三人稱屬有關係	kia^{24}	kia^{55}	kia^{24}	kia^{55}	具親密的領屬關係為多	厥哥（他哥哥）厥貓子〔註11〕（他的小貓）
	$kia^{11}\,ke^{55}$	$ki^{55}\,kai^{11}$	$kia^{11}\,ke^{55}$	$kia^{55}\,kai^{11}$	非親密的領屬關係為多	厥个財產（他的財產）佢个屋（他的房子）
	$ki^{11}\,ke^{55}$		$ki^{11}\,ke^{55}$	$ki^{55}\,kai^{11}$		

　　從本文語料與前人的文獻當中，可將人稱屬有關係的用法歸納成三類〔註12〕：（一）人稱領格後不加助詞，原則上只用在親屬稱謂詞或親密詞之前；〔註13〕（二）人稱領格後加助詞，多用在非親屬稱謂詞之前；（三）人稱主格加助詞，多用在非親屬稱謂詞之前。以上三種類型在我們的語料當中仍有例外，如：人稱領格後不加助詞也可以出現在非親屬稱謂詞之前。親屬稱謂詞以第一類用法為多，但也可能出現在（二）、（三）類，（二）、（三）類的分布環境則具重合性。

〔註10〕　此例來源於新屋四縣。

〔註11〕　此例來源於新屋四縣。

〔註12〕　新屋地區的客方言，發音人有的容許此三類的用法，有的則不容許第二類的情形出現。在助詞「个」音韻形式的表現上也有所不同，新屋海陸腔發音人有的容許kai、ke、e三種自由變體音的用法，有的則不容許ke的情形出現，甚至有的發音人只容許kai的用法，e則少用，語流較快時仍會以e出現。（參見例（95）結構助詞一欄）

〔註13〕　人稱領格後不加助詞的形式在苗栗四縣則使用頻繁，如「惹杯仔」（你的杯子）、「厥桌仔」（他的桌子）……等，本文認為這是碰巧和系統中的連讀變調有關，因為人稱代詞+屬有標記的聲調表現容易成為領格聲調，如：LL+HH→LH，又連讀變調規律運作：LH→LL/__+[+高調]。故而苗栗四縣領格普遍泛化使用的形式，仍為後期的用法，非早期的用法。若從海陸的觀點來看，則不如此變化。

客語人稱領格的用法，對內似乎具有一致性（如（一）類的用法），也有其不一致性（如（一）、（二）、（三）類的混用），對外也與少數的漢語方言相同。類似的領格用法卻也出現在部分的西南少數民族語當中，對此，除了從漢語方言的角度來理解之外，我們也不應忽略周遭非漢語方言的情形。

5.2　客語人稱代詞系統的理據來源

在瞭解客語人稱代詞系統的問題點之後，本節進而從內外觀點、理論依據解釋客語人稱領格的可能來源與性質，包括從漢語方言與非漢語方言的觀點，探討不可轉讓的屬有關係於人稱領有構式中的作用、人稱領格與結構助詞的歷時關係，以及人稱領格的屈折表現與小稱形成機制的關連。

本章主張人稱領格在調值方面的表現與表親密愛稱的小稱音變行為動因相同——均與語言親密關係的表徵有關。也就是名詞間語意屬性不可轉讓的屬有關係作用於人稱領有構式之中，領有構式「X+（結構助詞）+NP」即構成屬有概念，其中，「X」為人稱或人稱領格，「結構助詞」可出現亦可不出現，出現或不出現則牽涉到 X 與 NP 間的語意是否具有「不可轉讓的屬有關係」，而領格的表現同時也與結構助詞的歷時演變有關。

5.2.1　客語人稱代詞系統的內外來源解釋

客語人稱領格屈折形式的表現在漢語方言中並沒有普遍性，不過卻和部分西南少數民族語的領格用法較接近。下頁為藏緬語三身代詞領格比較表。〔註14〕

從表，我們可以窺知一個大概，即藏緬語三身代詞的領格類型多數不以附加成分（即結構助詞）來表示，主要為聲調的變化或聲韻調的改變。對於客語人稱領格與西南少數民族語的關係，於 5.2.2 節有較詳細的分析，在此先討論人稱系統的一些問題，因為漢語方言人稱代詞系統的來源將牽涉到領格的來源問題。

我們發現藏緬語族的景頗語、白語、獨龍語、哈尼語、珞巴族語、怒語、羌語、基諾語、拉薩語、彝語、土家語……等等，第一人稱有 ŋo、ŋa、ŋai……

〔註14〕　語料分別引自高華年（1958），孫宏開（1981），孫宏開（1982），和即仁、姜竹儀（1984），李永燧、王爾松（1986）；孫宏開、劉璐（1986），徐琳、木玉璋、蓋興之（1986），《中國少數民族語言》（1987）等。

等（《中國少數民族語言》1987），與客語有相同或相近的說法。除了人稱代詞外，人稱領格在構詞形態方面也相似，甚至連語音形態都類同。例如，景頗語人稱代詞「我、你、他」的語音分別爲：ŋai˧、naŋ˧、khji˧；人稱領格「我的、你的、他的」的語音分別爲：ŋie²˥、na²˥、khji²˥。（劉璐 1984）對照到客語人稱分別爲：ŋai、ŋ/ɲi、ki；對照到人稱領格分別爲：ŋa/ŋai、ɲia、kia，聲調除了新屋或少數其他地區的第一人稱外，多數客語次方言三身的調類表現幾乎都具有一致性。這樣一組的人稱系統與景頗語的對應關係著實令人驚奇，應非屬偶然的巧合。另外，客語三身代詞單複的說法也與畬語類同。（游文良 2002：543-544）

（96）藏緬語三身代詞領格比較

	人稱			人稱領格類型			人稱複數類型		
	一	二	三	一	二	三	一	二	三
藏語							附加成分	附加成分	附加成分
門巴語				格變	格變	格變	格變	格變	格變
羌語	高平調	高平調	高平調	聲韻變	聲韻變	聲韻變	附加成分	附加成分	附加成分
普米語							附加成分	附加成分	附加成分
彝語〔註15〕	中降調	中平調	中平調	格變	格變	格變	次高調	次高調	次高調
哈尼語	高平調	高平調	中降調	中平調	中平調	中降調	附加成分	附加成分	附加成分
納西語	中降調	中降調	中平調	中降調+結構助詞	中降調+變韻+結構助詞		附加成分	附加成分	附加成分
傈僳語〔註16〕	中平調	高平調	高平調	中升調	變韻+中升調	變韻	附加成分	附加成分	附加成分

〔註15〕 彝語人稱複數時，主要元音爲前中元音，聲調成高平；人稱領格時，以「a」爲詞頭的親屬稱謂詞，代詞把自己的元音丟棄，以 a 代替成領格，領格聲調也因後面的「a」聲調不同而不同，在次高調 a 前變讀爲升降調，在中平高及降調的前面即變讀爲 a 聲調。（高華年 1958）第四章曾提及藏緬語族的許多語言之中，存在豐富的「a」詞頭，其來源可能是多方面的，其中一派認爲「a」詞頭來源於人稱代詞，例如，塔多語的 ka-pa（我的父親）、na-nu（你的母親）、a-khut（他的手）。（參見汪大年 1992）客語人稱透過聲調、元音屈折成人稱領格時，人稱領格中「a」成分的來源與藏緬語族詞頭「a」是否有共同來源，仍需進一步探討。

〔註16〕 傈僳語若爲年長的親屬稱謂詞時，則人稱領格要用元音或聲調屈折來表示。

	人稱			人稱領格類型			人稱複數類型		
拉祜語							附加成分	附加成分	附加成分
載瓦語	高降調	高降調	低降調	*高平調*	*高平調*	*高降調*	附加成分	附加成分	附加成分
阿昌語	高平調	高平調	中降調	*高降調*	*高降調*	*中降調*	附加成分	附加成分	附加成分
景頗語	中平調	中平調	中平調	*變韻+高平調*	*變韻+高平調*	*變韻+高平調*	*高調+附加成分*	*高調+附加成分*	*高調+附加成分*
嘉戎語							格變	格變	格變
基諾語	中降調	中降調	中降調	*中升調*	*中升調*	*中升調*	附加成分	附加成分	附加成分
獨龍語	高降調	高降調	高降調	*高平調+喉塞尾*	*高平調+喉塞尾*	*高平調+喉塞尾*	*高調+附加成分*	*高調+附加成分*	*高調+附加成分*
怒語	中升調	高平調	高平調	*聲韻變*	*聲韻變*	*聲韻變*	附加成分	附加成分	附加成分
珞巴語							格變	格變	格變
白語				*高調+附加成分*	*高調+附加成分*	*高調+附加成分*	高平調	高平調	高平調

　　鑒於比較法與重建法的兩種重要假設：一種對應關係只能來自於同一個古音形式；後代不同的，假設前代也不同。換句話說，比較法的原則在於整合共時的變異性以成早期的非變異性模式，且要對共時的變異現象提出合理的解釋。這兩條原則屬於方法論而非解釋性的問題，並非絕對性。〔註17〕我們從漢語方言及非漢語方言中第一人稱的語料情形，推測第一人稱具有共同的來源，〔註18〕如：《漢語方言詞彙》顯現的 20 種漢語方言中，第一人稱的聲母以 ŋ-為主要，韻母以 uai、uɛ、ɛ、ua、uo、o、ɤ為主要；從客贛方言內部來看，《客贛方言調查報告》顯現的 34 方言點中，第一人稱的聲母以 ŋ-為主要，韻母則具有 uai、ai、a、ɛ、æ、o、ɔ等形式；《中國少數民族語言》顯現的 19 種非漢語方言的藏緬語中，其中 17 種第一人稱的聲母為 ŋ-（餘 2 種為無聲母與 d-聲母），韻母則有 ua、ai、ɛ、ua、a、o、u 等。漢語方言與非漢語方言（藏緬語族）在第一人稱方面，呈現系統性的對應關係，同源的關係應大過於接觸的關係。此

〔註17〕　比較法著重在語音分化（split）的音變構擬，但也不能忽略因接觸而可能產生移轉現象的合流（fusion）音變。有關比較法的探討可參考 Norman（1975）、Hock（1991）、Norman & Coblin（1995）、Crowley（1997）、張光宇（2003、2004）。

〔註18〕　對於同源的認定，需以一系列的詞在音、意方面具對應關係來比較。以漢語族與藏緬語族同屬於漢藏語系來說，彼此之間某一程度上的同源關係為學術界認可的，在此我們只探討人稱的問題，並認為人稱為同源關係而非接觸關係，主要是藏緬語族與漢語族在人稱的表現上具有整齊的對應關係。

外，第一人稱韻母之間的差異也可從音理的角度得到合理的解釋，故而推測
*ŋuai 為較早的語音形式，之後演化成各種樣貌，不過，音變的模式並非循單線
發展，而有可能是雙線或多線發展的格局。只要音變是屬合理的演變，便可循
不同的路徑來發展，方音要選取哪個規律或哪個階段為主要的模式則有所不
同。演變的可能路徑，如下所示：

（97）漢語方言與非漢語方言第一人稱的演變發展圖

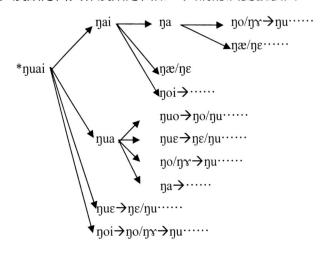

音理上，音變規律的選取或採不同的路徑：可為同性質的音丟失，如 ŋ 與 u
舌位上同為後高音，語音上 u 容易併入 ŋ 中；或非主要元音丟失，如韻尾 i 或 ɛ
丟失（或前述的 u 丟失）；亦或語流上合理的音轉或元音高化，如 ai 合音成前中
元音 ɛ / æ，ua 合音成 o，a 元音高化一層級成 o 或 ɤ，o 元音高化一層級成 u。

對於客語第一人稱的可能走向（含新屋海陸人稱的來源），應不脫上述的演
變路徑，茲同時兼顧漢語方言與非漢語方言歷時的音變規律來考察其來源，以
下從三方面推論：

（一）ŋo 陰平的來源

有兩種可能的來源：一在原鄉時與周遭少數民族語具有同源關係，上述提
及很多少數民族的第一人稱不少為 ŋo，且與 ŋa、ŋai 具有同源關係，而客語鼻
音聲母字少數讀為陰平，反映較早的層次，而非晚期的文讀音；二從中古漢語
次濁上疑母字演變而來，「部分古全濁上、次濁上聲字讀成陰平」是客語各次方
言表現很一致的規律，反映早期的語音層次，客語此類字少數整齊的白讀為陰
平、文讀為上聲，但第一人稱的 ŋo，一般認為是個「文讀音」，實際上卻又是
個陰平字，因此較有可能反映出另一種不同的層次，屬於較早的文讀層。

（二）ŋai 的來源

也有兩種可能的來源：一在原鄉時與周遭少數民族語具有同源關係，如，景頗語無論在三身或人稱領格的形態及語音都非常相像；二為如同李如龍、張雙慶（1992）所說的，第一人稱保留古讀韻-ai，只是此較難解釋為何客語的人稱及其領格與西南少數民族語具有這麼大的雷同性？或者漢語與部分西南少數民族語的人稱即具有同源關係，並由較古的 ŋuai 或 ŋai 元音高化成 ŋoi，且 ŋoi 只分布在特定的區域之中，並非全面性或大範圍性的擴散變化〔註19〕。接下來 ŋoi 丟失韻尾成較晚期的 ŋo，並與漢語系統文讀音的演變合流。客語第一人稱的演變發展至少有兩支主流體系：ŋai→ŋa→ŋo 或 ŋai→ŋoi→ŋo，各方言演變時，因選取的規律不同而造成方言之間現今的差異。

（三）人稱聲調的來源

人稱聲調的演變較聲韻複雜，也較無法透過比較法來建構原始的聲調調值，因而一方面必須同時考察漢語方言聲調演變的規律，以及非漢語方言聲調演變的情形。基本上也存在兩種可能的來源：一在原鄉時與周遭少數民族語具有同源關係，少數民族語當中，人稱調值的表現多數三身相同，而新屋海陸客語第一人稱的不同應為後來依漢語聲調演變規律讀為上聲的變化，即：陽平→上聲。以語流來說，高平變為同為高調的升調這是可能的，尤其在人稱方面，並形成新屋地區的特色〔註20〕，但新屋也有部分人士會讀成高平的陽平調，此應為後起的現象，主要受新竹海陸優勢腔干擾而產生。另，陰平的來源則是循客語少數字群古次濁上讀陰平的規律而行，反映較早的層次；二為如同李榮（1985）的考證：「代詞讀音互相感染」的結果，由此造成客語在三身人稱的調類上逐漸趨同，而新屋海陸客語第一人稱上聲的讀法則循中古漢語次濁上歸上的規律運行，只是此較難解釋它為何不依客語人稱聲調的「普遍規律」而行，反而自成一格？較有可能是後來的變化而非存古。另，陰平的讀法則是循客語

〔註19〕　ŋoi 音的使用之所以集中在特定姓氏族群，應與原鄉的區域分布有關，各姓氏在原鄉時即多聚集在同一區域當中。故 ŋoi 音非屬新屋地區的區域特徵，而是部分范、彭等姓氏族群的用法。

〔註20〕　這部分特色不排除在原鄉地區（如陸河等地）的家族性即具有相同的變化並帶至桃園新屋。

少數字群古次濁上讀陰平的規律而行，此應該反映較早的層次才是，但第一人稱的陰平卻反而普遍認為是個「文讀音」。第一人稱的說法較有可能反映了多種層次於其中，且 ŋai 從韻母來看存古已久，ŋo 的陰平調對客語內部系統來說是稍晚的，但對客語內部的文讀系統來說則又是較早的現象。

從上述的語言現象與推論當中，顯示客語人稱的聲調與聲韻可能呈現了不同步調的發展，一方面走漢語的體系，另一方面也走西南少數民族語的體系，且客語在不同的次方言之中各自選取了不同的規律而運作，我們實難確切的劃分出界線，說客語的人稱一定是屬於漢語體系，或一定是屬於非漢語體系。漢語與非漢語的人稱系統應具同源關係，尤其是東南漢語方言與非漢語方言的關係，並造成如此相近的人稱代詞體系。語言當中的基礎詞彙一般認為較具穩固性，不容易產生變化，人稱也屬於基礎詞彙，但卻容易產生變化，或更加說明前述之觀點：「三身代詞聲調的走向不與其他類詞彙同步調」。

即使客語人稱代詞系統的來源牽涉到與西南少數民族語的同源關係，我們仍然要探討漢語方言或非漢語方言中人稱領格的共通現象，並對領格屈折形式形成的機制與來源做出合理的解釋。

5.2.2 客語人稱領有構式與小稱音變的關連

以下我們來瞭解客語人稱領格屈折形式來源的理論依據，其中牽連漢語方言與非漢語方言中，名詞間語意屬性不可轉讓的屬有關係於人稱領有構式中的作用，以及人稱領格與結構助詞的歷時關係，同時瞭解人稱領格的屈折表現與小稱形成機制的關連。

（一）不可轉讓的屬有關係於人稱領有構式中的作用

在構式語法（construction grammar）的框架來說，一種構式即表達一種概念，或同時帶有一個或一個以上的語言訊息，構式中的每一個語言成分意義或功能的總和不見得與整個構式的意義相等。（Goldberg 1995、2006）人稱領有構式「X+（屬有標記）+NP」即構成屬有的概念，其中，「X」為人稱單複主格或人稱領格，「結構助詞」可出現亦可不出現，出現與否則牽涉到 X 與 NP 間的語意關係是否具有不可轉讓的屬有關係。

「不可轉讓的屬有關係」（inalienable，不可分割性）指的是兩個名詞間的屬有關係，而且是不可轉讓的，一為擁有者（possessor），一為擁有物（possessee），

這種屬有關係依據的是名詞間的語意屬性（semantic property），常表現在親屬關係詞或身體部位的關連。如表親屬關係的NP1「你」與NP2「女兒」，以及表身體部位關連的NP1「他」與NP2「腳」，其名詞間不可轉讓的雙主語構式如下所示：（Chappel 1996）

（98）名詞間不可轉讓的雙主語構式〔註21〕

　　　a. <u>你女兒</u>夠幸運的，我說。

　　　b. 因為<u>他腳</u>也跌傷了。

　　再如 Clark（1996）以構式：「（Subject+）Stative Verb + Body Part Noun」來表達主語與身體部位不可轉讓的屬有關係，而身體部位詞的涵意則併入至狀態動詞之中，並透過隱喻手段引申出另一種狀態，如下例苗語中「siab」為身體部位詞「肝」，當複合詞「zoo siab」時，「siab」併入狀態動詞「zoo」之中，引申出「快樂」的含意。如下所示：

（99）

zoo	siab	zoo siab
be:good	liver	'be good in the heart: be happy'

　　以下，我們即從人稱領有構式與語詞語意屬性不可轉讓的屬有關係切入，以分別瞭解漢語方言與西南少數民族語人稱領格的表現模式，以及分布在不同詞彙環境的情形。

（二）漢語方言人稱領格與不可轉讓的屬有關係

　　我們在 5.1.2 節提及漢語方言人稱領格的表現手法普遍以人稱後接結構助詞的格式為多，只有少數方言人稱領格的音韻形式會隨著後接名詞與人稱的親密關係而改變，且文獻中的語料普遍仍存在結構助詞。不過，我們也發現了有些方言，其親屬稱謂詞前的人稱代詞可經由聲調屈折或韻調改變而直接構成領格，不需藉由結構助詞來體現，或以東南方言為主，如：湘方言的衡山、廣東

〔註21〕　Chappel 主張漢語的某些雙主語構式或主題評論句中，其語意即帶有不可轉讓性。漢語「人稱+親屬詞」其間究竟是否省略領有標記「的」，又屬有構式「X+（屬有標記）+NP」與不可轉讓的屬有關係、雙主語構式的關連，仍有探討的空間。包括例句中「他腳」為雙主語句，語意上雖帶有不可轉讓性，但是否為屬有構式則有待更深入的探討。

惠州、贛方言的湖北蒲圻、陽新。如下所示：（引自劉若雲、趙新 2007，√表降升調）

衡山　　　ŋoɹ（我），ɾoʔ（我的）~娘；
　　　　　nɯ̃ɹ（你），nɯ̃ʔ（你的）~爺（你爸）；
　　　　　tʰaɹ（他），tʰaʔ（他的）~婆唧（他的外婆）

惠州　　　ŋɔi√（我），ɾɔiʔ（我的）~老公；
　　　　　ni√（你），niʔ（你的）~阿仔（你的兒子）；
　　　　　kʰy˩（他），kʰyʔ（他的）~阿公

蒲圻　　　ŋo√（我），ŋoʔ√（我的）~姐姐；
　　　　　n̩√（你），n̩ʔ√（你的）~哥哥；

陽新　　　ŋo√（我），ɾoʔ（我的）；
　　　　　n̩√（你），n̩ʔ√（你的）；
　　　　　kʰɛ√（他），kʰɛʔ（他的）

不過，介於西南官話或江淮官話的湖北鄂東方言，以及山西方言的太原、榆次、壽陽、榆社、汾陽等人稱領格形式，也是通過改變音節的韻母或聲調內部屈折來顯示。如下所示：（鄂東方言引自汪化云 2004，山西方言引自溫鎖林 1999，汾陽方言引自宋秀令 1992）

鄂東〔註22〕　ŋo⁵⁴（我），ŋo²¹³（我的）；
　　　　　　ni⁵⁴（你），ni²¹³（你的）；
　　　　　　tʰa³³（他），tʰa²¹³（他的）

太原　　　ŋɤ⁵³（我），ŋəʔ⁵³（我的）；
　　　　　ni⁵³（你），niəʔ⁵³（你的）；

榆次　　　ŋɤ³¹²（我），ŋəʔ³¹²（我的）；
　　　　　ni⁵³（你），n̠iəʔ³¹（你的）；

壽陽　　　ŋɤ³¹²（我），ŋəʔ³¹²（我的）；
　　　　　n̩ʅ³¹（你），n̠iəʔ³¹（你的）；

榆社　　　ŋɤ³¹²（我），ŋəʔ³¹²（我的）；
　　　　　n̩ʅ³¹²（你），n̠iəʔ³¹（你的）；

〔註22〕　鄂東方言的調值 [213] 歸爲入聲調。汪化云（2004）將人稱領格的形式視爲合音現象，且這種合音形式存在於鄂東多數地方的方言之中。

汾陽〔註23〕　　ŋi³²⁴（我），ŋəŋ³²⁴（我的）；

　　　　　　　ŋ̩³²⁴（你），n̩i⁴³⁴（你的）；

人稱領有構式「X+（結構助詞）+NP」中，當「結構助詞」不允許存在時，X 與 NP 的語意是否具有「不可轉讓的屬有關係」將是決定人稱主格是否能以聲調屈折的方式轉變成領格的主要因素。上述語料若在聲、韻不變的情形之下（如：衡山、惠州、蒲圻、陽新、鄂東等，均為聲、韻不變），則以聲調高調的轉變來表達人稱領格的概念，應非屬連讀合音的性質。然而，客方言的人稱領格是否也是選擇屈折變化的路線來演變呢？以下我們先來瞭解人稱領格與結構助詞歷時的關連，說明藉由韻調或調變化形成的人稱領格，其原始形成的機制應該不是經由人稱與結構助詞合音而來的。

（三）人稱領格與結構助詞的歷時關係

人稱與人稱領格，早在上古漢語即以不同的詞形來表現，具有相當整齊的人稱系統。王力（1980）指出「我、你、渠」自古以來就是人稱代詞的表徵，人稱代詞系統在書面語的分布與用法，今整理並比較如下：

（100）上古漢語三身代詞系統的分布與用法

第一人稱		第二人稱		第三人稱	
吾	我	汝	爾	其、厥	之
領格、主格	主格、賓格	分別不大		領格	賓格
中古「吾、我」語法作用無分				中古「其」可用於主、賓語；「伊渠他」為新形式的出現	

上古以來，人稱代詞系統的用法即存在差異性，至於這是不是一種「變格」，學者仍不敢斷定。以下我們先來瞭解早期文獻的相關探討，包含「之」、「个」與人稱系統的互動關係。

根據王力（1980：333, 395）的分析：「之」最初為指示代詞時是放在名詞之後的複指，表示領有，如「麟之趾」；在先秦史料中，「之」做為名詞定語的介詞佔大多數，如：「予欲觀古人之象」。王力也主張上古人稱後面不能加表示領有的介詞或指示代詞「之」，如先秦沒有「吾之」、「我之」、「汝之」、「爾之」

等等之說法。〔註 24〕

　　王力（1980：236）同時也指出「个」原來只是竹的單位，如《史記‧貨殖列傳》：「木千章，竹竿萬个。」「个」字的應用範圍到唐代時則擴大許多，包含指人的單位也可以稱「箇」。石毓智（2004）提及「个」的指代詞用法最早見於隋唐初期的文獻，而結構助詞的用法直到唐末的文獻才出現，也就是說石認為做為結構助詞的「个」是從量詞演變成指代詞，而後指代詞再演變成結構助詞。

　　以上，只是為了要說明兩件事：（一）早期人稱之後不能加表示領有的介、助詞詞素；（二）今方言中普遍使用的結構助詞是從量詞經由指代詞的發展而來的。對於第二點，石毓智（2004）在〈量詞、指示代詞和結構助詞之關係〉有很好的論證分析；對於第一點，除了漢語方言的情形之外，我們也可在非漢語方言中的西南少數民族語人稱代詞系統的表現來瞭解。

　　（四）非漢語方言人稱領格、結構助詞與不可轉讓的屬有關係

　　西南少數民族語中，我們找了與客語人稱代詞系統類同的景頗語與載瓦語來比較，這兩種語言為景頗族主要使用的語言，均屬漢藏語系的藏緬語族。比較單數人稱代詞系統及結構助詞如下：〔註 25〕

（101）景頗族三身代詞系統

		第一人稱	第二人稱	第三人稱	結構助詞（領屬）
景頗語	主格	ŋai˧	naŋ˧	khji˧	a˨˩˅
	賓格	ŋai˧	naŋ˧	khji˧	
	領格	ŋje˨˩˥	na˨˩˥	khji˨˩˥	
載瓦語	主格	ŋo˅	naŋ˅	jaŋ˅	e˥
	賓格	ŋo˅	naŋ˅	jaŋ˅	
	領格	ŋa˥	naŋ˥	jaŋ˅	

　　景頗語的人稱單數代詞經由內部屈折構成領屬代詞，在這三身領屬代詞的後面也可附加結構助詞表領屬關係。如下所示：（下述語料中，前例顯示不存在結構助詞，後例顯示可存在或不存在結構助詞）

〔註 24〕　現代漢語領屬的表現手法則與結構助詞「的」具有密切的關係，而做為語尾詞興起的「的」，則是後期的口語詞。

〔註 25〕　景頗語的語料取自劉璐（1984），載瓦語的語料取自徐悉艱、徐桂珍（1984）。

（102）

na˥	lă˩pu˩	tʃo˥	ko˩	kɹai˩	tso˩	nit̚˦
你（領格）	裙子	倒	（語氣助）	很	漂亮	（語尾助）

你的裙子倒很漂亮。

（103）

na˥	（或 na²˥ a²˩） pa˩lloŋ˦	tʃe˥	mat̚˩	sai˦
你（領格）	（你的）　衣服	破	丟失	（語尾助）

你的衣服破了。

　　載瓦語人稱單數代詞分成主格、賓格、領格三種形式，主要用聲調變化區別。第一、二人稱的主格是高降調，賓格是低降調，領格是高平調；第三人稱的主格和賓格是低降調，領格是高降調。領格的人稱單數代詞可後接名詞組，或領格的單數人稱代詞後面還能加表領屬關係的結構助詞。如下所示：

（104）

ŋa˥	poŋ˥tin˥ ŋut̚˥	le˩	是我的鋼筆。
我（領格）	鋼筆	是（謂助）	

（105）

ŋa˥	e˦	pu˩thuŋ˩ ŋut̚˥ le˩	是我的背心。
我（領格）	的	背心　是（謂助）	

　　景頗語和載瓦語具有共同的一個特徵，不管三身爲中平調或降調，基本上，領格的聲調除了載瓦語第三人稱從低降變高降外，其他都向高平調，配合例（96）藏緬語三身代詞領格類同的表現手法，這些透露了什麼樣的語言現象呢？假若景頗語和載瓦語的領格是透過合音機制形成的，較難說明的是：（一）聲調爲何轉變成高調爲多？這部分體現在漢語方言與非漢語方言的領格音變行爲則具有較大的一致性；（二）「ŋai˦＋a²˩」是如何轉變成「ŋje²˥」，且與第二、三人稱領格的演變不同？同理，「ŋo˩＋e˦」爲什麼不是轉變成「ŋo˥」卻是「ŋa˥」〔註26〕？（三）爲什麼表領有的結構助詞在領格之後可選擇性的使用？前述「今方言中普遍使用之結構助詞是從量詞經由指代詞的發展而來」的推論來說，此推論亦

〔註26〕　客語當中，第一人稱領格的變化也較常與第二、三人稱領格的走向不同。其原因則有待進一步的分析。

適用於西南少數民族語，當語言當中共存兩種格式時（領格＋名詞；領格＋結構助詞＋名詞），推測另一格式爲後起的，也就是結構助詞爲後起的用法，人稱領格的屈折形式則是民族語當中較早期的用法。只是對西南少數民族語的領有構式「X＋（結構助詞）＋NP」中，X 與 NP 似乎沒有走向語意屬性是否具有「不可轉讓的屬有關係」的關連性來發展，也許從其自身的語言觀點，「領有」即爲一種「不可轉讓的屬有關係」，但對漢語方言或其他方言來說，則傾向於親屬稱謂詞或具親密關係的詞彙才表示不可轉讓的屬有關係。不過，我們從現有西南少數民族語的語料當中，並未發現若 NP 代表的是親屬稱謂詞時，「結構助詞」是否仍能選擇性的進入領有構式之中。

從 A（領格形式）、B（領格加結構助詞形式）兩種領有形式來看，A、B 可以同時並存於一語言系統之中，加之結構助詞爲晚來的詞素，「結構助詞」興起之後，成爲語言當中表示領有關係的一種普遍表達方式。可以推測的是，早期人稱代詞系統之後應是不帶表示領有的介、助詞詞素，若要表示領有關係，即以人稱主格聲、韻或調的屈折以成領格，之後表領有的結構助詞進來（結構助詞進入到系統之中是接觸進來亦或系統生成的，在此暫不討論），主要置於人稱或其他代名詞之後，成爲普遍的語言現象，由此類推泛化的結果，致使 B 格式形成，並導致 A、B 形式可以並存於同一系統之中。至於少數民族語親屬稱謂的人稱領屬用法，我們從現有語料當中，尚無法確認是以何形式存在。另外，後接親屬稱謂的客語人稱領格，只能以 A 形式表示，若 B 形式存在時，則表示不同的語意、語用功能，且少用。以下繼續要回答的是，漢語與非漢語的人稱領格若以屈折形式表示時，聲調爲什麼都傾向於高調？

（五）人稱領格的表現與小稱的關連

人稱領格的表現與小稱具有什麼樣的關連？漢語方言中的小稱詞，凡是合音變調型的，幾乎以高平、升調爲多，平田昌司（1983）在眾多的漢語方言之中，主張小稱變音分布得最廣泛、也佔最多數的是高升、高平調，雖也有降調（以高降爲主），但只是少數。像是粵語（Jurafsky1988、1996）、粵北土話（庄初升 2004）、浙江方言的義烏話和湯溪話（王洪君 1999，曹逢甫 2006）、東勢大埔客語（董忠司 1996，羅肇錦 1997、2000，江敏華 1998，張屏生 1998，江俊龍 2003，曹逢甫、李一芬 2005）等。猶如前文（4.2.3 節）提及朱曉農（2004）

也認為東南方言中的變調小稱，以高平或高升為多，進而主張小稱音的高調現象有著「共同的來源」，但此處非指共同的歷史來源，而是指相同的生物學原因，猶如作者文章題目所示：〈親密與高調〉，其理據是出於由憐愛嬰兒所產生的聯想。

曹志耘（2001）曾指出吳語湯溪方言變調型的小稱詞以稱謂、人名居多。若如此，為什麼在稱謂、人名中的小稱詞會有較不一樣的語音形式，而且是以變調型為主？其實，這也和語意屬性當中「不可轉讓的屬有關係」有關。親屬稱謂與人稱的關係為親密的，其中，人名的稱呼是一個人整體性的表徵，一般來說，名字為全名且帶有小稱時，語音上通常容易成為變調型小稱，人名愛稱或其他指人稱呼的小稱變調，也是表達對人的愛稱，具有親密關係，故而稱謂、人名的小稱詞容易為小稱變調的形式，為正常單音節模，而不以後綴式小稱表示。〔註27〕

人稱領格的聲調表現似乎和小稱變調的模式具有某種關連，兩者的高調行為與語詞語意屬性的親密原則有關，在某種層面來看，也都表達了語意屬性當中不可轉讓的屬有關係。小稱與人稱領格的差異在於小稱詞的本義是由「指小」而泛化成非具指小意，人稱領格則不具「小稱」的含意，但兩者在高調方面的共通性則同為表徵親密關係，故而人稱領格的高調現象與小稱變調的高調現象也有著共同的非歷史音變的來源——同為語言當中親密關係的表徵。只是對於小稱歷史音變方面的來源，本文尚無法回答此問題。曹志耘（2001）曾對此提出一個問題：「東南各地方言的小稱音的來源是一源的還是多源的？」小稱變調形成的機制與動因其實具有不同的可能性，例如，同一方言可容許不同的指小詞，且方言間的指小詞具有交替使用的情形，說明小稱音的來源可以是多源性的，不過，多數卻不約而同走向某種共通的小稱高調形式。對此，我們參考平田昌司（1983）將小稱變音的來源構擬成緊喉咽作用，另外，陳忠敏（1992）認為吳、閩語的小稱具有兩支來源，一為「囝」，為古百越語殘留在今漢語南方

〔註27〕　語意屬性的親密關係會對小稱構式中的語音形式產生影響，進而形成變調型小稱，此並非針對所有的語言，主要針對語言中具有或即將具有變調型小稱的發展而說的，因為漢語方言中，若有變調型小稱時，通常以親屬稱謂詞為多。例如，臺灣閩南語大體不如此發展，是因臺灣閩南語尚未發展出變調型小稱，例如人名「張<u>仔</u>阿義」或「阿義<u>仔</u>」時，小稱不與詞根節縮。

方言裡的底層現象，演變到後來爲喉塞尾形態（如吳語其一的小稱形式），另一爲「兒」，爲漢語本身固有的小稱形態。我們發現漢語或西南少數民族語中，部分人稱領格的形式具有「高調加喉塞尾」的現象，似乎跳脫人稱音韻系統正常的演變模式，反映較早的語音現象，是否與小稱音的歷史起源有關，本文暫持保留態度，待日後有較充分的語料再予論證。

雖說漢語方言人稱領格的聲調或韻調屈折時，聲調往往也以高調爲多。（劉若雲、趙新 2007）但整體而言，漢語方言人稱領格的屈折變化（或小稱音變行爲）在比例上仍佔少數，內部次方言間的表現也不具一致性，加上山西內部次方言間似乎也存在相同的變化方式，之間是否有所關連仍需擴大方言的研究而定。而西南少數民族語人稱領格的表現手法，也有不少是以韻調變化或聲調屈折來呈現，領格的調值也以高調爲多，似乎反映了某種同源關係，這種同源現象牽涉的範圍有多廣？我們仍無法確定。故而在探討漢語方言人稱系統的來源時，也不能忽略非漢語方言人稱代詞系統的考察。

5.3 小結

漢語方言雖不具有「格」的範疇，但從「三身代詞聲調的走向不與其他類詞彙同步調」的觀點來看，人稱領格的表現似乎是具有「格」的形態變化，〔註28〕且與西南少數民族語同源，而這種「格變」亦屬小稱音變的一種類型，只是在這裡我們無法解釋人稱領格與小稱詞的小稱音變其過程性爲何不同？這種不同的小稱音變類型是否反映了不同時代及不完全相同性質的音變類型？相關問題則有待日後再加以研究。

語言之中不見得均透過相同的手法來表示親密的領有關係，如華語，表達不可轉讓的屬有關係不透過結構助詞來呈現，且人稱的聲、韻、調也沒有改變，如「我爸爸」、「我爺爺」較之「我的爸爸」、「我的爺爺」，語意上更表親密性。閩南語也不透過結構助詞呈現不可轉讓的屬有關係，主要是人稱的聲、韻、調均不變，但在韻末多出舌尖鼻音而成人稱領格，且人稱領格形式同於人稱複數形式，是巧合亦或表某種同源關係，尚無法確知，但其人稱領格、人稱複數的

〔註28〕 湯廷池老師建議可將其視爲「領位」，一來與主位、賓位相對，二來可解決漢語普遍不存在「格」的語法範疇問題。

構成方法近於西南少數民族語的人稱格變。客語則以高調、韻調變等屈折方式來呈現親密的屬有關係，因為詞形或韻、調與人稱主格形式不同，故而往往將其視為格變，只是「格變」並非漢語普遍的語法形式，不過，在西南少數民族的人稱系統之中，卻存在不同形式的「格變」，常見的如領格、主格、賓格、複數格等等，閩、湘、贛、客部分的人稱代詞系統與之應具有同源關係，進者更是均表親密關係的某種小稱音變模式。

此外，我們也可透過客語副詞「恁」（這麼）以及人稱、結構助詞在句法中的互動來觀察人稱領格傾向於屈折行為而非合音行為。副詞「恁」，四縣音為 [an^{31}]、海陸音為 [an^{24}]，均為上聲，表程度的加強，但在表示程度相反的小稱音時，四縣與海陸均以高平調表示。「恁」的高平調雖具有小稱變調行為，但四縣此字的聲調變化卻不同於自身系統小稱後綴且為上聲調的表現模式，說明小稱變調可以為屈折調的變化，非一定藉由合音來形成。海陸「恁」的聲調變化則碰巧可以與自身方言的小稱變調模式相同。雖然「恁」看似特例，但卻說明語言中的變調行為可以循多種類型來進行。

客語人稱領格非屬合音行為的表現也可從句法結構中領格與結構助詞的互動來觀察。一樣從方言來比較，四縣、海陸的人稱領格與結構助詞在句末的表現不同，比較如下：

（106）

四縣：「係厥（个）」（是他的）

he^{55} kia^{24} / he^{55} kia^{11} e^{55} / he^{55} ki^{11} e^{55}

（107）

海陸：「係厥个」（是他的）

he^{11} kia^{55} e^{11} / he^{11} ki^{55} e^{11}

四縣「係厥（个）」（是他的）「厥」+「个」的聲調結構為：LH+HH，語流中容易合音成：LH，即 LH+HH→LH，結構助詞「个」可用或可不用。說明四縣後期或可用合音模式來解釋人稱領格的形成，那是因為表領有的結構助詞正好為高平調，符合語流的升調演變，至於結構助詞的韻母「e」，從音理與語流的合併來看，也容易高化而併入主格中的韻母「a」之中而形成領格。海陸的表現則與四縣不同，海陸「係厥个」（是他的），句末的結構助詞必須存在，領格

高調的形式不能單獨置於句末。觀察前述例（95）（頁177）的語料：「厥貓子」、「惹銃仔」為四縣語料，可以選擇不存在結構助詞，若轉換成海陸，結構助詞則無法省略，或勉強以合音形成高降調，即：HH+LL→HL，但HL並非同於海陸人稱領格高平調 [HH] 的用法。從四縣、海陸的相關比較當也可證明，客語早期人稱領格屈折調的表現並非透過合音機制而產生的。

語言之中的名詞間若具有不可轉讓的屬有關係時，其語意或無法經由字面意來理解，或透過不同的構式來呈現另一種概念，人稱與名詞之間的語意關連亦如是。因而客語早期人稱領格的形成機制是經由調變或韻、調變的手段，且以高調為多，與部分東南方言、北方官話及西南少數民族語表現類同。名詞間的語意若具有親密關係時，則不同類的詞彙也會具有相同的聲調走向，如人稱領格與小稱詞的聲調走向，另外副詞性「恁」具有小稱音變的高平調現象以強調語意程度變輕，這三類小稱音變或分屬於不同的語法化階段，是否屬同一語法化輪迴，則有待進一步探討。

小稱詞與人稱領格的構詞手段可以殊途同歸，形式上，小稱詞可以透過音節節縮或聲調屈折來達到小稱的功能，人稱主格則以屈折方式來達到人稱領格的表現。無論是漢語方言或非漢語方言的人稱系統，從結構助詞的歷時演變，人稱、人稱領格與結構助詞在句法中的互動，以及領格聲調普遍以高調呈現等種種現象來看，漢語、非漢語方言人稱領格的屈折表現與表親密、愛稱的小稱音變，其理據是相同的。

第六章　結　論

　　本文區域方言的語言變體研究，我們從桃園新屋海陸、四縣音韻系統的描述與比較當中，先理出區域中的音系與接觸演變的情形，而後探討新屋海陸客語共時的小稱系統及其歷時流變，最後則從區域方言的延伸思維來看客語人稱系統體現在小稱格局的變化。今將本文的研究整理成如下三節，對於無法解決的問題則留待第三節當做未來期許的方向。架構如下：6.1 研究成果；6.2 研究意義；6.3 未來期許。

6.1　研究成果

　　本節從四方面審視研究成果：6.1.1 新屋客語的接觸演變與趨同變化；6.1.2 新屋海陸客語小稱詞的趨異與趨同變化；6.1.3 新屋客語定位的文化思維；6.1.4 客語人稱系統來源的多層次思維。

6.1.1 新屋客語的接觸演變與趨同變化

　　新屋地區具有多種方言，各方言在大宗海陸腔強弱不等的影響之下也都各具特色。如：豐順聲調調值趨於海陸腔化，但小稱系統卻不受影響；四縣受到海陸聲韻與詞彙語法的影響而成四海話，或海陸受到四縣聲韻與詞彙語法的影響而成海四話，大體上，四縣因對應原則而與海陸趨同，但各自的小稱系統演變模式大部分卻不循對應原則而趨同變化，致使新屋區域方言中的趨同變化有

· 207 ·

兩種方向：一依對應原則使得方言間的結構和文法範疇方面變得漸趨相似，而且是成批次的對應感染，如四海話或少數海四話的形成；二為區域內形成的演變力量，且這種演變力量和語言演變的自然趨勢及外部力量有關，如新屋海陸腔的小稱音變。

「四海話」在定義時應尊循四個基本原則，其中以「照顧到語言使用者的語感」（即土人感）做為狹義四海話與海四話類型區別的主要原則。從優選的觀點，不管母語為四縣或海陸，也不管在說四縣或海陸話時，聲調的忠實性位階應位在較高層級，大致上會保存四縣或海陸的聲調，但聲或韻則趨同於另一方言，依本文定義前者為狹義的四海話，後者為狹義的海四話，二者同為廣義的四海話，但因區域中的海陸腔為優勢腔，較容易系統性的影響四縣腔而成為狹義的四海話，狹義海四話的形成則不似四海話具有較系統性的變化。四海話的形成與演變，除了共時變異的橫向感染之外，也與歷時性的縱向演變具有某種因果關係，基本上由今音對應原則導致一系列的詞均往相同的方向演變，而古音來歷在方言中的分化卻是引發演變的間接因素。另外，小稱系統除了少數的演變之外，大部分並不循「四海話」的演變模式而行，說明小稱系統另有演變的規律與方向。

6.1.2 新屋海陸客語小稱詞的趨異與趨同變化

新屋海陸客語小稱詞的變化並不循方言間的對應原則而趨同，反而隨著區域方言內小稱系統具有不同的演變規律而趨異或趨同。趨異的主要動力來自於語音分布條件的不同與外來成分不斷的影響變化所致；趨同的主要動力則來自於區域方言內潮流性的演變力量，並與語音演變的自然趨勢有關，而這種趨同的動因又和各混合方言在當地優勢海陸腔的主導之下，由不同的語言層次加上內部的音變層次，彼此相競互協，從而造成新屋海陸腔的小稱變體也具有不同的類型層次，大致上以變調型或疊韻型小稱為主流，並形成區域方言中的特色。

漢語方言各自有其小稱類型，然而這些類型卻集合而成新屋海陸客語的小稱特色，我們很難說明新屋海陸客語的小稱類型均來自於外來成分而非內部衍生，同時也難說明新屋海陸客語的小稱類型是自早期原鄉系統演變而來。從共時性的聲學分析、音節結構、韻律構詞等層面來看，部分小稱變體間可以具有某種音變的關連，並造成音節結構內的成分重新分析；而小稱的合音機制主要

是透過詞根韻基的複製，以及音拍的逐次削減而音節節縮成單音節模的小稱變調；至於小稱的高調性質則扮演較高層級的制約，由此形成升調或高調形式的小稱變調。

即使從共時層面可以解釋小稱變體間的演變關係，但仍無法解釋一些現象，包含各式變體產生的眞正原因、小稱的語法化輪迴現象、小稱音的發生起源、小稱合音變調之後形成調位或音位的中立化問題，以及親屬稱謂、地名、人名等當中的小稱詞跳脫主流小稱音變格局而多爲單或長音節階段的形式。從方言比較當中，我們發現漢語方言的小稱變調普遍朝高、升調的模式演化，有些與連讀變調或語流變調有關，但是我們也不能忽略外來成分的接觸影響而導致的互協變化。新屋海陸腔小稱詞具有不同的變體類型，豐富變體產生的原因主要還是和區域中存在不同的方言有關，小稱音在母語背景繁雜，且語流、語體的影響之下，通常較不容易成功移轉原始小稱的語音形式，因而區域中海陸腔的小稱系統正處於混合式的多層次變體當中，但又傾向趨同於疊韻型或變調型小稱。在這些小稱變體當中，其實反映不同的語法化輪迴現象，故而從語法化輪迴的角度來審視小稱的語意演變，以及語音與小稱構式的層次演變。新屋海陸腔的小稱音存在不同的語音層次，且不同的語音層次體現在不同類型的詞彙當中，語音與構式具有互動關係，而構式中語意屬性的親密原則正是導致親屬稱謂、地名、人名等當中的小稱詞跳脫主流小稱音變的格局。

新屋海陸客語的小稱變化，對外，小稱的語音形式有共同的發展趨勢；對內，各式小稱變體仍在融合當中，成爲新屋區域方言的特色。

6.1.3 新屋客語定位的文化思維

新屋地區的客語特色是如何形成的？以具有多方言現象的新屋來說，其形成的語言特色與消長，很大一部分與家族的興衰有關，從而造成語言文化產生變遷。故而在定位新屋客語時，亦不可忽略文化層面的向度。（本小節並與第一章呼應）

新屋家族的源流，首先就是新屋鄉名的由來，新屋鄉名的由來又與當地的范姜家族大有關連。鄉名起源於現位於全鄉東區的行政中心地——新屋，新屋鄉是海豐客家人很多的地區，乾隆年間由一范姜家族海豐人士來此開墾，並用顯著的紅色磚瓦建一新的房屋，因而村民稱其房子爲「新起屋」，久之此地就以

「新起屋」為莊名，簡稱「新屋」，這座「新起屋」現稱「范姜古厝」。（《桃園文獻》第二輯 1994：169-177、林衡道 1996：141-144）

　　以地名來看，地名當中姓氏加「屋」者，通常代表當地的勢力範圍，如：范姜（亦即「新屋」）、羅屋、葉屋、呂屋、徐屋、姜屋、彭屋……等等，這些在來臺祖時多半即定居在此。但這些所謂的「地名」並不一定見於文獻的記載，如：彭屋、姜屋……等，或為小小的地名，亦或為當地人士對某一家族的通稱，象徵著某種勢力範圍。

　　臺灣早期地名的命名方式，帶有自然、地理、動物、歷史、民情、風俗習慣以及文化背景等特色。所以舊有地名的存在可說是歷史的代言者，再加上舊時地名的命名邏輯，通常很隨性，淺顯易懂也不複雜，純粹反映當地的自然、人文現象，由一處地方「X 屋」的命名，或許更可探知當地氏族的源流與勢力消長。例如，以歷史移民源流來命名的，它可能隨著勢力範圍的不同，移民勢力的先後、強弱等因素，而有不同的命名方向。以當地地名來說，在探討住民及其語言來源的相關命名，大致有四種情形：

　　（一）當地土著──主要指原住地居民的平埔族。例如：番婆坟、社子、石牌嶺等。透過田調的發現以及相關文獻的記載，其命名源由均與平埔族有關。如「石牌」的命名來由是為了永遠杜絕漢人與番人之間的爭鬥，地方官在民番的交界處立下石牌，因而舊稱「石牌嶺」。（安倍明義 1992：48,127）但語言方面的留存，卻幾乎已不存在，對新屋海陸客語來說，影響也不大。

　　（二）大陸移民──如前述鄉名「新屋」之由來。又如「十五間」是因乾隆初有客籍人士來臺開墾，建茅屋十五間於此，因而得名，此區以彭姓人士居多。類似地名的由來，均與大陸地區移民來臺後形成之聚落特色有關，此亦為地名命名的特色之一。

　　（三）姓氏聚落，當地具有「羅屋」、「葉屋」、「曾屋」、「游屋」、「呂屋」……等地名，表示在當地的聚落主要是由某一姓氏所聚集。另外，文獻中有些「屋」是以「厝」來命名的，則代表著開墾或命名之初與閩南人有關。

　　（四）地方權勢──如「甲頭屋」，此地原是姜勝本號之初居地，因范姜一族，人多勢強，故當地人稱其為「甲頭」，代表在地方勢力大、權力大，莊名乃以此稱之。

　　在地名當中，我們約可見到其中隱藏的閩南人歷史背景，如，客家人稱房子爲「屋」，閩人稱之爲「厝」。文獻中的地名如果稱厝而不稱屋，其實是有兩層含意的，一表當初建立開墾者爲閩南人，如「崁頭厝」，其開墾者以閩人爲主，故稱厝；二表當初文獻整理者爲閩人，即使當地爲客家人所開墾建業的，亦將地名以「厝」記之，如「呂厝」。故探討地名與當地的開發時，還需考慮到其他文獻的相關記載，以及當地的開發歷史等等。另從地名當中，也可隱約見到大陸移民來臺的歷史，如，有些聚落地名的形成，往往和早期移民呈現的文化現象有關，在移民開墾之初，爲謀求生存，事事艱辛，故聚落之內的人多半爲同宗族姓氏，以爲團結、勢力範圍的表徵，如：「十五間」、「羅屋」、「呂屋」……等。各族群各據一方，而各族群使用的語言大抵相同，但也有不同的，如「呂屋」爲豐順客話、「大牛欄」爲閩南語區；亦或同中有異，如，部分的「羅屋」、「彭屋」、「范屋」人士，其大部分語音均和當地海陸腔相同，但第一人稱「我」音 [ŋoi⁵³] 陰平，與當地海陸腔的第一人稱 [ŋai²⁴] 上聲不同，而當地海陸腔的第一人稱又與新竹海陸腔 [ŋai⁵⁵] 陽平不同。可見各姓之間的語言來源有兩種情形：一爲來源雖同，但各族群在不同時期來臺，或來臺時的聚落分布不同，使得語言在長期的變遷之下產生差異，後在新屋長期紮根的開發之下，各語言又逐漸趨同；二爲來源不同，但在來臺祖久居新屋後，各族群的語言在趨同中卻仍帶有保守性的特徵。

6.1.4 客語人稱系統來源的多層次思維

　　東南方言人稱領格的屈折形式，主要爲調變或韻調變，其來源需參照西南少數民族語，以及北方山西方言或其他漢語方言類似變化的人稱系統才能做最後的定奪。但從構式（小稱構式與人稱領有構式）語意屬性的親密原則或不可轉讓的屬有關係來看，人稱領格屈折形式形成的機制則與小稱詞小稱音變的形成具有相同的理據來源。如果小稱音變形成了不同層次的語法化輪迴現象，那麼，人稱領格屈折形式的小稱音變則是屬於另一層次，由東南方言人稱領格的屈折形式與西南少數民族語的人稱領格具有同源關係來看，人稱領格的小稱行爲應屬較早層的語法化輪迴，且人稱領格的屈折形式與後來形成的人稱領格後接結構助詞的形式，兩者的演變關係則造成人稱領有構式中的成分產生變動，並造成混用的情形。

早期，人稱後不接屬有標記，屬有關係以人稱主格屈折成領格形式的愛稱行為來表示，之後屬有標記成為漢語方言與非漢語方言的普遍模式，因而造成類推，使得人稱領格的屈折形式之後或人稱主格之後均可帶上屬有標記，說明現今的人稱領格可兼具屈折或後接屬有標記的並用現象。但漢語方言中，如本文討論的客語，人稱領格若後接親屬稱謂詞時，則通常不允許中間加入屬有標記。

6.2 研究意義

本文研究意義可從三個角度來理解：6.2.1 小稱詞的研究意義；6.2.2 區域方言的研究意義；6.2.3 層次的研究意義。

6.2.1 小稱詞的研究意義

以下從兩方面來瞭解小稱詞的研究意義：（一）小稱多層次變體的理論思維；（二）小稱對漢語方言歷時音變的研究意義。

（一）小稱多層次變體的理論思維

當共時層面的小稱形式具有多層次變體的現象時，我們應如何釐清變體間可能的共時關係與歷時關係？要從什麼樣的角度才能審視小稱音變較整體的格局？不管從共時層面或歷時層面來看，都有可能產生中間過渡的變體階段或接觸的成分，而歷時層面小稱的語意與語音則各自形成不同的語法化輪迴。本文在「層」的架構之下借助相關理論之優點來論證相關的音變現象，不使本文局限在單一框架之下而無法察覺應有的音變格局。其中，小稱音變往往牽涉到語法層面的互動，對此，我們借助構詞、音韻的相關理論先釐清小稱共時音變的大致方向，再來探討小稱歷時音變的時間層關係，同時也注意到空間層可能帶來的變化。

小稱具有豐富的變體，使得我們可以較好觀察小稱音變的起源、過程及合音的機制。在豐富的變體當中，我們也觀察到小稱在多層次變體之下逐漸趨同的格局，透露出區域方言中語言的層次性與總的特徵性。因而在分析不同層次性的小稱變體時，兼具理論語言學與歷史語言學的分析性，也使得小稱變體對於層次的研究具有不同的意義。

（二）小稱對漢語方言歷時音變的研究意義

小稱詞的研究引領出一種不同於傳統音韻學的研究方法，非線性音韻發展的方向，並跳脫傳統的單字音演變模式，轉而注意語法層面可能帶來的影響，本文同時也注意到接觸層面的可能影響，尤其在內、外因素雙重的影響之下，方音系統著重選取哪一規律而行則有所不同，甚至同一方音系統中的不同類型變體都各有其演變的規律與方向。

小稱的音變現象除了不能忽略外來層面的影響，內部層面尤不能忽略「中立化」的語音現象，在方音系統中通常有其連讀變調或語流變調的規律，這些規律往往導致小稱變調或小稱音變。但在小稱變調或小稱音變發生時，因方音系統各詞彙所具有的語音環境條件不同，亦或詞彙類型不同時，因而可能導致小稱不對稱性的變化。當小稱具有不平行的演變關係時，我們應分離出是內部音韻或語意條件使然，或外部條件所致，亦或是內、外互協的結果。故而小稱對於漢語方言歷時層面的研究，著實可以補充歷史音變考察上的不足。

6.2.2 區域方言的研究意義

區域方言的研究意義可從兩個方面來觀察：（一）方言的混雜性與區域特徵的形成；（二）接觸語與來源語的互協變化。

（一）方言的混雜性與區域特徵的形成

當區域中存在不同的方言或語言時，方言或隨區域聚落的分布，亦或隨方言島的形成而逐漸分化並自成一風格，方言也或因外來成分不斷的進入而一直處於變動之中，但方言也可能因區域中的互協而自成一區域特徵。

臺灣語言生態環境的改變，這一代和下一代的母語面臨斷層的危機，所以無論是新屋海陸腔的小稱詞演變或新屋四海話的演變也面臨斷層的危機，此種「變化中」的語言也許在它還來不及演變成「變化後」時，便可能隨著客語承傳上的斷層而中斷變化，由此形成區域方言自身的特色。區域中的多方言如何演變，如何整合形成區域的特徵，又如何從混雜性的方言之中區別出各自的特徵，這便是區域方言研究的意義。

（二）接觸語與來源語的互協變化

區域中的多方言存在著接觸語與來源語，然而，誰是接觸語誰又是來源語則難以切分。在多方言的區域中，容易因溝通的需求而形成共通語（Lingua

Franca），或形成區域中的通行語，通行語若為使用範圍廣的方言，則通行語通常為當地的優勢語，同時也容易影響其他弱勢語，成為其他接觸方言的來源語，若通行語非當地使用廣泛的方言（例如臺灣華語為臺灣的通行語，但使用範圍不及臺灣閩南語），則通行語容易同時成為接觸語或接觸的來源語。

即使優勢語有主導區域中方言特色的形成，但其他方言卻也容易在不知不覺中影響優勢語，這一點我們可以從語言習得或學習的移轉過程中得知，非優勢語的其他方言通常在習得或學習優勢語的移轉過程中，不見得能夠成功的移轉目標語，因而容易造成接觸語與來源語的互協變化。以本文的小稱詞為例，我們比較具有較同質性方言特色的新竹地區，此或較不容易產生繁複的語言變體，同時語言的變化也容易往一致性的方向發展，而具有混合性方言的新屋地區則容易產生繁複的語言變體。當然，我們也需比較區域中優勢語與非優勢語所佔的大約比例，因而才能較好比較出變化中的語言特色。新屋廣義四海話的形成正是因當地海陸腔為優勢語，但四縣腔的影響力量也不容忽視，故而各自形成狹義的四海腔與海四腔。又，非優勢語在習得或學習優勢語時，容易在批次性的移轉當中將變體整合，由此形成不同時代層或不同地域層的方言，而變體在共時系統中則疊加成區域方言中的特色。至於非以海陸腔為母語的人士在新屋所佔的比例為何，我們雖無法得知確切的數字，不過由當地存在的多方言現象來看，所佔比例應不少，這對於當地海陸腔小稱詞語音特色的形成應為一大助因。

6.2.3 層次的研究意義

以下從兩方面來探討層次的研究意義：（一）層次分析法的原則與層次理論的擴展；（二）語法化輪迴層的意義。

（一）層次分析法的原則與層次理論的擴展

「層」的定義可視研究對象與研究方法的不同而有所不同。「層」或為語言中的異質成分：「當語言因接觸而開始發生新的變化的時候，原來參與接觸的不同語言變體（linguistic variety），會對新的變化發揮不同的作用力，也就是扮演各不相同的角色。這些不同的作用力，在結構上所表現出來的痕跡，我們稱為『語言層』（linguistic stratum）。」（何大安 1996：169-174）語言當中，所謂的「頂層」（superstratum）與「底層」（substratum）正是兩種不同外來作用力產生的結果。

　　本文的研究範圍著重在層次的模糊地帶（fuzzy area），而層的模糊地帶則含括語言接觸與內部音變兩股力量而產生的互協變化。在歷史音變的考察中，容易忽略在音變當中可能隱藏的接觸成分，而在語言接觸的考察當中，往往也容易忽略內部音變的力量。是故，本文將語言學方面的「層」（stratum）擴充並定義在：當語言因外來接觸或內部音變發生新的變化時，新舊之間變化所產生的不同語言變體會對新的變化發揮不同的作用力，這些不同的作用力，在結構上所表現出來的痕跡，稱之為「語言層」（linguistic stratum）。故而語言層包含三大成分，一為異質成分，二為歷史音變成分，三為模糊地帶成分，本文的研究則較致力於模糊地帶的成分分析，因為即使為歷史音變成分，在歷時的形成過程當中，也有可能來自外來成分的疊加。不過，在可能的情形之下，我們仍要分辨何者扮演影響變化的主要力量，何者扮演輔助變化的次要力量。基本上，在界定層次分析法的原則時，要顧及到這三大成分。

　　「層次理論」不同於西方語言學理論有較明確的一個理論框架，但以層次理論卻能較好的解釋有關漢語方言時間層與空間層的語言演變及其相關問題。本文從層次分析法的基本原則、分析原則、補充原則，分別從內外觀點、縱聚合關係來瞭解區域方言中的歷史分層。對於歷史上某些因長期語言接觸而產生的語言變異現象，通常不容易在「層」的架構之下找到它真正的歸屬，但是，我們在共時音變的層次類型當中卻又發現它隱含的歷時音韻變遷。基本上，我們運用了不同的「比較」來探討不同的議題，含共時層面的比較與歷時層面的比較，新屋的四海話、新屋海陸腔的小稱詞、客語的人稱系統等等，大體上，均採取了類同的分析原則。

（二）語法化輪迴層的意義

　　客語人稱領格屈折形式的小稱表現不同於小稱詞音變的格局，說明客語人稱領格與小稱詞音變較有可能是屬於不同時代層次的演變。人稱代詞系統中，領格的小稱音變行為即自行走完一階段的語法化輪迴，且較有可能反映較早的音變格局，這從客語次方言間普遍的領格變化，以及與西南少數民族語間對應的類同變化中可推測出；小稱詞的演變則屬另一階段的語法化輪迴，且小稱詞在演變的過程當中，又各自具有不同的語法化輪迴變化，如語意、語音與小稱構式等，其中，語音又牽連不同的時代層與地域層，且構式中語意屬性的親密

原則與不可轉讓的屬有關係則又牽連構式的變動與小稱的語音變化，從而造成小稱演變具有不同的層次類型，此或反映在不同的小稱語音形式當中，亦或反映在不同的詞群當中，而詞群間所屬的層次類型彼此又相互影響並類推。

共時平面的多層次小稱變體，若不加以詳析變體層次之間的關連，包括時間層與空間層的疊積，則容易誤解變體之間的關係。具有相同理據來源的人稱領格與小稱詞演變，或因時、空的差距而分別在不同的時代、地域而形成個別或交互演變的階段性，也甚至在不同的詞彙類型中各自完成演變的階段性。在一般的小稱詞音變當中，小稱語意、小稱語音或小稱構式則各有其演變的階段性，彼此之間也具有互動性，其中，小稱語意方面從實詞逐漸成爲標誌性的語法功能詞、小稱韻律詞最末詞根的韻尾形式、小稱構式中語意屬性的親密原則、以及語流、語體的不同等等，這些均是判別小稱語音與構式語法化輪迴形成的重要依據；另外，外來成分的影響也形成另一種語法化輪迴的演變。因而語法化輪迴層的形成包括不同時代、不同性質語音演變的層次類型，或外來成分的接觸變化，甚包括內外互協的交替變化。以上，便是語法化輪迴層的研究意義。

6.3 未來期許

本文的研究仍存在一些無法解決的問題，包括區域方言中變體較明確的發展趨勢，因而這部分擬結合量方面的統計來研究；另外包括漢語方言小稱的起源問題，漢語方言與非漢語方言小稱格局的整合研究等等。

（一）結合量方面的統計研究

本文採質爲主、量爲輔的研究方向，所以實不容易看出一區域方言中語言確切的發展趨勢。在探討區域方言中的語言趨勢時，通常可從兩方面進行：一爲當地耆老，亦或可代表當地語言特色的少數發音人，但此類發音人的選取常有爭議，且較難斷定少數人就可爲一區域方言中的代表；二爲社會語言學量方面的調查，因本文牽涉的變體繁多，不同類型的變體發展或具有關連性，若以社會語言學量方面的調查，則可能佔用過多的篇幅，且無法較好顯示區域中各變體集合而成的總體趨勢。故而本文的做法採取中間路線，一方面兼顧少數發音人顯示的區域特色，另一方面也兼顧不同發音人顯示的可能差異。只是本文語料的採集尚未到達社會語言學要求人數方面的量。

　　本文認爲值得繼續研究的議題爲：在形成小稱變調前，中間過渡性變體階段或外來成分可能扮演的角色？包括詞根爲入聲韻或舒聲韻的小稱音變。此部分可由 PRAAT 的聲學分析，透過不同發音人的量與詞方面的量來分析區域方言中小稱音變較確切的「趨勢」發展。另外，四海話形成之時，產生不同的變體，各類型變體的走向不全相同，如何釐清變體之間的關係？亦可透過社會語言學量方面的分析來呈現更精確的變化趨勢。總之，新屋地區的多方言現象，值得更進一步從社會語言學的角度來進行不同面向的研究。

（二）漢語方言小稱的起源問題

　　本文提及的小稱變體當中，存在「高調加喉塞音」的小稱形式，此種形式主要是因原先高平調的後綴式小稱詞，在語流當中經由連讀變調而產生音節節縮，使得韻末高調急拉高而容易產生高調加喉塞音的小稱現象。此與平田昌司（1983）主張小稱變音的緊喉咽作用，以及陳忠敏（1992）主張的「囝」爲古百越語殘留在今漢語南方方言裡的底層現象，兩者是否具有關連性亦或反映了什麼樣的訊息？均值得做進一步的研究。另外，人稱領格的屈折音變跳脫一般詞彙的音變格局，從領有構式與語意屬性不可轉讓的屬有關係來看，領格的表現也具有小稱音變的模式，少數方言的領格同時也具有「高調加喉塞尾」的語音形式，且反映小稱語音較早階段的語法化輪迴層，此是否也和小稱的起源有所關連？對此，本文尚無法有較合理的解釋，這也是未來要期許的研究方向。

（三）漢語方言與非漢語方言小稱格局的整合研究

　　西南少數民族語當中的小稱或指小系統與人稱代詞系統，和漢語方言具有密切的關連，反映著某種同源關係。東南方言中的語言現象，通常可經由西南少數民族語當中的對應關係，找到較古的同源詞或底層現象。有關漢語方言中的小稱現象與小稱起源的探討，實不能忽略與非漢語方言的比較，以及漢語方言與非漢語方言人稱系統反映的小稱現象，同時也不能忽略不同性質的小稱語法化輪迴層的形成。對此，在未來仍可擴大漢語與非漢語方言的整合研究，以能看出小稱音變更完整的格局。

參考文獻

1. 王力，1980，《漢語史稿》。北京：中華書局，第 1 版。

2. 王洪君，1999，《漢語非線性音系學》。北京：北京大學出版社，第 1 版。

3. _____，2000，〈漢語的韻律與韻律短語〉，《中國語文》。第 6 期，頁 525-536。

4. 王寅，2006，《認知語法概論》。上海：上海外語教育出版社，第 1 版。

5. 中央民族學院少數民族語言研究所編，1987，《中國少數民族語言》。成都：四川民族出版社。

6. 古國順，2005，〈臺灣客語的語音系統〉，《臺灣客語概論》。臺北：五南。

7. 平田昌司，1983，〈「小稱」與變調〉，《Computational Analyses of Asian and African Language》，第 21 號，頁 43-57。

8. 北京大學中國語言文學系語言學教研室編，1995，《漢語方言詞彙》。北京：語文出版社出版，第 2 版。

9. 石毓智，2004，〈量詞、指示代詞和結構助詞之關係〉，《漢語研究的類型學視野》。南昌：江西教育出版社，第 1 版，頁 76-97。

10. 安倍明義，1992，《臺灣地名研究》。臺北：武陵出版有限公司，3 版。

11. 江俊龍，2003，「兩岸大埔客家話研究」。國立中正大學中國文學研究所博士論文。

12. _____，2006，〈論東勢客家話特殊 35 調的語法功能、性質與來源〉，《聲韻論叢》。第 14 輯，頁 139-161。

13. 江敏華，1998，「臺中縣東勢客語音韻研究」。國立臺灣大學中國文學研究所碩士論文。

14. _____，2006，〈麗水方言小稱語音形式的語法化輪迴〉，漢語方言小稱詞小型研討會會議論文集。新竹：清華大學語言學研究所。

15. 庄初升，2004，《粵北土話音韻研究》。北京：中國社會科學出版社，第 1 版。

16. 庄初升、林立芳，2000，〈曲江縣白沙鎮大村土話的小稱變音〉，《方言》。第 3 期，頁 236-242。

17. 朱加榮，1992，〈金華方言的儿尾〉，《語言學論叢》。第 17 輯，頁 155-169。

18. 朱曉農，2004，〈親密與高調：對小稱調、女國音、美眉等語言現象的生物學解釋〉，《當代語言學》。第 6 卷第 3 期，頁 193-222。

19. 宋秀令，1992，〈汾陽方言的人稱代詞〉，《語文研究》。第 1 期。

20. 汪大年，1992，〈藏緬語「a-」詞頭探源〉，《彝緬語研究》。成都：四川民族出版社，第 1 版，頁 229-244。

21. 汪化云，2004，《鄂東方言研究》。成都：巴蜀書社。

22. 李永燧、王爾松編著，1986，《哈尼語簡志》。北京：民族出版社。

23. 李如龍，2001，〈東南方言人稱代詞比較〉，《漢語方言的比較研究》。北京：商務印書館，第 1 版，頁 138-176。

24. 李如龍、張雙慶主編，1992，《客贛方言調查報告》。廈門：廈門大學出版社。

25. 李作南，1965，〈客家方言的代詞〉，《中國語文》。第 3 期，頁 224-229。

26. 李榮，1985，〈吳語本字舉例〉。收錄於《語文論衡》。北京：商務印書館，1985 年第 1 版，頁 98-102。

27. 李新魁，1994，《廣東的方言》。廣東：廣東人民出版社。

28. 李澤然，2001，《哈尼語研究》。北京：民族出版社，第 1 版。

29. 肖萍、陳昌儀，2004，〈江西境內贛方言人稱代詞單數的 "格" 之考察〉，《南昌大學學報》。第 35 卷第 6 期，頁 156-159。

30. 吳中杰，1999，「臺灣福佬客分布及其語言研究」。國立臺灣師範大學華語文教學研究所碩士論文。

31. 吳中杰，2006，〈國姓鄉的語言接觸與族群認同〉，全球視野下的客家與地方社會：第一屆臺灣客家研究國際研討會。

32. 何大安，1988，《規律與方向：變遷中的音韻結構》。臺北：中央研究院歷史語言研究所，初版（1997 年景印 1 版）。

33. _____，1996，《聲韻學中的觀念和方法》。臺北：大安，第 2 版。

34. _____，2000，〈語言史研究中的層次問題〉，《漢學研究》。第 18 卷特刊，頁 261-271。

35. 花松村編纂，1999，《臺灣鄉土續誌》。臺北：中一出版社，初版。

36. 林立芳，1996，〈梅縣方言的人稱代詞〉，《韶關大學學報》。第 17 卷第 3 期，頁 66-72。

37. 林衡道口述；楊博整理，1996，《鯤島探源（一）》。臺北縣永和市：稻田。

38. 和即仁、姜竹儀，1984，《納西語簡志》。北京：民族出版社。

39. 阿錯，2001，〈藏漢混合語 "倒話" 述略〉，《語言研究》。第 3 期，頁 109-126。

40. _____，2002，〈雅江"倒話"的混合特徵〉，《民族語文》。第 5 期，頁 34-42。

41. 周日健，1994，〈廣東省惠東客家方言的語綴〉，《方言》。第 2 期，頁 143-145。

42. 范文芳，1996，〈竹東腔海陸客語之語音現象〉，《語文學報》，國立新竹師範學院。第 3 期，頁 215-237。

43. 洪惟仁，1992，《臺灣方言之旅》。臺北：前衛出版社，初版。

44. _____，2003a，「音變的動機與方向：漳泉競爭與臺灣普腔的形成」。國立清華大學語言學研究所博士論文。

45. _____，2003b，〈桃園大牛欄方言的形成與發展：發祥地的追溯與語言層次、共時演變的分析〉，《臺灣語文研究》。第 1 卷第 1 期，頁 25-67。

46. 桃園縣政府，1994，《桃園文獻》。桃園縣：桃園縣政府發行。第 2 輯。

47. 高華年，1958，《彝語語法研究》。北京：科學出版社。

48. 高然，1998，〈廣東豐順客方言的分布及其音韻特徵〉，《客家方言研究》【第二屆客方言研討會論文集】。廣州：暨南大學出版社，9 月第 1 版，頁 133-145。

49. _____，1999a，〈廣東豐順客方言語法特點述略〉，《暨南學報》。第 21 卷第 1 期，頁 108-118。

50. _____，1999b，《語言與方言論稿》。廣州：暨南大學出版社，9 月第 1 版。

51. 袁家驊，1989，《漢語方言概要》。北京：文字改革出版，新華發行。

52. 孫宏開編著，1981，《羌語簡志》。北京：民族出版社。

53. 孫宏開編著，1982，《獨龍語簡志》。北京：民族出版社。

54. 孫宏開、劉璐編著，1986，《怒族語言簡志》。北京：民族出版社。

55. 徐兆泉，2001，《臺灣客家話辭典》。臺北：南天書局。

56. 徐琳、木玉璋、蓋興之，1986，《傈僳語簡志》。北京：民族出版社。

57. 徐悉艱、徐桂珍編著，1984，《景頗族語言簡志：載瓦語》。北京：民族。

58. 徐貴榮，2002，「臺灣桃園饒平客話研究」。國立新竹師範學院臺灣語言與語文教育研究所碩士論文。

59. _____，2006，〈桃園縣新屋陳姓饒平客家話的「超陰入」〉，《聲韻論叢》。第 14 輯，頁 163-185。

60. 徐通鏘，1985，〈寧波方言的"鴨"[ε]類詞和"儿化"的殘迹〉，《中國語文》。第 3 期。另收錄於《漢語研究方法論初探》（北京：商務印書館，2004 年第 1 版，頁 25-43。

61. 麥耘，1990，〈廣州話的特殊 35 調〉，《第二屆國際粵方言研討會論文集》。廣東：暨南大學，頁 67-71。

62. 許國璋，1997，《論語言和語言學》。北京：商務印書館，第 1 版。

63. 張光宇，2003，〈比較法在中國〉，《語言研究》。第 4 期，頁 95-103。

64. _____，2004，〈漢語語音史中的雙線發展〉，《中國語文》。第 6 期，頁 545-557。

65. 張洪年，2000，〈早期粵語中的變調現象〉，《方言》。第 4 期，頁 299-312。

66. 張屏生，1998，〈東勢客家話的超陰平聲調變化〉，第七屆國際暨十六國聲韻學學術研討會論文。彰化師範大學主辦。收錄於《聲韻論叢》（第 8 輯，頁 461-478。）另收錄於《方言論叢》（屏東縣：編者出版，頁 83-96。）

67. _____，2001，〈大牛椆閩南話、客家話的雙方言現象析探 〉，國科會語言學門〈一般語言學〉成果發表會論文。國立臺灣大學語言學研究所主辦。收錄於《八十九年國科會語言學門〈一般語言學〉研究成果發表會論文集》，頁 55〜72。另收錄於《方言論叢》（屏東縣：編者出版，頁 164-180。）

68. _____，2003，〈臺灣客家話部分次方言的語音差異〉，第二十一屆國際全國聲韻學學術研討會論文。高雄師範大學。

69. _____，2004，〈臺灣四海話音韻和詞彙的變化〉，2004 年中央研究院語言學研究所第二屆「漢語方言」小型研討會。

70. 張為閔，2008，「臺海兩岸海豐客語之變異及其研究」。國立新竹師範學院臺灣語言與語文教育研究所碩士論文。

71. 曹志耘，2001，〈南部吳語的小稱〉，《語言研究》。第 3 期，頁 33-44。

72. 曹逢甫，1998，〈雙言雙語與臺灣的語文教育〉，《第二屆臺灣語言國際研討會論文集》第二集，163-180。新竹：臺灣語言文化中心。

73. _____，2006，〈語法化輪迴的研究：以漢語鼻音尾/鼻化小稱詞為例〉，《漢語學報》。第 2 期，頁 2-15。

74. 曹逢甫、李一芬，2005，〈從兩岸三地的比較看東勢大埔客家話的特殊 35/55 調的性質與來源〉，《漢學研究》。第 23 卷第 1 期，頁 79-106。

75. 曹逢甫、連金發、鄭縈、王本瑛，2002，〈新竹閩南語正在進行中的四種趨同變化〉，《閩語研究及其與周邊方言的關係》。頁 221-231。

76. 曹逢甫、劉秀雪，2001，〈閩南語小稱詞的由來：兼談歷史演變與地理分布的關係〉，《聲韻論叢》。第 11 輯，頁 295-310。

77. 曹逢甫、劉秀雪，2008，〈閩語小稱詞語法化研究：語意與語音形式的對應性〉，《語言暨語言學》。第 3 期，頁 629-657。

78. 連金發，1998，〈臺灣閩南語詞綴 "仔" 的研究〉，《第二屆臺灣語言國際研討會論文選集》，黃宣範編，頁 465-483。

79. _____，1999，〈方言變體、語言接觸、詞彙音韻互動〉，石鋒、潘悟雲編《中國語言學的新拓展》，頁 150-177。香港：香港城市大學出版社。

80. 陳忠敏，1992，〈論吳語閩語兩種小稱義的語音形式及來源〉，《大陸雜誌》。第 85 卷第 5 期，頁 35-39。

81. 陳松岑，1999，《語言變異研究》。廣州：廣東教育出版社，第 1 版。

82. 陳保亞，1996，《論語言接觸與語言聯盟：漢越（侗台）語源關係的解釋》。北京：語文出版社，第 1 版。

83. _____，2005，〈語言接觸導致漢語方言分化的兩種模式〉，《北京大學學報》，第 42 卷第 2 期，頁 43-50。

84. 陳淑娟，2002，「桃園大牛欄閩客接觸之語音變化與語言轉移」。國立臺灣大學中國文學研究所博士論文。

85. 溫秀雯，2003，「桃園高家豐順客話音韻研究」。國立新竹師範學院臺灣語言與語文教育研究所碩士論文。

86. 溫鎖林，1999，〈漢語的內部屈折及相關的語言理論問題〉，《語文研究》。第 2 期，頁 34-38。

87. 游文良，2002，《畬族語言》。福州：福建人民出版社，第 1 版。

88. 黃金文，2001，「方言接觸與閩北方言演變」。國立臺灣大學中國文學研究所博士論文。

89. 黃怡慧，2004，「臺灣南部四海話的研究」。國立高雄師範大學臺灣語言及教學研究所碩士論文。

90. 黃雪貞，1995，《梅縣方言詞典》（李榮主編）。南京：江蘇教育出版社，第 1 版。

91. 項夢冰，2002，〈《客家話人稱代詞單數 "領格" 的語源》讀後〉，《語文研究》。第 1 期，頁 40-45。

92. 董忠司，1996，〈東勢客家語音系述略及其音標方案〉，《『臺灣客家語概論』》。臺北：臺灣語文學會出版，頁 257-272。

93. 董同龢，1956，《華陽涼水井客家話記音》。北京：科學出版社，第 1 版。

94. 楊名龍，2005，「新屋水流軍話與海陸客話雙方言現象研究」。臺北市立教育大學應用語言文學研究所碩士論文。

95. 楊時逢，1957，《臺灣桃園客家方言》。臺北：中央研究院歷史語言研究所發行，初版。1992 年景印 1 版。

96. 葉瑞娟，1998，〈新竹四縣客家話「兒」的研究〉。《臺灣語言及其教學國際研討會論文集》。新竹：新竹師範學院，頁 331-356。

97. 端木三，1999，〈重音理論和漢語的詞長選擇〉，《中國語文》，第 4 期（271），頁 246-254。

98. 趙元任，1934（2002），〈音位標音法的多能性〉，《趙元任語言學論文集》。北京：商務，頁 750-795。Original: The non-uniqueness of phonemic solutions of phonetic systems.《歷史語言研究所集刊》。1934 年第四本第四分。

99. 潘悟云，1988，〈青田方言的連讀變調和小稱音變〉，《吳語論叢》，復旦大學中國語言文學研究所吳語研究室編。上海：上海教育出版社，頁 238-248。

100. 潘家懿，2000，〈海陸豐客家話與灣 "海陸客"〉，《汕頭大學學報》。第 16 卷第 2 期，頁 86-93。

101. 鄭張尚芳，1979，〈溫州方言的儿尾〉，《方言》。第 3 期，頁 207-230。

102. _____，1980，〈溫州方言儿尾詞的語音變化〉（一），《方言》。第 4 期，頁 245-262。

103. _____，1981，〈溫州方言儿尾詞的語音變化〉（二），《方言》。第 1 期，頁 40-50。

104. _____，2002，〈漢語方言異常音讀的分層及滯古層次分析〉，《南北是非：漢語方言的差異與變化》。第三屆國際漢學會議論文集語言組，頁 97-128。

105. 歐陽覺亞等編著，2005，《廣州話、客家話、潮汕話與普通話對照詞典》。廣州：廣東人民出版社，第 1 版。

106. 鄧盛有，2000，「臺灣四海話的研究」。國立新竹師範學院臺灣語言與語文教育研究所碩士論文。

107. 劉秀雪，2004，「語言演變與歷史地理因素--莆仙方言：閩東與閩南的匯集」。國立清華大學語言學研究所博士論文。

108. 劉若雲、趙新，2007，〈漢語方言聲調屈折的功能〉，《方言》。第 3 期，頁 226-231。

109. 劉堅、曹廣順、吳福祥，1995，〈論誘發漢語詞彙語法化的若干因素〉，《中國語文》。第 3 期，頁 161-169。

110. 劉澤民，2005，《客贛方言歷史層次研究》。甘肅：甘肅民族出版社，第 1 版。

111. 劉綸鑫，2001，《江西客家方言概況》。南昌：江西人民出版社，第 1 版。

112. 劉璐，1984，《景頗族語言簡志：景頗語》。北京：民族。

113. 盧廣誠，1996，「從韻律構詞觀點研究臺閩語重疊詞之結構」，國立政治大學語言學研究所碩士論文。

114. _____，1999，《臺灣閩南語詞彙研究》。臺北：南天，初版。

115. 賴文英，2003a，〈《客英大辭典》的客話音系探析〉，《暨大學報》。第 7 卷，第 2 期，頁 33-50。

116. _____，2003b，〈新屋地區的多方言現象〉，《臺灣語言與語文教育》。第 5 期，頁 26-41。

117. _____，2004a，「新屋鄉呂屋豐順腔客話研究」。國立高雄師範大學臺灣語言及教學研究所碩士論文。

119. _____，2004b，〈共時方言的疊置式音變與詞變研究〉，2004 年中央研究院語言學研究所第二屆「漢語方言」小型研討會。

119. _____，2005a，〈海陸客語仔綴詞語音演變的規律與方向〉，全國語言學論文研討會。新竹：交通大學。

120. _____，2005b，〈試析新屋呂屋豐順腔古上去聲的分合條件〉，《客家文化研究通訊》。第 7 期。

121. _____，2007a，〈臺灣客語四海話的橫向滲透與縱向演變〉，第七屆國際客方言研討會。香港：香港中文大學。

122. _____，2007b，〈論語言接觸與語音演變的層次問題：以臺灣客語四海話的形成為例〉，第十屆國際暨廿五屆全國聲韻學學術研討會。臺北：國立臺灣師範大學。

123. _____，2008，〈客語人稱與人稱領格來源的小稱思維〉，第七屆臺灣語言及其教學國際學術研討會。臺北：臺灣師範大學。

124. 戴維‧克里斯特爾編，2000，《現代語言學詞典》。北京：商務印書館，第 1 版。

125. 蕭素英，2007，〈閩客雜居地區居民的語言傳承〉，《語言暨語言學》。第 3 期，頁 667-710。

126. 謝國平，2000，《語言學概論》。臺北：三民，增訂 2 版。

127. 鍾榮富，1991，〈論客家話的[V]聲母〉，《聲韻論叢》。第三輯。臺北：臺灣學生書局，頁 435-455。。

128. _____，2001，《福爾摩沙的烙印：臺灣客家話導論》【語言篇】（上、下冊）。臺北：行政院文化建設委員會。

129. _____，2006，〈四海客家話形成的規律與方向〉，《語言暨語言學》。第 2 期，頁 523-544。

130. 鍾榮富、鍾麗美，2006，〈客家話小稱詞的類型及社會性變異〉，《李爽秋教授八十壽慶祝壽論文集》。臺北：萬卷樓。頁 533-555。

131. 羅美珍、鄧曉華，1995，《客家方言》。福建教育出版社，第 1 版。

132. 羅肇錦，1990，《臺灣的客家話》。臺北：臺原出版，第 1 版。

133. _____，1997，〈從臺灣語言聲調現象論漢語聲調演變的幾個規律〉，臺灣語言發展學術研討會論文。

134. _____，2000，《臺灣客家族群史》【語言篇】。南投：省文獻會。

135. _____，2005，「整理客話山歌歌詞及民間故事收集編纂」研究計劃。臺北：行政院客委會。

136. _____，2006a，「整理桃園地區客家民間故事及令仔收集編纂」研究計劃。臺北：行政院客委會。

137. _____，2006b，〈客語源起南方的語言論證〉，《語言暨語言學》。第 2 期，頁 545-568。

138. 嚴修鴻，1998，〈客家話人稱代詞單數「領格」的語源〉，《語文研究》。第 1 期，頁 50-56。

139. Bloomfield, Leonard, 1933（1955），*Language.* 北京：外語教學與研究出版社，2002年。（《語言論》，袁家驊、趙世開、甘世福譯。北京：商務印書館，2002 年。）

140. Bybee, Joan. L. 1985. Diagrammatic iconicity in stem-inflection relations. *Iconicity in syntax.* ed. by Haiman, J. Amsterdam: John Benjamins, p.11-47.

141. Catford, J. C. 2001. *A practical introduction to phonetics.* Oxford: Clarendon Press, 2nd ed.

142. Chao, Yuen Ren.（趙元任） 1947. *Cantonese primer.*（《粵語入門》）. Harvard University Press: Cambridge, Mass.

143. Chappell, Hilary. 1996. Inalienability and the personal domain in Mandarin Chinese discourse. *The grammar of inalienability: a typological perspective on body part terms and the part-whole relation.* Berlin; New York: Mouton de Gruyter, p.465-527.

144. Cheng, Ming-chung.（鄭明中） 2006. *An optimality-theoretical study of diminutives in YuebeiTuhua.*（「粵北土話小稱詞之優選理論研究」）. 國立高雄師範大學英語學系博士班博士論文。

145. Clark, Marybeth. 1996. Where do you feel?-Stative verbs and body-part terms in Mainland Southeast Asia. *The grammar of inalienability: a typological perspective on body part terms and the part-whole relation.* Berlin; New York: Mouton de Gruyter, p.529-563.

146. Crowley, Terry. 1997. The comparative method. *An introduction to historical linguistics*. p.87-118.

147. Ferguson, Charles A. 1959. Diglossia. *Word*. 15:325-40. Also in Giglioli（ed.） 1972. *Language and social context*. Penguin Books, p.232-251.

148. Goldberg, Adele E. 1995. *Constructions: a Construction Grammar approach to argument structure*. Chicago and London: The University of Chicago Press.

149. _____. 2006. *Constructions at work*. Oxford Uni. Press.

150. Gumperz, John J. and Robert Wilson. 1971（1974）. Convergence and creolization: a case from the Indo-Aryan/Darvidian border in India. *Pidginization and creolization of languages*. ed. by Hymes D. H. Cambridge: Cambridge University Press, p.151-167.

151. Heine, Bernd., Ulrike Claudi and Friederike Hunnemeyer. 1991. *Grammaticalization: a conceptual framework*. Chicago and London: The University of Chicago Press.

152. Hock, Hans. 1991. *Principles of historical linguistics*. Berlin; New York: Mouton de Gruyter, 2nd ed.

153. Hopper, Paul J. 1991. On some principles of grammaticalization. *Approaches to Grammaticalization*. ed. by Elizabeth C. Traugott and Bernd Heine. Amsterdam & Philadelphia: John Benjamins. 19.1:17-35.

154. Hopper, Paul J. and Elizabeth Closs Traugott. 1993. *Grammaticalization*. 北京：外語教學與研究出版社，2001 年第 1 版。

155. Hsu, Hui-chuan（許慧娟）. 2004.〈On the structure of /iu/ and /ui/ in Hailu Hakka〉，2004 年中央研究院語言學研究所第二屆「漢語方言」小型研討會, p.293-300.

156. Jackendoff, Ray. 2002. Lexical Semantics. *Foundations of language*. Oxford University Press, p.333-377.

157. Jurafsky, Daniel. 1988. On the semantics of Cantonese changed tone or women, matches and Chinese broccoli. *Berkeley linguistics society: proceedings of the fourteenth meeting, February 13-15, 1998. General session and parasession on grammaticalization*. Berkeley: Berkeley Linguistics Society, p.304-318.

158. _____. 1996. Universial tendencies in the semantics of the diminutive. *Language* 72.3:533-578.

159. Kager, Rene. 1999. *Optimality theory*. 北京：外語教學與研究出版社，2001 年第 1 版。

160. Kiparsky, Paul. 1982. Lexical morphology and phonology. *Linguistics in the morning calm: selected papers from SICOL-1981*. ed. by The Linguistic Society of Korea. Seoul: Hanshin Publishing Co., p.3-91.

161. Labov, William. 1984. *Sociolinguistic patterns*. Taipei: The Crane, 1st ed.

162. _____. 1994. *Principles of linguistic change: Internal factor*. Oxford and Cambridge: Blackwell.

163. _____. 2001. *Principles of linguistic change*: *Social factors*. Oxford and Cambridge: Blackwell.

164. Lai, Huei-ling.（賴惠玲）2006. Iconic coding of conceptualization: Hakka reduplicative constructions. *Language and Linguistics*. 7.2: 483-499.

165. Lefebvre, Claire. 2004. *Issues in the study of pidgin and Creole languages*. Amsterdam/Philadelphia: John Benjamins Publishing Co.

166. MacIver, Donald. 1992. *A Chinese-English dictionary*: *Hakka-dialect*. Taipei: SMC Publishing Inc.[Reprinted].

167. McCarthy, John J. and Prince, Alan S. 1998. Prosodic morphology. *The handbook of morphology*. ed. by Andrew Spencer and Arnold M. Zwicky. Oxford: Blackwell, p.283-305.

168. Norman, Jerry.（羅杰瑞）1975. Tonal development in Min. *Journal of Chinese Linguistics*. 1.2:222-238.

169. _____. 1988. *Chinese*. Cambridge: Cambridge University Press.

170. Norman, Jerry.（羅杰瑞） and Coblin, South.（柯蔚南）1995. A new approach to Chinese historical linguistics. *Journal of the American Oriental Society* 114.4:576-584.（〈漢語歷史語言學的新方法〉,《濟寧師專學報》。1998 年第 2 期,頁 42-48。）

171. O'Connor, Kevin A. 1976. Proto-Hakka. *Journal of Asian and African studies*. 11:1-64.

172. Ohala, John. J. 1983. Cross-language use of pitch: an ethological view. *Phonetica* 40.1-18.

173. _____. 1984. An ethological perspective on common cross-language utilization of F0 of voice. *Phonetica* 41.1-16.

174. _____. 1994. The frequency code underlies the sound-symbolic use of voice pitch. *Sound symbolism*. ed. by Hinton, Leanne et. al.p.325-347.

175. Robins, Robert. H. 1997. *A short history of linguistics*.《簡明語言學史》. 許德寶、馮建明、胡明亮譯。北京:中國社會科學出版社。

176. de Saussure, Ferdinand. 1956. *Course in general linguistics*. New York: McGraw-Hill.

177. Schaank, Simon. H. 1897. *Het Loeh-Foeng dialect*.《客語陸豐方言》. Leyden, E.J. Brill.

178. Sebba, Mark. 1997. *Contact languages: pidgins and creoles*. New York: St. Martin's Press.

179. Thomason, Sarah. 2001. *Language contact*. Edinburgh: Edinburgh University Press.

180. Thomason, Sarah. G. and Kaufman, Terrence. 1988. *Language contact, creolization, and genetic linguistics*. Berkeley: University of California Press.

181. Trudgill, Peter. 1986. *Dialects in contact*. Oxford: Basil Blackwell Ltd.

182. Tsao, Feng-fu（曹逢甫）. 1996（2001）. Semantics and syntax of verbal and adjectival reduplication in Mandarin and Taiwanese Southern Min. *Sinitic grammar: synchronic and diachronic perspectives*. ed. by H. Chappell. Oxford: Oxford University Press, p.285-308.

183. Wang, William S. Y.（王士元）1969. Competing changes as a cause of residue. *Language* 45.1:9-25.

184. _____. 1979. Language change: a lexical perspective. Ann. Rev. Anthropol 8 : 353-371.

185. _____. 1991. *Explorations in language*. Taipei: Pyramid Press.